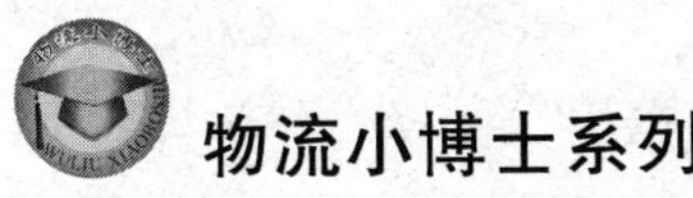

物流小博士系列

仓储物流运营实务

王俭廷　编著

中国物资出版社

图书在版编目（CIP）数据

仓储物流运营实务/王俭廷编著．—北京：中国物资出版社，2009.9

（物流小博士系列）

ISBN 978－7－5047－3157－9

Ⅰ．仓…　Ⅱ．王…　Ⅲ．物资管理：仓库管理—货物流通—基本知识　Ⅳ．F253.4

中国版本图书馆 CIP 数据核字（2009）第 133840 号

策划编辑　胡郁林

责任编辑　王佳蕾

责任印制　何崇杭

责任校对　孙会香　杨小静

中国物资出版社出版发行

网址：http：//www.clph.cn

社址：北京市西城区月坛北街 25 号

电话：（010）68589540　邮编：100834

全国新华书店经销

中国农业出版社印刷厂印刷

开本：710mm×1000mm　1/16　印张：19　字数：301 千字

2009 年 9 月第 1 版　2009 年 9 月第 1 次印刷

书号：ISBN 978－7－5047－3157－9/F·1241

印数：0001—3000 册

定价：34.00 元

序

我国国家标准《物流术语》的定义中明确规定：物流是“物品从供应地到接收地的实体流动过程，根据实际需要，将装卸、运输、储存、搬运、包装、流通加工、配送、信息处理等基本功能实施有机结合”。其实，如果我们仔细分析这几个部分会发现，运输是核心，储存、装卸、搬运（也是运输）、包装、流通加工（将货物合理包装便于装运）、配送（也是运输）、信息处理是运输必不可缺少的环节，都是为运输服务的。

物流不是网络、高科技，简单地讲，物流就是运输，就是货物的空间位移。它是需要从业人员极其熟练地掌握各种货运的知识和操作流程，实实在在把客户的货物按客户的要求准时送达收货人的过程。就是增加信息技术手段，也只是对作业效率有些提升而已，这中间没有什么高科技和神秘可言，也不可能有网络科技一夜暴富的神话。

目前，国内物流公司的从业人员大都具有某单一货运业的从业经历，只具有单一的货运知识结构。比如，有的做过海运工作，但他对铁路、航空、公路的专业知识则一知半解；有的做过企业生产、仓库工作，而对具体的货运操作则知之甚少；有的从事过软件工作，对货运的专业知识更是一无所知。有人会说，把这些人整合起来就可以优势互补了，关键是怎样整合，谁来整合？因为目前我国物流专业复合型的人才奇缺，即掌握各式货运、仓储、生产加工、信息技术等全方位知识的高端物流人才严重匮乏。第三方物流企业自身人力资源都无法整合，谈何整合各式外部物流资源。

各式货运及货代从业者知识结构单一，表现为：做海运的人就懂海运，做公路的不懂海运、做铁路的不懂其他运输。而客户的需求则是全面的，客户的货有时要发海运、有时要发铁路、有时要入仓库、有时还要你的信息系统与他对接等，一大堆的客户需求，没有一家物流公司能实现全包。而企业物流的发货人员，只需把货交给运输公司就可以，作业技术含量低。其货运知识就更单一，要他们做供应链管理，的确是强人所难。还有编物流软件的编程人员，连各种运输工具都没见过，对物流的各个节点与货运工具都没见过，甚至都没听说过，如何编写出实用的软件？

当前，我国所谓的物流人才短缺，说直白点，其实就是具备全面、综合货运知识结构的人才短缺。无论是物流企业的物流总监，还是企业物流的供应链总监，要做一个称职的总监，如果不具备全面的货运知识，整合物流企业或企业物流内外资源恐怕只能是纸上谈兵。

结合货运谈物流，正是由王俭廷先生主编的《公路物流运营实务》、《铁路物流运营实务》、《航空物流运营实务》、《海运物流运营实务》、《仓储物流运营实务》与《第三方物流运营实务》系列物流丛书的主要思想，其牢牢抓住物流的核心——货运，比较全面、清晰、系统地介绍了物流节点及各式货运知识。由于作者是来自物流行业的在职人员，因此，此系列物流丛书具较强的现实性与可操作性，对普及物流、货运知识，进而正确认识物流具有现实的指导意义。

编　者

2009 年 8 月

前 言

物流概念在我国文献中广泛应用最多也就十多年的时间，当“物流”成为时髦的代名词时，一时之间，凡与物流有点关联的经营企业大都冠上了物流公司的名号，打起了物流公司的大旗。资产数十亿元、员工数万人的公司叫物流公司，几个人的货运部或货代站也称物流公司。

物流行业是一个服务行业。

物流行业是其他行业营运的一个支撑平台。

物流行业横跨公路货运、铁路货运、海洋货运、航空货运、仓储、口岸、进出口贸易、国内生产制造与国内商贸等许多个行业，甚至说涉及国民经济的每一个行业，只要是从事生产与经营活动的企事业单位，几乎都离不开物流，更离不开货运。

不论物流概念多么高深，物流的基础工作仍是运输（其实，目前大多数的物流公司在做的仍是运输的业务）。公路货运市场、铁路货运站场、货运码头、机场货运站、口岸、仓库这些最基本的要素是物流的一个节点。做好物流，就是通过现代信息技术与组织管理将这些节点资源整合好，为生产经营性企业提供全方位、高效与优质的综合物流服务，为生产经营性企业整体营运提供一个强大的支撑。

当我们分不清太多的物流概念之时，当我国的物流业与西方发达国家仍存在巨大差距之时，从事物流的经营者和从业者一定要先把最基本的事情——运输这件事做好。

作者作为一个物流人，六年的物流从业历练，深切感受到了中国物流业的巨大变化，也感受到了目前物流业的太多无序与无奈。当走出校门的物流专业毕业生面对现实的物流营运操作一脸茫然时，当众多的物流从业者迫切需要专业、实用和操作性强的物流知识培训时，我萌生了写书的强烈愿望。写几本可读性强、操作性强的系列物流读本，将自己这几年物流业从业的感受与目前物流业的实际操作有机结合起来，将物流的实际操作做一个比较系统的归纳。由此，从物流最基本的公路货运市场、铁路货运站场、货运码头、机场货运站、仓库、口岸这些物流节点开始，用一根红线将其串起，因而《公路物流运营实务》、《铁路物流运营实务》、《航空物流运营实务》、《海运物流运营实务》、《仓储物流运营实务》与《第三方物流运营实务》系列物流基础知识读本的设想也渐渐地明晰起来。

历经一年多的资料搜集、整理与苦写，在业内朋友的鼓励、支持和协助下，六本系列物流基础知识读本终于完结，希望此系列物流读本能为在校各物流专业教师的教学提供帮助；为物流专业学生系统学习物流知识提供辅导；为物流企业从业者全面了解各货运方式以及供应链管理系统化提供分析与操作参考；为从事货运与货代的经营者提供专业的培训资料；为从事第三方物流或供应链管理者提供整合物流节点与资源的系统依据。

由于强调了本书的可操作性，本书得到了：宝供物流集团的熊继华先生、天正物流的王诗斌先生、怡亚通供应链公司的王盼好先生、原范梅勒公司供应链总监罗在红先生、志成物流的吴小林先生、原中铁快运的廖思阳先生、万港物流集团的杨腊才先生、安捷益国际物流的杜军先生、ITAT 集团的廖文斌先生和同行们的指导与协助，在此一并致谢。

此系列物流基础知识读本也得益于中国物资出版社王波社长和编辑室胡郁林主任的热情鼓励和协助，深表谢意！

鉴于作者水平有限，书中一定存在诸多不足和尚待改进之处，敬请业内同人、专家以及各校师生给予批评指正。

编　者

2009 年 8 月

目　　录

1 仓储与物流

导 读

与传统意义上的"仓库"、"仓库管理"不同，现代意义上的"仓储"是指在经济全球化与供应链一体化背景下的仓储，是现代物流系统中的仓储。它表示一项活动或一个过程，在英文中对应的词是"Warehousing"，是以满足供应链上下游的需求为目的，在特定的有形或无形的场所，运用现代物流技术对货物的进出、库存、分拣、包装、配送及其信息处理进行有效的计划、执行和控制的物流活动。

随着物流与供应链管理之间关系的日益密切，企业越来越多地强调仓储作为供应链中一个资源提供者的独特角色，仓库也就不仅仅是存储货物的库房了。

在现代物流概念的几大要素中，"仓储"与"运输"是物流的两大核心要素，而其他则是辅助要素，因此，仓储在现代物流中的地位和重要性是不言而喻的。

1.1 专业名词解释

1.1.1 仓库（Warehouse）

仓库是指在计划好的空间环境里供贮存货物之用的建筑，是保管、存储货物的建筑物和场所的总称。仓库由贮存物品的库房、运输传送设施（如吊车、电梯、滑梯等）、出入库房的输送管道和设备以及消防设施、管理用房等组成。

简单地说，仓库就是一种存放货物的建筑物或场所，它是静态的（见图1-1）。

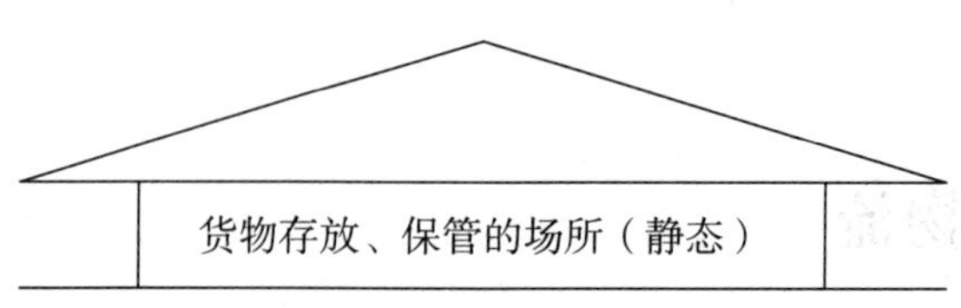

图1-1　仓库示意图

1.1.2　仓储（Warehousing）

仓储就是“用仓库储藏”之意，也就是在指定的场所储存物品的行为。

简单地说，仓储就是通过仓库对货物或物品进行储存与保管。它是一个过程，属于一个动态的概念。因此，仓储是改变“物”时间状态的活动，其目的就是在克服“产和需”之间的时间差异中使“物”得到高效与合理的流动。

1.1.3　仓储物流

仓储物流，就是利用自建或租赁的库房、场地，储存、保管、装卸搬运、配送货物的全过程（见图1-2）。仓储不是生产和交易，是为生产与交易服务的物流活动中的一项。这表明仓储只是物流活动之一，物流还有其他活动，仓储应该融于整个物流系统之中，应该与其他物流活动相联系、相配合。

在物流概念的基本要素中，“仓储”与“运输”是物流的两大核心要素，“仓储”和“运输”构成了物流的基本框架。

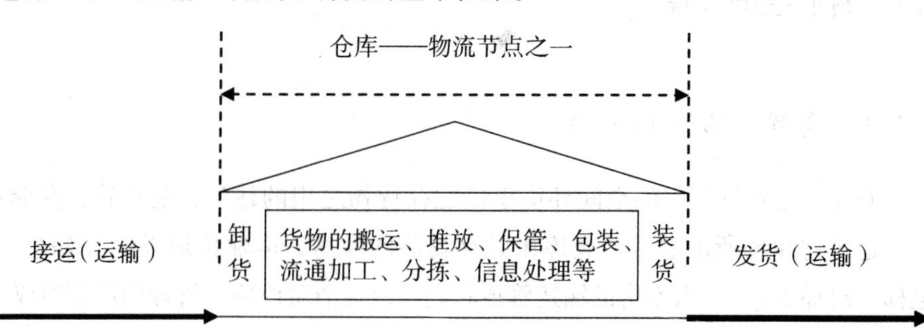

图1-2　仓储物流示意图

1.1.4 仓储业

仓储业是指从事仓储经营活动的企业的总称，也是指从事仓储服务经营的一种行业。

仓储业是随着商品经济的发展，从保管业中发展、壮大起来的特殊行业。近年来，仓储业日渐发达，原因就是随着国际及地区贸易的扩大，仓储业能为大批量或多品种货物提供便利、安全、价格合理的物流服务。

1.2 仓储活动的意义

商品的仓储活动是由商品生产和商品消费之间的客观矛盾决定的，它具有以下几方面意义。

（1）克服生产与消费地理（空间）上的分离

从空间方面来说，商品生产与消费的矛盾主要表现在生产与消费地理上的分离。

在社会化大生产中，不同产品的生产在地区间形成分工。为了更加充分地利用不同地区的自然经济条件和资源，一种商品的生产逐渐趋向于在生产该种商品最经济的地区进行。这样，就必须依靠运输把产品运送到其他市场上去。商品仓储活动的重要意义之一就是通过仓储活动平衡运输的负荷。

（2）衔接生产与消费时间上的背离

在绝大多数情况下，今天生产的商品不可能马上就全部卖掉，这就需要商品的仓储活动。例如，有的商品是季节生产、常年消费；有的商品是常年生产、季节消费；有的商品是季节生产、季节消费，或常年生产、常年消费。无论何种情况，在产品从生产过程进入到消费过程之间，都存在一定的时间间隔。商品在流通领域中暂时的停滞过程，形成了商品的仓储。

为了使商品更加适合消费者的需要，许多商品在最终销售以前，要进行拣选、整理、分装、组配等工作。这样便有一定量的商品停留在这段时间内，会形成商品储存。此外，在商品运输过程中，由于车、船等运输工具的衔接在时间上不可能完全一致，也产生了在途商品对车站、码头等中转性仓库的储存要求。

(3) 调节生产与消费方式上的差别

生产与消费的矛盾还表现在品种与数量方面。专业化生产将生产的产品品种限制在比较窄的范围之内。专业化程度越高，一个工厂生产的产品品种就越少，相反，在消费方面，每个消费者需要广泛的品种和较少的数量。因此，商品的仓储活动需要一个复杂的组织过程，在品种和数量上不断进行调整。只有经过一系列的调整之后，才能使遍及各地的零售商能够向消费者提供品种、规格、花色更齐全的商品。

总之，商品生产和消费在空间、时间、品种、数量（见图1－3）等各方面都存在着矛盾。而这些矛盾既不能够在生产领域里解决，也不可能在消费领域里得到解决，所以只能在流通领域，通过连接生产与消费的商品仓储活动解决。

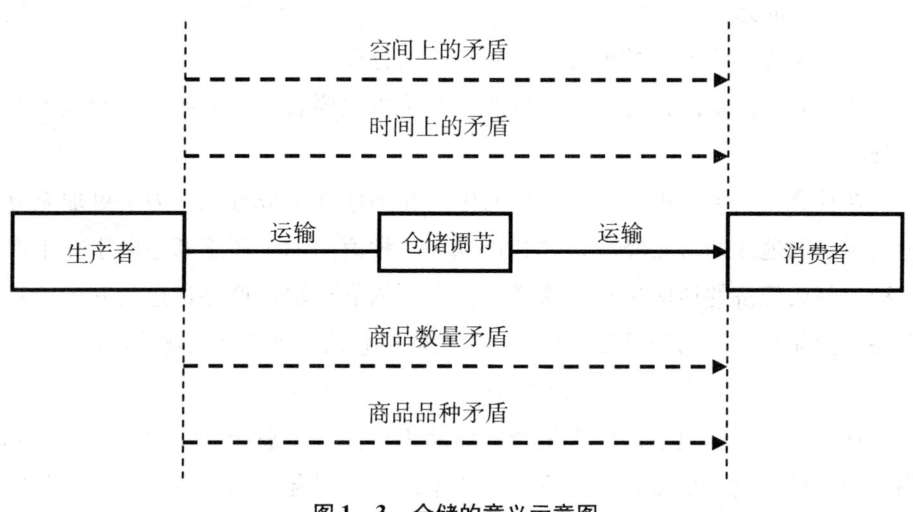

图1－3　仓储的意义示意图

1.3　仓储的物流角色

随着物流向供应链管理的发展，企业越来越多地强调仓储作为供应链中一个资源提供者的独特角色，仓库再也不仅是存储货物的库房了。简单来说，仓储角色的变化就是仓库向配送中心的转化。仓储在物流和供应链中的角色可以体现为以下四个中心。

（1）仓储是物流与供应链中的库存控制中心

库存成本是主要的供应链成本之一。在美国，库存成本约占总物流成本的1/3。因此，管理库存、减少库存、控制库存成本就成为仓储在供应链框架下降低供应链总成本的主要任务。

（2）仓储是物流与供应链中的调度中心

仓储直接与供应链的效率和反应速度相关。人们希望现代仓储处理货物的准确率能达到99%以上，并能够对特殊需求做出快速反应。当日配送已经成为许多仓库所采用的一种业务方式，仓库管理人员需要不断提高服务的精确度、及时性和灵活性以对客户需求能够做出快速反应。

（3）仓储是物流与供应链中的增值服务中心

现代仓储不仅提供传统的储存服务，还提供与制造业的延迟策略相关的后期组装、包装、打码、贴唛、客户服务等增值服务，提高客户满意度，从而提高供应链上的服务水平。可以说，物流与供应链中的绝大部分增值服务都体现在仓储上。

（4）仓储还是现代物流设备与技术的主要应用中心

供应链一体化管理，是通过现代管理技术和科技手段的应用而实现的，这种应用更多地体现在仓储上。流程管理、质量管理、逆向物流管理等管理手段提高了仓储效率，促进了供应链上的一体化运作，而软件技术、互联网技术、自动分拣技术、光导分拣、RFID、声控技术等先进的科技手段和设备的应用，则为提高仓储效率提供了条件。

1.4 仓储的物流作用

（1）积极作用

① 仓储是社会生产顺利进行的必要过程。生产所需的原材料需要合理的准备才能保证及时供应、满足生产，才能避免生产过程被堵塞，保证生产过程能够继续进行。

② 调整生产和消费的时间差。现代社会生产的特点是专业化和规模化，生产效率高，大多数产品都不能被即时消费，需要经过仓储的手段进行储存。

③ 流通过程的衔接。产品从生产到消费，需要经过分散、集中、分散的

过程，还要经过不同运输工具的转换运输，为了有效利用各种运输工具，降低运输过程中的作业难度，货物需要通过仓储进行候装、配装、包装、分装和拆包等。另外，仓储还具有商品陈列的功能。

④ 商品价值保存的作用。在仓储过程中对产品进行保护、管理，防止其损坏而丧失价值。

⑤ 市场信息的传感器。社会仓储产品的变化是了解市场需求的极为重要的途径。仓储量减少，周转量加大，表明社会需求旺盛；反之，则表明需求不足。

（2）消极作用

① 固定费用的支出。

② 陈旧损失与跌价损失。

③ 资金积压。

④ 保险费用支出。

⑤ 仓储相关活动费用支出。

1.5 仓储的分类

（1）按仓储经营主体划分

① 企业自营仓储。即企业自用仓储，不对外经营。它是生产性企业满足生产和产成品存放的需要，流通性（经营）企业满足销售的需要而自用性质的仓储。

② 营业仓储。即专业仓储单位仓储经营人以其拥有的仓储设施，向社会提供商业性仓储服务的仓储行为，包括提供货物仓储服务和提供仓储场地服务，收取仓储费。

③ 公共仓储。公共仓储具有内部服务的性质：为车站、码头的运输和作业服务；具有营业仓储的性质：无仓储合同、仓储费包含在运费中。

④ 战略储备仓储。它是指国家政府用于国防安全和社会稳定的需要，如粮食、能源、油料等。

（2）按仓储对象划分

① 普通物品仓储。不需要特殊保管条件的物品仓储，如一般的生产物资、

普通生活用品、普通工具等。

② 特殊物品仓储。在保管中有特殊要求和需要满足特殊保管条件的物品仓储，如危险品仓储（需用监控、调温、防爆、防毒、泄压等装置）、冷库仓储（一定温度）、粮食仓储（恒温）等。

（3）按仓储功能划分

① 储存仓储。一般存放期较长，应特别注意对物资的质量保管和维护。

② 物流中心仓储。它是以物流管理为目的的仓储活动，是从事物流活动的场所和组织。其主要面向社会服务，物流功能健全，信息网络完善，辐射范围广，品种少批量大，存储吞吐能力强，统一经营管理物流业务。

③ 配送中心仓储。它是商品在配送交付消费者之前所进行的短期仓储，一般在商品的消费经济区间内进行，是从事配送活动的场所和组织。其主要面向特定用户服务，配送功能健全，信息网络完善，辐射范围窄，品种多批量小，配送为主，存储为辅。

④ 运输转换仓储。它是衔接不同运输方式的仓储。如港口、车站库场所进行的仓储。特别注重货物的周转作业效率和周转率。

⑤ 保税仓储。它是指使用海关核准的保税仓库存放保税货物的仓储行为。保税货物主要是不用于国内销售、暂时进境、海关予以缓税的进口货物。

（4）按仓储货物的处理方式划分

① 保管式仓储。它是以保管物原样保持不变的方式进行的仓储，即到期原物返还。

② 加工式仓储。它是保管人在仓储期间根据存货人的要求对保管物进行一定加工的仓储方式。例如，木材的加工仓储：针对造纸厂需要将树木磨成木屑；针对家具厂需要将原木加工成板材或剪切成不同形状的材料；针对木板厂需要将树枝、树杈、碎木屑，参入其他材料制成复合木板。

③ 消费式仓储。保管人在接受保管物时，同时接受保管物的所有权，保管人在仓储期间有权对仓储物行使所有权。在仓储期满，保管人将相同种类，品种和数量的替代物交还给委托人所进行的仓储，即替代物返还所有权转移。

1.6 世界仓储业发展概况

1.6.1 世界仓储业的发展阶段

仓储自始至终就是生产活动的一个重要组成部分，并随着生产的发展而发展，在其发展的过程中经历了以下不同的阶段。

（1）人工和机械化的仓储阶段

在这一阶段，货物的输送、仓储、管理和控制主要是依靠人工及辅助机械来实现。货物可以通过各种各样的传送带、工业输送车、机械手、吊车、堆垛机和升降机来移动和搬运，用货架托盘和可移动货架存储货物，通过人工操作机械存取设备，用限位开关、螺旋机械制动和机械监视器等控制设备来运行。机械化满足了人们对速度、精度、高度、重量、重复存取和搬运等方面的要求，其具有明显的实时性和直观性。

（2）自动化仓储阶段

自20世纪50年代末开始，相继研制和采用了自动导引小车（AVG）、自动货架、自动存取机器人、自动识别和自动分拣等系统。到20世纪70年代，旋转体式货架、移动式货架、巷道式堆垛机和其他搬运设备都加入到了自动控制行列，但只是各个设备的局部自动化并各自独立应用，所以其被称为“自动化孤岛”。

随着计算机技术的发展，工作重点转向货物的控制和管理，要求实时、协调和一体化。计算机之间、数据采集点之间、机械设备的控制器之间以及它们与主计算机之间的通信可以及时的汇总信息，仓库计算机及时地记录订货和到货时间，显示库存量，计划人员可以方便地做出供货决策，管理人员随时掌握货源及需求。

现代信息技术的应用已成为仓储技术的重要支柱。到20世纪70年代末，自动化技术被越来越多地应用到生产和分配领域，于是便形成了“集成系统”的概念。

（3）智能化仓储阶段

在自动化仓储的基础上继续研究，实现与其他信息决策系统的集成，“集成系统”朝着“智能”和“模糊”控制的方向发展，人工智能推动了仓储技术的发展，即智能化仓储。

射频数据通信、条形码技术、扫描技术和数据采集等现代信息技术，越来越多地应用于仓库堆垛机、自动导引车和传送带等运输设备上，移动式机器人也作为柔性物流工具在柔性生产中、仓储和产品发送中日益发挥着重要作用。人工智能技术的发展必将推动自动化仓库技术向更高阶段即智能自动化方向发展，在智能自动化物流阶段，生产计划做出后，自动生成物料和人力需求，查看存货单和购货单，规划并完成物流。如果物料不够，无法满足生产要求，系统会自动推荐修改计划以便生产出等值产品。这种系统是将人工智能集成到物流系统之中。

1.6.2 世界仓储业发展的新动向

2007 年 4 月，由美国仓储教育研究会（WERC）主办的第 30 届年会在美国田纳西州纳什维尔市举行。1200 多位仓储、配送、物流和供应链领域的专业人士，参加了 90 多个分会、十几个主题的学习讨论，主题涉及从仓储配送的基本操作问题，到绩效考量指标、仓储配送系统和战略等多方面。这一世界顶级的仓储峰会透露出一些与未来数年世界仓储业发展相关的信息。

（1）新建仓库远离沿海

按照《北美进口驱动的仓储——机会和挑战》研究报告所发布的结果，在未来几年，由于港口附近土地短缺，北美新建进口仓库将越来越远离沿海。事实上，现在新建的仓库，要离海港 150 英里以外。持续增长的进口量带来对港口附近仓库的急剧需求，但美国没有一个港口和沿岸附近有足够的空间建立新的仓库。除了作为仓储设施之外，进口仓库更多地扮演进口集装箱拆箱和转运配送中心的角色，将进口货物装到内陆汽车或火车。在有些情况下，港口附近的仓库还提供最终销售所需的重新包装和贴标签等服务。

（2）欧洲盛行区域配送中心

欧洲一体化之后建立起来的“单一中心仓库配送体系”，在越来越严重的交通拥堵和越来越高的运输成本压力之下，正在失去配送效率方面的优势。这是导致区域配送中心盛行的主要原因之一。

虽然很多企业将劳动密集型产业从西欧转向中欧，仓库很少随制造业的工厂从西部欧洲迁移到东部，来利用东部工人的劳动力成本较低的优势。其中的原因，如果将在西欧的中心仓库转移到中欧，就会使外向运输成本上升，因为这些中心仓库服务的主要市场仍然在西欧。结果是，很多中心配送仓储放在了荷兰、比利时和法国北部地区。

在过去几年中，很多在西欧有中心配送仓库的企业，开始在中部和东部的一些地区建立区域配送中心。中心配送模式开始转化成为中心配送 + 区域配送的模式。同时，由中心仓库支持区域配送中心，并没有降低规模经济的效率。

从发展趋势分析，西部欧洲的中心配送库的规模可能还会进一步扩大，但物流企业会选择在离海港较近的区域更多地利用区域配送中心，缩短海运距离。

（3）时间敏感度驱动供应链

在许多驱动供应链战略的因素之中，利用时间敏感度是一个明显的趋势。不论是提高产品可供性、提高商业活动的便利性还是尽快地解决问题，时间都是成为驱动所有活动的敏感性因素。

驱动供应链的其他因素，包括制造业持续从美国本土向海外转移，这种转移趋势导致了这样一种均衡考量：工厂从美国本土转移到亚洲，获得了低生产要素成本的优势，但延长了提前期，增加了运输成本，也使得供应链管理变得越来越复杂。同时，美国公司在国际范围开展商业活动，也必须应对美元贬值对其成本因素的影响。

（4）零售商增加了货架空间，减少了仓储空间

越来越多的零售商增加了货架空间，减少了仓储空间，产生了供应链上增加补货频率、减小订单量的需求。在发货越来越频繁的同时，供应链战略还得应对油价上涨对运输成本带来的冲击。

（5）RFID 标准化进程加快将进一步驱动供应链的发展

2007 年 4 月 16 日，EPC 全球标准化组织推出了新的安全、实施信息共享全球标准，将更加有利于零售商增加 RFID 应用的收益。这个动作，比 2004 年推出的 Gerl2（第二代）技术更有重要意义。Gerl2 标准简化了 RFID 的硬件，而 EPCIS（电子编码全球标准）标准则使企业能够建立和接入整个 RFID 系统。在新标准的导入时期，有 30 ~ 40 家北美的企业已经实施了新的技术标

准。RFID 提供了“行动中的可视性”，保证了实时可视，使供应链具备了敏捷性。

宝洁公司通过大力推进 RFID 的应用，减少断货的次数，仅这项措施就使销售增长了 6 亿多美元。

（6）出现绿色 DC 概念

太阳能、风力发电、燃料电池等“绿色”因素已经被广泛引入到仓库的设计之中，今天的 DC 已经具备了很多的创新色彩。未来 10 年的仓库与过去 10 年的仓库相比，将完全变样。按照仓储工程建设专家的说法，停车场和建筑物的屋顶未来将不再是传统的黑色，相反，停车场和屋顶的颜色将变成浅色，以降低能源的消耗。

绿色配送中心将更多地保持天然地貌，采用地面沟渠排水，减少地下排水沟的建设，节约建设和维护费用，也减少了水的再利用成本。正在出现的新概念是“生态型”建筑，支持和鼓励人类接触大自然，而“零净耗能”建筑，从能源网吸取的净能耗为零，而且产生的净排放也为零。这些设计，从环境保护的角度来讲是受到欢迎的，但同时，也能帮助企业应对劳工短缺的问题。即生态型建筑，还能吸引新员工的加入。

（7）声控技术的快速回报

该技术结合条码、红外扫描、数字通信技术，产生计算机音频操作指令，有效提高了分拣、装运、送货等物流操作的效率，并出现了 SAE 等一批技术应用的领先企业。

声控技术在仓储配送领域中持续得到应用。比如，ODW 公司在采用声控技术之后，生产率提高了 28%，对新工人的培训时间缩短了，订单准确率上升了。

1.7 我国仓储业发展概况

仓储业既是物流业的重要组成部分，又是第三产业中的独立行业。中国物流业的现代化离不开仓储业的现代化，现代仓储的发展必然推动现代物流的发展。现代仓储业作为物流与供应链系统中的重要节点和调控中心，已经成为国民经济中的一个重要产业，在现代服务业中占有独特地位。

1.7.1 存在的问题

尽管我国仓储有了长足的发展，但还是在很多方面暴露了其弊端。但与其他相关的物流企业相比，包括运输企业、装卸企业、综合物流企业、货代企业等，无论是净资产，还是收益规模、收入的利润率，仓储企业都是最低的。国内仓储企业的总体经营状况不佳，不仅与国民经济的发展状况不相适应，而且与整个物流行业快速发展的态势不匹配。具体体现在以下几个方面。

（1）仓库数量大，但布局不够合理

由于我国长期以来是以行政部门为系统建仓库，所以不同部门、不同层次、不同领域为满足自身使用的方便都来建仓库，这就使我国的仓库拥有量居世界前列。但是仓库管理水平却不太高。同时，由于这些仓库大都集中在经济发达的中心地区和交通便利的地方，以至于仓储布局极不合理，造成了部分地区仓储大量剩余和部分地区仓储能力不足的两极分化局面。

（2）各类型仓库的构成比例不合理

根据前述有关数据估计，我国仓库总量的70%左右是普通平房仓，25%左右是楼房仓，高站台库与立体库的比例在5%左右。平房仓的单体面积小、净高低，既不经济、也不利于机械化作业，不适应快速消费品的仓储服务要求；楼房仓虽然提高了单位土地的效益，但又很不利于方便、快捷的仓储服务。

（3）仓储技术发展不平衡

我国许多仓储设施已经陈旧老化，70%的平房仓中有相当一部分是20世纪五六十年代建设的，一些仓库已经严重陈旧老化、库顶漏雨、地面塌陷，许多楼房仓的电梯在“带病作业”，这些都需要及时更新改造。

一些企业对提高仓库作业自动化、机械化的认识不足。一些大型企业的现代化仓库拥有非常先进的仓储设备，包括各种先进的装卸搬运设备、高层货架仓库等。而很多仓库作业仍旧靠人工操作。另外，前几年也出现过自动化仓库热，也造成一定的过剩和资源浪费。

（4）仓储方面的人才缺乏

发展仓储行业，既需要掌握一定专业技术的人才，也需要操作型人才，更需要仓储管理型人才。传统的仓库管理型人才面临向现代物流仓储管理型人才的转变。而我国目前这方面的人才都很匮乏。据有关统计数据显示，2006年我国的物流人才缺口50万，仓储物流方面的人才缺乏也很严重。

（5）仓储企业的门槛太低

企业注册时对从事仓储业务应具备的设施条件与注册资金没有任何要求，这是值得探讨的。近年来，一些货运市场时有发生货物“蒸发”现象，也有仓储管理性公司发生货物损失或丢失后没有能力赔偿，甚至卷了货跑掉。

（6）仓储管理方面的法制、法规不够健全

随着生产的发展和科学水平的提高，我国现有的仓储方面的规章制度已经不适合实际情况。由于缺乏统一的国家标准，缺乏专业性的规划设计，各地已经建成的新仓库区存在许多的技术性问题，例如，园区整体功能规划、库区内的道路与仓库间距、单体仓库的面积与仓库门的设置、库内结构与立柱的设置、站台的高度与宽度、消防安全与空间的利用等。这些问题都会对仓储作业造成负面影响，有的甚至还有安全隐患。

目前，我国还没有一部完整的《仓库法》，我国仓储管理人员的法制观念不强，仓储内部的依法管理水平不高，所以仓储企业很难运用法律手段来维护企业的利益。

1.7.2 我国仓储业的发展方向

借鉴一些国外发达国家仓储业以及物流业的发展经验，我国当前仓储业应朝着“五化”的方向发展，即仓储社会化、仓储产业化、仓储标准化、仓储物流化和仓储现代化。

（1）仓储社会化

根据市场经济的要求和仓储企业的特点，打破部门、条块分割的行政管理局面，广泛开展部门间仓储企业的横向联合，实行仓储全行业的管理系统。建立多功能综合性仓库，发展物流技术，促使物流、商流达到协调运行与发展。

为适应市场经济发展的需要，仓库应从单纯储存型向综合型发展。从以物资的储存保管为中心，转变到以加快物资周转为中心，集储存、加工、配送、信息处理为一身的多功能综合仓库。使其成为能吞吐、高效率、低费用、快进快出的物流中心，全面提高仓储运输的服务水平。

(2) 仓储产业化

仓储活动要想真正同工业、农业一样，成为一个独立的行业，必须发展自己的产业。仓储部门储存着大量的商品，又拥有一定的设备和技术人员，只要再增加一些流通加工设备和工具，就可从事流通加工业务，也可以仓储为主，延伸到货物运输等，因此，仓储产业化是最有发展前途的。

(3) 仓储标准化

仓储标准化是物流标准化的重要组成部分。为了提高物流效率，保证物流的统一性与各种物流环节的有机联系，并与国际接轨，必须制定物流标准。仓储标准化是一项基础性工作，由于仓储分散在商业、物资、外贸、铁路等部门。因此，更有必要从标准入手，推进仓储行业的整体发展。

(4) 仓储物流化

随着物流向供应链管理的发展，企业越来越多地强调仓储作为供应链中的一个资源提供者的独特角色。仓库再也不仅是存储货物的库房了。仓储角色的变化，简单来说，就是仓库向物流中心、配送中心的转化。

(5) 仓储现代化

首先，仓储人员的专业化。必须按现代化管理的要求，加强对仓储人员的培养、教育和提高，尽快培养出一批专门从事仓储事业、具有现代科学知识和管理技术、责任心强、素质高的仓储专业队伍。其次，仓储技术的现代化。要根据我国的经济和劳动力状况，有重点地建设一批自动化仓库；同时，注重对老库的技术改造，尽快提高老库的技术和管理水平，充分发挥老库的规模效益。最后，仓储管理方法的科学化和管理手段自动化。即根据现代化大生产的特点，按照仓储客观规律的要求和最新科学技术成就来进行仓储管理，实现仓储管理的科学化。

1.7.3 我国仓储业的发展措施

仓储业是和国家经济乃至世界经济的发展连在一起的，所以，我国仓储业的未来发展需要科学的规划：

(1) 仓储业需要综合化、专业化、国际化

① 发展仓储增值业务，也就是说仓储业要把功能向上游和下游延伸，这样可以获得更多的增值收入。

② 业务流程需要进一步和国际接轨，流程的优化和改革将大大提高仓储业的效率，扩大服务的对象。

③ 仓库自动化、立体化。仓库高度会进一步增高，楼库、货架的增长速度将会更快。

④ 物流中心的专业化方向更为明显，冷库、液体库、化工危险品库的需求进一步增加。

⑤ 仓储管理企业将会有更多的发展机遇。

（2）创建一批品牌仓储企业

这是因为品牌仓储企业经验丰富，信誉良好，抗风险能力强，服务产品的研发能力强，能够满足越来越多的功能需求，发展的步伐也会更快，有利于仓储产业的集约化。

（3）仓储业应加快与运输业的整合

随着公共仓库的发展，仓库成为重要的货源和货物集散中心，中小运输企业将在这里找到合适的配载货物。同时，较大的运输企业、物流企业也在加快自有物流中心的建设，一些生产厂家也在纷纷建立集中管理的物流基地，整合成以仓库为核心的区域性和辐射状的物流网络。

（4）严格仓储业的国土政策

国家应严格仓储业的土地政策，主要目的是加大土地的取得、使用、保有成本。城镇土地使用税将大幅提高，这就加大了仓储企业的运营成本，新增建设用地将更难取得，这就给新设仓储企业征地和原有仓储企业的置换带来困难。因此，应鼓励仓储企业的选址向离城区更远的地方寻找，沿海、沿江、滩涂、闲置建设用地都应在热选之列。

（5）仓库基础设施建设须向集约化方向发展

向集约化的方向发展，就是在有限的土地上建设功能更加齐全、运营更加有效，产出更高的物流中心。

库房的建筑密度提高，道路通行能力强，站台库数量增长，起重设备更加先进，调度更为科学将是仓储企业追求的目标。因此，将有更多的仓储企业关注仓储物流的技术问题，尤其是信息技术的先进、适用、价格合理，仓储业的信息系统与客户信息系统的对接，公共仓储信息平台建立等问题。

2 仓储管理

导 读

仓储管理，是指仓储企业（或企业的仓储管理部门）利用自身拥有的仓储资源（包括仓库、机械、人、资金、技术等），在对提供仓储服务过程中进行的计划、组织、指挥、控制和协调的一系列活动的总称。也就是对仓库及对仓库内储存的货物所进行的管理。

仓储管理的发展已经经历了三个阶段，即简单仓储管理、复杂仓储管理和现代仓储管理。现代物流装备和技术又为现代仓储提供了雄厚的物质基础，现代信息技术则为现代仓储管理提供了保障。

2.1 专业名词解释

仓储管理

仓储管理就是仓储企业（或企业的仓储管理部门）利用自身拥有的仓储资源（包括仓库、机械、人、资金、技术等），在对提供仓储服务过程中而进行的计划、组织、指挥、控制和协调的一系列活动的总称。也就是对仓库及对仓库内储存的货物所进行的管理。

从广义角度而言，仓储管理还包括包装、分拣、流通加工、简单装配等多种增值服务的内容管理。具体来说，仓储管理包括仓储资源的获得、仓库管理、经营决策、商务管理、作业管理、仓储保管、安全管理、劳动人事管理、财务管理、信息管理等一系列具体管理工作。

2.2 仓储的基本功能

(1) 物品存储

物品存储是仓储的最基本任务，是仓储产生的根本原因，因为有了产品剩余，需要将剩余产品收存，就形成了仓储、收存并确保仓储物的价值不受损害。

(2) 流通调控

流通调控起到蓄水池的作用，存期存量控制自然就形成了对流通控制，当供大于求时，收存；当供小于求时，投放市场。

(3) 数量管理

它包括两方面：交付仓储物数量与提货数量一致或分批收货、出货；提供存货数量及数量变动的信息服务，以便客户控制存货。

(4) 质量管理

质量管理是仓储保管人的基本义务。保管人须采取先进技术，合理措施，保管仓储物质量；当质量发生变化和危险时，要及时通知，并采取有效措施减少损失。

(5) 交易中介

仓储经营人利用仓储物，利用与物资使用部门广泛的业务联系，开展物资交易，不仅给自己带来收益，而且还能充分利用社会资源，加快社会资金周转，减少资金占用。

(6) 流通加工

为满足消费多样化、个性化、产品变化快及控制物流成本的需要，生产企业往往将产品的定型、分装、组装、装潢等工序放在最接近销售的仓储环节进行，从而使仓储成为流通加工的重要环节。

(7) 配送

配送是指仓储企业根据用户要求，将物品按时送达指定地点的物流活动。仓储配送业务的发展，有利于生产企业降低存货，减少固定资金投入，实现准时制生产；同时，商店减少存货，降低流动资金使用量，保证销售。

（8）配载

配载是对运输线路和运输工具安排装载的运输业务。合理的货物配载具有以下优点。

① 充分利用运输工具载重量和容积，使运输工具尽可能达到最大有效载荷。

② 合理安排装载的货物：如重不压轻，远里近外，远下近上等。

③ 载运方法和运输路线更为合理。

2.3 仓储管理

2.3.1 仓储管理的三个发展阶段

仓储管理的发展已经经历了三个阶段，即简单仓储管理、复杂仓储管理和现代仓储管理（见图2-1）。

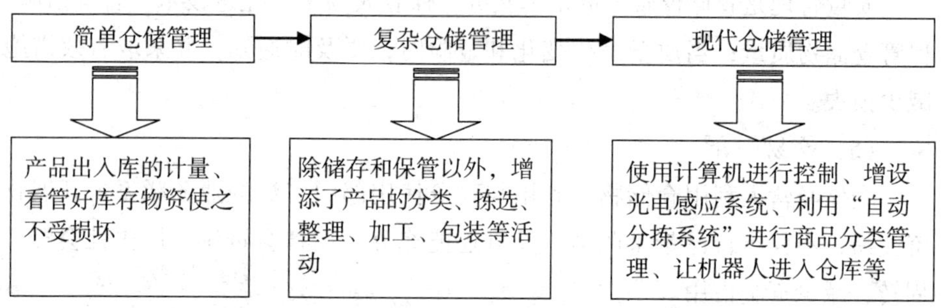

图2-1 仓储管理发展的三个阶段

2.3.2 仓储管理的内容

仓储管理包括经济和技术两个方面，其主要内容包括：

（1）仓库选址

选址主要包括应遵循的基本原则、须考虑的基本因素以及技术方法。多点布置时还要考虑网络中仓库的数量和规模大小、相对位置和目标客户群。

（2）仓库规模的确定和内部合理布局

它包括仓库建筑物面积、仓库库区面积的确定，库内道路和作业区的平面和立体布置，库房内部各作业区的划分和作业通道布置的方式。

（3）仓储设施和设备的选择与配备

根据储存物品的种类、特性及仓库作业的特点，合理选择和配备仓库设施、作业机械以及如何合理的使用与管理。

（4）仓储资源的整合

它是指仓储企业通过何种方式来获得仓储资源。一个企业获得资源的方式包括使用自有资金、银行贷款、发行债券、向企业内部职工或社会公众募股等方式，即通过企业内部和企业外部两种途径。

（5）仓储作业活动管理

仓储作业活动是仓储管理的重要内容，其随着作业范围和功能的不同，复杂程度也不尽相同。仓储作业活动包括仓储作业组织的结构和岗位分工，作业流程的设计，作业中的技术方法和作业手段，以及作业过程中的信息处理等。

（6）库存控制

库存是仓储的基本功能，企业为了能及时满足客户的需要必须经常保持一定数量的商品库存。库存过多会造成资金的占用，库存不足又会导致供应断货，因此，合理有效的库存控制是仓储管理从传统的存货管理向高级的存货系统动态控制发展的重要标志。

（7）仓储经营管理

从管理学角度，作为现代企业，仓储企业的经营管理也要运用先进的管理方式和科学的管理方法，对企业的经营活动进行计划、组织、指挥、协调和控制。从市场营销角度，仓储企业也需要面向市场，向客户提供质优价低的服务，并于行业和客户中树立良好的品牌形象。

（8）人力资源管理

任何一个组织的发展壮大都离不开人的参与。仓储企业同样也需要建立起一套人才引进和选拔，合理使用，人才培养和激励，绩效考核和分配等比较完善的人力资源制度。

（9）信息管理

仓储作为现代物流的重要组成部分，采用先进的信息技术、手段和系统，改进作业流程，提高作业效率，即有利于与上、下游客户的有效对接，也可极大促进对客户服务质量的提升。

此外，仓储管理还涉及仓储安全管理、仓储成本管理和仓储经营效果评价等方面的内容。

2.3.3 仓储管理的基本原则

（1）效率原则

效率是指在一定劳动要素投入量时的产品（或服务）产出量。高效率是现代生产的基本要求。仓储的效率表现为仓容利用率、货物周转率、进出库时间、装卸车时间等指标上，“快进、快出、多储存、保管好”方能体现出高效率的仓储。

（2）经济效益的原则

厂商生产经营的目的是为了追求获得利润的最大化，这是经济学的基本假设条件。利润是企业经营效益的最直接表现。简而言之，就是“成本最小化，利润最大化”。

（3）服务的原则

仓储活动本身就是向社会提供服务产品，不能因一味降低经营成本，而降低服务水平，从而牺牲经济效益。

围绕服务定位，如提供服务，改善服务，提高服务质量，要在经营成本和服务水平间寻找平衡。

2.3.4 仓储管理人员的资质

由中国仓储协会组织起草制定的仓储国家标准《仓储从业人员职业资质》（GB/T 21070—2007），在2007年9月15日由国家标准化管理委员会批准发布，自2008年3月1日起实施。

该标准提出了基于现代物流及供应链管理要求的仓储从业人员职业定位与资质要求。根据标准的要求和有关规定，按照公开、公正、公平、自愿的原则，将逐步开展仓储从业人员的培训与认证工作。根据该标准，仓储管理人员包括仓储管理员和仓储经理：

（1）仓储管理员（Stock－keeper）

仓库内从事与物品仓储作业有关的一线操作人员（包括直接从事物品收发、出入库、分拣、理货等工作的人员，不含装卸工），简称“仓管员”。

（2）仓储经理（Warehousing Manager）

从事仓储经营管理活动，具有经营管理权或业务指挥权与生产要素调度配置的管理者（包括公司层面的仓储、运作经理或总监，分公司的经理或库区经理）。

《GB/T 21070—2007》对仓储管理员和仓储经理的资质要求都做出了明确规范。

2.4 仓储管理决策

2.4.1 仓储合理化的标志

仓储合理化的含义是用最经济的办法实现仓储的功能。合理仓储的实质是，在保证仓储功能实现前提下的尽量少的投入，也是一个投入产出的关系问题。

（1）质量标志

保证仓储货物的质量，是完成仓储功能的根本要求。只有这样，商品的使用价值才能通过物流之后得以最终实现。在仓储中增加了多少时间价值或是得到了多少利润，都是以保证质量为前提的。因此，在仓储合理化的主要标志中，最重要的是使用价值的质量。

（2）数量标志

在保证功能实现前提下有一个合理的数量范围，即符合市场需求的合理库存。

（3）时间标志

在保证功能实现前提下，寻求一个合理的仓储时间，这是和数量有关的问题。仓储量越大而消耗速率越慢。

（4）结构标志

它是从仓储货物不同品种、不同规格、不同花色的仓储数量的比例关系对仓储合理性的判断，尤其是相关性很强的各种货物之间的比例关系更能反映仓储合理与否。

（5）分布标志

它是指不同地区仓储的数量比例关系，以此判断当地需求比，以及对需求的保障程度，也可以此判断其对整个物流的影响。

（6）费用标志

只有考虑仓租费、维护费、保管费、损失费、资金占用利息支出等，才能从实际费用上判断仓储的合理与否。

2.4.2 仓储合理化的要求

通常情况下，仓储合理化的实施要点可以归纳为如下几个方面。

（1）适度集中库存是“零库存”这种合理化形式的前提

① 加速物资总的周转，提高单位产出。例如，采用单元集装存储，建立快速分拣系统都利于实现“快进快出”、“大进大出”。

② 采用有效的“先进先出”方式。保证每个被储物品的仓储期不至于过长。“先进先出”是一种有效的方式，也成了仓储管理的准则之一。有效的“先进先出”方式主要有：

a. 贯通式货架系统。

b. “双仓法”仓储。给每种被储物品准备两个仓位或货位，轮换进行存取，再配以必须在一个货位中取光才可补充的规定，则可以遵循信号实现“先进先出”。

c. 计算机存取系统。采用计算机管理，在存时向计算机输入时间记录，编入一个简单的按时间顺序输出的程序，取货时计算机就能按时间标志给予指示，以保证“先进先出”。

（2）减少仓储设施的投资，提高单位仓储面积的利用率

目的就是要达到降低成本、减少土地占用。

（3）采用有效的仓储定位系统

仓储定位的含义是被储物品位置的确定。仓储定位系统可采取先进的计算机管理，也可采取一般人工管理，行之有效的方式主要有：“四号定位”方式、计算机定位系统。

（4）采用有效的监测清点方式

①“五化”码：它是我国手工管理中采用的一种科学方法。储存物堆垛时，以“五”为基本计数单位，堆成总量为“五”的倍数的垛形，如梅花五、重叠五等，堆码后，有经验者可过目成数，大大加快了人工点数的速度，

而且减少差错。

② 光电识别系统：在货位上设置光电识别装置，该装置对被存物扫描，并将准确数目自动显示出来。这种方式不需人工清点就能准确掌握库存的实有数量。

③ 计算机监控系统：用计算机指示存取，可以防止人工出错。

2.4.3 自建仓库、租赁公共仓库、合同制仓储的比较

自建仓库仓储、租赁公共仓库仓储（自有仓储）和合同制仓储（公共仓储）各有优势，仓储企业决策的依据是物流的总成本最低。

① 租赁公共仓库和合同制仓储的成本只包含可变成本，随着存储总量的增加，租赁的空间就会增加。

② 由于公共仓库一般按所占用空间来收费，这样成本就与总周转量成正比，其成本函数是线性的。而自有仓储和公共仓储的成本结构中都存在固定成本。由于公共仓库的经营具有营利性质，因此，自有仓储的可变成本的增长速率通常低于公共仓储成本的增长速率。当总周转量达到一定规模时，两条成本线相交，即成本相等。

这表明在周转量较低时，公共仓储是最佳选择。随着周转量的增加，由于可以把固定成本均摊到大量存货中，因此，使用自有仓储或自建仓储更加经济（见图2-2）。

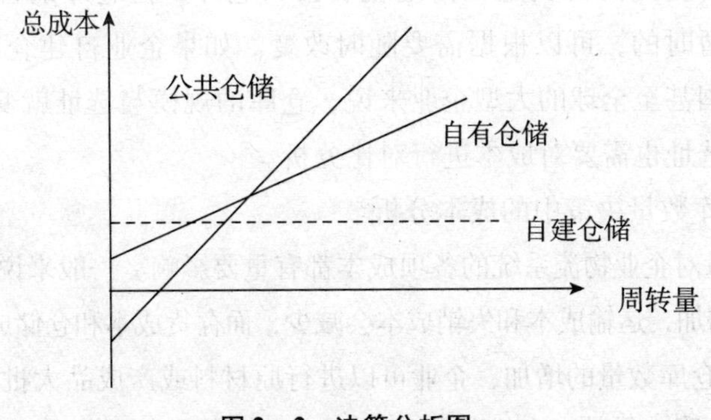

图2-2 决策分析图

一个企业是自建仓库还是租赁公共仓库或采用合同制仓储需要考虑以下几个因素。

① 周转总量。由于自有仓储的固定成本相对较高，而且与使用程度无关。因此，必须有大量存货来分摊这些成本，使自有仓储的平均成本低于公共仓储的平均成本。所以，如果存货周转量较高，自有仓储更经济。相反，当周转量相对较低时，选择公共仓储更为明智。

② 需求的稳定性。需求的稳定性是自建仓库的一个关键因素。许多厂商具有多种产品线，使仓库具有稳定的周转量，因此自有仓储的运作更为经济。

③ 市场密度。市场密度较大或供应商相对集中，有利于修建自有仓库。这是因为零担运输费率相对较高，经自有仓库拼箱后，整车装运的运费率会大大降低。相反，市场密度较低，则在不同地方使用几个公共仓库要比一个自有仓库服务一个很大地区更经济。

2.4.4 集中仓储还是分散仓储

仓库数量的决策要与运输方式的决策相协调。例如，一个或两个具有战略性选址的仓库结合空运就能在全国范围内提供快速服务，尽管空运的成本相对较高，但却降低了仓储和库存成本。由于运输方式的多样性，尤其需要与其他仓储决策结合考虑，使得仓库数量决策变得非常复杂。与仓库数量决策密切相关的是仓库的规模与选址。

如果企业租赁公共仓库，那么仓库规模问题相对重要，但通常租赁的仓储空间可以根据不同地点的需求及时扩大或缩小，选址决策的重要性就相对小一些。尽管企业需要决定在何地租赁公共仓库，但仓库的位置是确定的，而且决策是暂时的，可以根据需要随时改变。如果企业自建仓库，尤其对于市场遍及全国甚至全球的大型企业来说，仓库的规模与选址就变得极为重要。因此，仓库选址也需要对成本进行对比分析。

（1）仓库数量决策中的成本分析

仓库数量对企业物流系统的各项成本都有重要影响。一般来说，随着系统的仓库数量的增加，运输成本和失销成本会减少，而存货成本和仓储成本将增加。

① 由于仓库数量的增加，企业可以进行原材料或产成品大批量运输，所以运输成本会下降。另外，在销售物流方面，仓库数量的增加使仓库更靠近客户和市场，因此减少了货物运输的里程，这不仅会降低运输成本，而且由于能及时地满足客户需求，提高了客户服务水平，减少了失销机会，从而降低失销成本。

② 由于仓库数量的增加，总的存储空间也会相应地扩大，因此仓储成本会上升。

③ 当仓库数量增加时，总存货量就会增加，相应的存货成本就会增加。随着仓库数量的增加，由于运输成本和失销成本迅速下降，导致总成本下降。但是，当仓库数量增加到一定规模时，库存成本和仓储成本的增加额超过运输成本和失销成本的减少额，于是总成本开始上升。

（2）影响仓库数量的因素

它包括企业客户服务的需要、运输服务的水平、客户的小批量购买、计算机信息系统的应用、单个仓库的规模等。

2.5 仓储业务受理及流程

与货运相比，仓储业务的受理流程（见图2－3）比较简单。仓储业务的受理是仓储作业的开始，其业务受理类型如下。

（1）计划委托

这是一种系统内部或自营仓库通常采用的业务受理方式。

存货单位根据采购合同、生产计划、销售计划、运输计划等需要，向仓储部门提出在一定时期内要求储存物品的品种、数量等储存计划，仓储部门再根据仓库当前储存能力，通过内部平衡，确定计划的接受，明确货位，落实作业人员，将受理结果以局面形式反馈给存货单位。此类业务称为计划委托储存。

（2）协议委托

协议委托是仓储企业与存货人之间依据平等互利、等价有偿的原则，以采取签订协议（或合同）的方式而确定的仓储业务关系。其通常有三种形式：

① 定库房、定储存面积、定储存货物大类，储存业务由保管方承担，即“包仓代管”。

② 定库房、定储存面积、定储存货物大类，储存业务由存货方承担，即“包仓自管”。

③ 定储存货物种类、数量，储存业务由仓储企业统一安排。

（3）临时委托

临时委托是仓储企业接受存货人的货物临时储存而采取的一种业务受理

方式。对仓储企业而言，这种业务也可称为“零担业务”。

采用这种方式时，存货人应向仓储企业业务部门提出临时委托储存申请，由业务受理员根据存货人的货物及仓库当前的货位情况进行审核，经过确认后，由存货人“填写委托申请单”，仓库按作业制度组织货物入库并向存货人开具“储存凭证”。对临时委托业务，仓库一般采取“逐笔清”的方式，即每笔储存业务完结后立即与存货人结清费用。

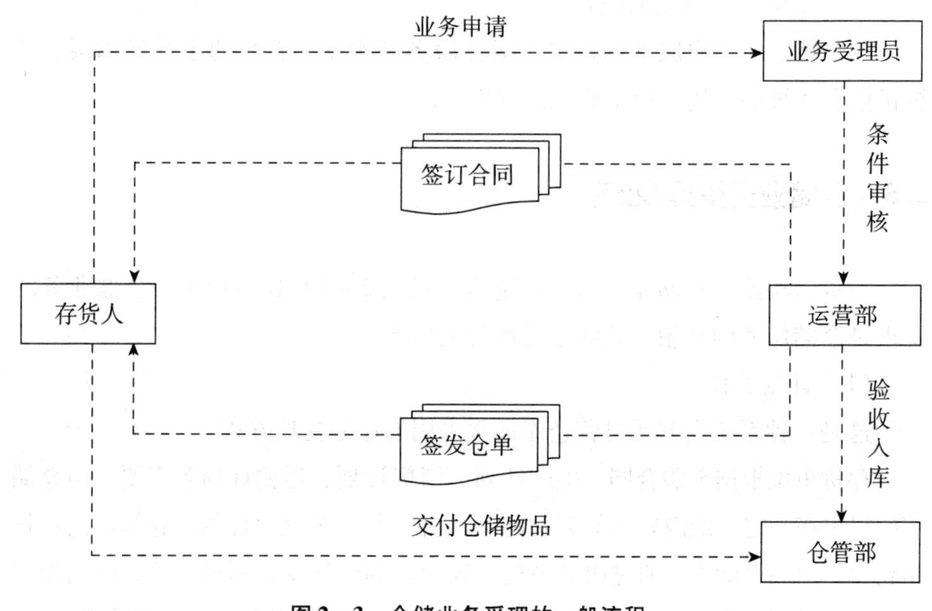

图 2－3　仓储业务受理的一般流程

2.6　仓储服务质量评价指标

无论仓储企业还是非仓储企业的仓储管理部门，仓储经营都是提供的一种服务，服务质量的好坏直接影响到其他企业或部门对仓储服务质量的评价。

由国家标准化管理委员会批准发布，自 2008 年 3 月 1 日起实施的 GB/T 21071—2007（仓储服务质量要求），对仓储服务质量的评价指标做出了系列规范。其中主要的评价指标为：

（1）出库差错率

出库差错率应≤0.1%。

出库差错率是指考核期内发货累计差错件数占发货总件数的比率。

$$出库差错率=\frac{累计差错件数}{发货总件数}\times 100\%$$

（2）责任货损率

责任货损率应≤0.05%。

责任货损率是指在考核期内，由于作业不善造成的物品霉变、残损、丢失、短少等损失的件数占期内库存总件数的比率。

$$责任货损率=\frac{损失件数}{期内库存总件数}\times 100\%$$

（3）账货相符率

账货相符率应≥99.5%。

该指标是指经盘点，库存物品账货相符的笔数与储存物品总笔数的比率（注：同一品种、规格（批次）为一笔）。

$$账货相符率=\frac{账货相符笔数}{储存物品（进出库货物）总笔数}\times 100\%$$

（4）订单按时完成率

订单按时完成率应≥95%。

订单按时完成率是指考核期内按时完成客户订单数占总订单数的比率。

$$订单按时完成率=\frac{按时完成订单数}{订单总数}\times 100\%$$

（5）单据与信息传递准确率

单据与信息传递准确率应≥99.5%。

单据与信息传递准确率是指考核期内向客户传递单据、信息的准确次数占单据、信息传递总次数的比率。

$$单据与信息传递准确率=\frac{传递准确次数}{传递总次数}\times 100\%$$

（6）数据与信息传输准时率

数据与信息传输准时率应≥99%。

这一指标是指考核期内，按时向客户传输数据、信息的次数占传输总次数的比率。

$$数据与信息传输准时率=\frac{传输准时次数}{传输总次数}\times 100\%$$

（7）有效投诉率

有效投诉率应≤0.8%。

该指标是指考核期内客户有效投诉涉及订单数占订单总数的比率（有效投诉指因仓储服务商引起，经查证确属仓储服务商过失的客户投诉）。

$$有效投诉率 = \frac{有效投诉涉及订单数}{订单总数} \times 100\%$$

以上都属于最新国家标准规定的仓储服务质量评价指标，但在现实的操作中，客户处于强势地位，仓储服务质量指标一般都是由客户（存货方）提出或规定的，所涉及的指标内容会更多一些，或更带有一定的强制性。

以下就是某存货方（客户）要求仓储企业必须达到的仓储服务质量指标，见表2-1。

表2-1　某仓储企业向客户承诺的服务质量指标

仓储指标	运输指标（配送部分）
仓储提供能力：100%	运输准确率：100%
仓储扩充能力：100%	货损赔付率：100%
满足仓储要求：90%	响应速度：≤2小时
库存完好率：100%	延期率：≤2%（零担货物）
库存安全保障能力：100%	≤0.3%（整车货物）
出入库保障能力：100%	货物出险率：≤4次/年
配送及时率：>80%	货损率：≤0.1%
配送准确率：100%	货物卸错率：≤2次/年
在途信息失控率：≤5次/年	
信息技术的应用率：≥90%	
远程信息提供能力：≥90%	
账货相符率：100%	
客户满意度：≥99%	

2.7 实现有效仓储管理的途径

（1）有效的人工管理

劳动力是任何成功仓储最重要的因素。然而随着经济的发展，人工处理的程序越来越复杂，人工成本占库存成本的很大一部分。是否能够分配好人力资源进行有效运作是高效仓储管理的重要评判标准之一。人工管理技术可以帮助那些被员工困扰的仓储企业，辅助管理者决策所需仓储员工的数量，并且可以采用工程劳动标准和支持系统评估仓储工人的绩效。另外，仓储企业或企业的仓储部门应该提供激励措施给由员工组成的团队而不是个人，发挥团队的最大潜力。

有不少仓储管理系统缺少在人工管理及绩效考核方面的考虑，或者是缺少对人工管理这一功能的衔接。若单纯引进人力资源的管理，而未和物流仓储进行有机结合，又将导致企业整体信息化的脱节。

(2) 仓库布局设计和设备的改进

作为物流流程整个系统的枢纽，仓库的设计布局是否合理影响着整个仓储作业效率。例如，可以把仓库按产品类别分为不同的拣选区。这样，整箱、拆箱、整盘分开作业，可以避免现场零乱，减少货物掉落破损。

对仓库的设备改进还体现在对物品的包装上。长期以来，仓储企业为了追求"零库存"，一直投资于仓库存储环境的改善和库房建设上，以吸引客户。但库房利用率不可能始终保持在100%，而且仓储的周期也越来越短。这时，对货物包装的投资成为仓库提高效率、提高竞争力的一个考虑因素。先进的包装不但可以为货物提供有效的保护，吸引货主（特别是那些较难保存的货物），而且还能为仓储机械化作业提供方便。

引进无线射频和数据自动采集技术使包装的标准化、集束化，可以充分发挥装卸搬运机械的效能，从而提高装卸、搬运、堆码垛的效率，加速实现仓储作业机械化。同时，现代仓储信息化的自动化收发不仅要求物资包装的尺寸、规格统一划一，而且还要求将物资信息通过条形码等技术体现在包装上，而这恰恰是物品包装标准化所要实现的目标。改善货物包装，有利于仓储管理自动化。所以，目前国内的大部分 WMS 软件都包括了 RFID 技术等数据自动采集的功能。

(3) 开展增值服务以及逆向物流的实现

传统的仓储主要收益来源于保管费，所以希望仓库总是满满的。聪明的仓储企业向货主提供的服务不再局限于收货、储存和运送，已经开始向货主或零售商提供额外的增值服务。一些制造业希望同时向多个市场提供产品，零售商也希望顾客能够收到其所需的货物，或是专门的推销商品。仓库会在货物出库前对产品（货物）进行加工，根据货主的需要对产品进行设计、组合、包装和贴标签，然后向不同的市场发货。例如，PC 机的库内加工，就是将原来分散的各个计算机配件组装成一台顾客需要的 PC 机，而这一切不需要计算机的制造商将分散的货物出库完成，完全由仓库代劳。

逆向物流也正呈现出越来越重要的地位，对很多没有自己物流仓储系统的制造商或零售商来说，仓储中心对逆向物流的支持成为竞争因素之一，任何作业的神经中枢都是仓库，有效管理仓储中心产品的回收、处理、修理及退换对客户服务有着极其重要的影响。

（4）发挥仓库的大脑指挥中心作用

仓库是企业供应链各环节中的一个核心节点，它是一个企业生产经营信息的汇集地，也可称其为企业的信息中枢指挥中心。中枢指挥中心可以是一个项目管理机构，指导库存新账的完成，报告执行结果以及每一环节的进展情况，同时维系外部客户联系。

指挥中心应该包括两部分：人和系统。仓库内的作业操作是在“四面墙”的仓库内完成的，仓库管理系统除了能够实现包括进出货管理、库存管理、订单管理、拣选、复核、商品与货位基本信息管理、补货策略、库内移动组合等“墙内”的系统功能之外，还要考虑仓库管理系统和运输管理系统、客户管理、员工管理系统之间的衔接。

在仓库管理系统下能够实时查询产品的存放地点以及在供应链的存放地点，并且运用实时信息可以准确、合理地在多节点网络中分配货物。这就是 WMS 作为库内指挥中心的作用。专业的物流软件公司一般提供仓储、配送、综合物流一系列的信息化服务，就是为了整个物流过程的衔接与统一。仓库在引进 WMS 时也要为今后物流其他环节的信息化应用留好对接口。即使有了完善的仓储管理信息系统，但是人在指挥中心中的作用不能被技术所代替。物流项目负责人需要在大量数据的基础上对有限的资源进行最佳分配。仓储不是自动化业务，仓储有太多的不确定因素，需要对仓储内外熟悉的负责人担任起总控的角色。

3 仓库

导 读

仓库是仓储管理活动的基本设施，是仓储作业的主要场所。完备的仓库设施和设备是完成仓储作业的最基本的保障。

与旧式传统不同，现代仓库更多地考虑经营上的收益而不仅仅是为了储存，现代仓库从运输周转、储存方式和建筑设施上都重视通道的合理布置、货物的分布方式和堆积的最大高度，并配置经济有效的机械化、自动化存取设施，以提高储存能力和工作效率。因此，现代化的仓储设施和设备是仓储现代化的重要标志之一。

由于仓库种类很多，因此仓库的设计也各不一样，仓库设计所考虑的安全重点也不一样。但是不管仓库怎么分类，主要还是“通用仓库”和“特种仓库”两大类。

仓库是物流的核心节点内容之一。

3.1 专业名词解释

3.1.1 仓库设施

仓库设施是指与仓库建筑物相配套的设施。比如，库房的站台、地坪、通道、立柱等。

3.1.2 仓库设备

仓库设备是指为完成货物的装卸、搬运、堆存等而添置的机械设备。比如，吊车、叉车、货架等。

3.1.3 仓库布局

仓库布局是指在一定区域或库区内，对仓库的数量、规模、地理位置和仓库设施道路等各要素进行科学的规划和整体设计。

3.2 仓库的基本功能

仓库的基本功能可分经济利益功能和服务利益功能两类。

3.2.1 经济利益功能

只要总成本能够下降，就能够证明该仓库在经济上是合理的。仓储的基本经济利益有4个，即整合、分类和交叉站台、加工或延期和堆存。

(1) 整合

通过装运整合（见图3－1），将仓库接收的来自一系列制造工厂指定送往某一特定客户的货物合成单一的一票装运，其好处是有可能实现最低的运输费率，并减少在某一客户货站台处发生的拥堵。该仓库可以把从制造商到仓库的内向转移和从仓库到客户外向转移都整合成更大的装运。

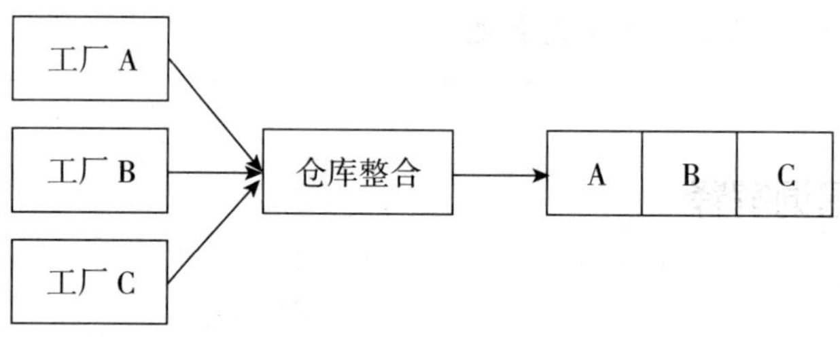

图3－1 仓库装运整合示意图

(2) 分类和交叉站台

① 分类作业。接收来自制造商的客户组合订货，将其装运到个别的客户处去。分类仓库或分类站把组合订货分类或分割成个别的订货，并安排当地的运输部门负责递送。由于长距离运输转移的是大批量装运，所以运输成本相对比较低，进行跟踪也不太困难。

② 交叉站台。先从多个制造商处运来整车的货物；收到产品后，如果有标

签的，就按客户进行分类，如果没有标签的，则按地点进行分配；然后，产品就像“交叉”一词的意思那样穿过“站台”装上指定去适当客户处的车辆；一旦该车辆装满了来自多个制造商的组合产品后，就被放行运往零售店去。

交叉站台的经济利益中包括从制造商到仓库的拖车的满载运输，以及从仓库到顾客的满载运输。由于产品不需要储存，降低了在交叉站台设施处的搬运成本。此外，由于所有的车辆都进行了充分装载，更有效地利用了站台设施，使站台装载利用率达到最大程度。

（3）加工或延期

仓库还可以通过承担加工或参与少量的制造活动来延期或延迟生产。具有包装能力或加标签能力的仓库可以把产品的最后一道生产工序一直推迟到知道该产品的需求时为止。

加工或延期提供了两个基本的经济利益：一是风险最小化，因为最后的包装要等到敲定具体的订购标签和收到包装材料时才完成；二是通过对基本产品使用各种标签和包装配置，可以降低存货水平。于是，低风险与降低存货水平相结合，往往能够降低物流系统的总成本，即使在仓库包装的成本要比在制造商的工厂处的包装成本更贵。

（4）堆存

对于所选择的业务来说，季节性的储存是至关重要的。堆存提供了存货缓冲，使生产活动在收到材料来源和顾客需求的限制条件下提高效率。

3.2.2 服务利益功能

通过仓库可以实现五个基本的服务利益，它们分别是：现场储备、配送分类、组合、生产支持以及市场形象。

（1）现场储备

在实物配送中经常使用现场储备，尤其是那些产品品种有限或产品具有高度季节性的制造商偏好这种服务。他们不是按照年度计划在仓库设计中安排各种存货，而是直接从制造工厂进行装运，并通过在战略市场中获得提前存货的承诺来大大减少递送时间。

（2）配送分类

提供配送分类的仓库可以为制造商、批发商或零售商所利用，按照对客户订货的预期，对产品进行组合装备。这类配送分类可以代表来自不同制造商的多种产品，或者由顾客指定的各种配送分类。配送分类仓库可以使客户减少其必须打交道的供应商数目，并因此改善了仓储服务。此外，配送分类仓库还可以对产品进行结合以形成更大的装运批量，并因此降低了运输成本。

（3）组合

仓库组合类似于仓库分类过程。在典型的组合运输条件下，从制造工厂运输整卡车的产品到批发商处，每次大批量的装运可以享受尽可能低的运输费率。一旦产品到达了组合仓库时，卸下从制造工厂装运来的货物后，就可以按照每一个客户要求或市场需求，选择每一种产品的运输组合。通过运输组合进行转运，在经济上通常可以得到特别的运费率的支持，即给予各种转运优惠。

（4）生产支持

制造经济会证明具体的零部件供给对长时间生产有重要意义。而生产支持仓库则可以向装配工厂提供稳定的零部件和材料供给。

（5）市场形象

市场形象因素基于这样的见解和观点，即地方仓库比起距离更远的仓库来，对顾客的需求反应更敏感，提供的递送服务也更快。仓库服务的类型有很多，但更多地与存货储备有关。

事实上，有许多服务降低了基本的储备需要。这就要求传统的仓库要有适应当前服务需要的能力；而降低成本，就是现代物流管理的一个重要体现。

3.3 仓库的分类

由于仓库在不同行业用途广泛，因此其种类繁多，有以下不同的分类标准。

3.3.1 按用途分类

（1）采购供应仓库

主要用于集中储存从生产部门收购的和供国际间进出口的商品，一般这一类的仓库库场设在商品生产比较集中的大中城市，或商品运输枢纽的所在地。

（2）批发仓库

主要用于储存从采购供应库场调进或在当地收购的商品，这一类仓库一般临近商品销售市场，规模同采购供应仓库相比一般要小一些，它既从事批发供货业务，也从事拆零供货业务。

（3）零售仓库

主要用于为商业零售业做短期储货，一般是提供店面销售，零售仓库的规模较小，所储存物资周转快。

（4）储备仓库

这类仓库一般由国家设置，以保管国家应急的储备物资和战备物资。货物在这类仓库中储存时间一般比较长，并且储存的物资会定期更新，以保证物资的质量。

（5）中转仓库

中转仓库处于货物运输系统的中间环节，存放那些等待转运的货物，一般货物在此仅做临时停放。这一类仓库一般设置在公路、铁路的场站和水路运输的港口码头附近，以方便货物在此等待装运。

（6）加工仓库

前面已经讲过仓库的加工或延期功能，一般具有产品加工能力的仓库被作为加工仓库。

（7）保税仓库

是指为满足国际贸易的需要，设置在一国国土之上，但在海关关境以外的仓库。外国企业的货物可以免税进出这类仓库而办理海关申报手续，而且经过批准后，可以在保税仓库内对货物进行加工、存储等作业。

从供应链角度而言，生产出来的产品先是被储存在采购供应仓库，然后流向批发仓库，接着是零售仓库，最后商品进入卖场，最终流向消费者手中。

3.3.2　按保管货物的性质分类

（1）原料仓库

原材料仓库是用来储存生产所用的原材料的，这类仓库一般比较大。

（2）产品仓库

产品仓库的作用是存放已经完成的产品，但这些产品还没有进入流通区域，这种仓库一般是附属于产品生产工厂。

（3）冷藏仓库

它是用来储藏那些需要进行冷藏储存的货物，一般多是农副产品、药品等对储存温度有要求的物品。

（4）恒温仓库

恒温仓库和冷藏仓库一样也是用来储存对储藏温度有要求的产品。

（5）危险品仓库

危险品仓库从字面上就比较容易理解，它是用于储存危险品的。危险品由于可能对人体以及环境造成危害，因此在此类物品的储存方面一般会有特定的要求，例如，许多化学用品都是危险品，其储存都有专门的条例。

（6）水面仓库

对圆木、竹排等能够在水面上漂浮的物品来说，也可以储存在水面上。

3.3.3 按仓库的结构分类

（1）单层仓库

单层仓库是最常见的，也是使用最广泛的一种仓库建筑类型（见图3－2），这种仓库只有一层，不需要设置楼梯，它的主要特点是：

① 单层仓库设计简单，所需投资较少，但占用土地资源较多。

② 由于仓库只有一层，因此在仓库内搬运、装卸货物比较方便。

③ 各种附属设备（例如，通风设备、供水设备、供电设备等）的安装、使用和维护都比较方便。

④ 由于只有一层，仓库全部的地面承压能力都比较强。

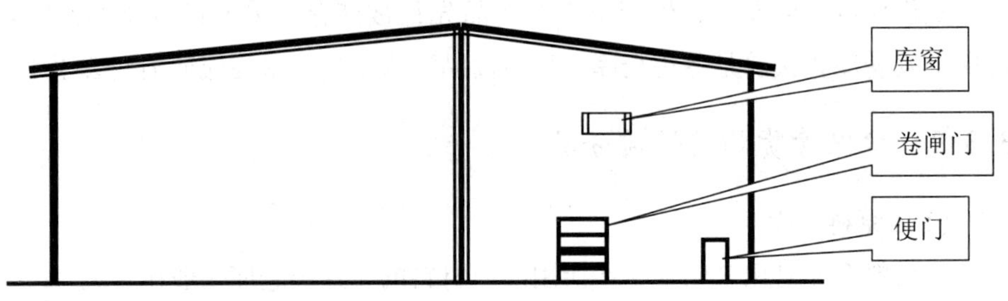

图3－2 单层仓库示意图

(2) 多层仓库

多层仓库一般占地面积较小，它一般建在人口稠密，土地使用价格较高的地区。由于是多层结构（见图3－3），因此一般使用垂直输送设备来搬运货物，总结起来，多层仓库有以下几个特点。

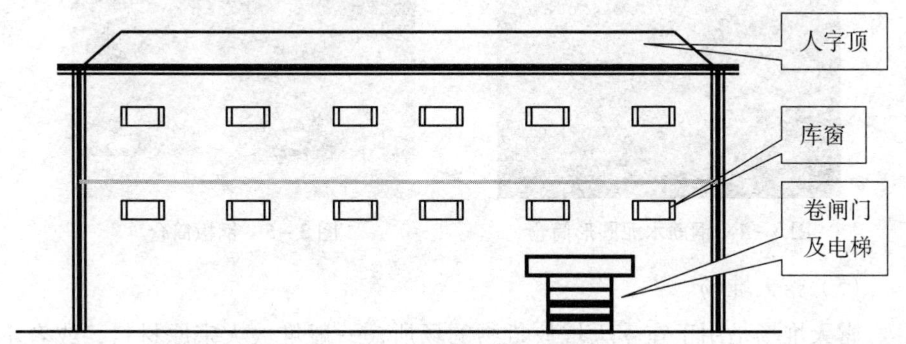

图3－3　多层仓库示意图

① 多层仓库可适用于各种不同的使用要求，例如，可以将办公室和库房分处两层，在整个仓库布局方面比较灵活。

② 分层结构将库房和其他部门自然进行隔离，有利于库房的安全和防火。

③ 多层仓库作业需要的垂直运输重物技术已经日趋成熟。

④ 多层仓库一般建在靠近市区的地方，因为它的占地面积较小，建筑成本可以控制在可承受范围内，所以，多层仓库经常用来储存城市日常用的高附加值的小型商品。使用多层仓库存在的问题在于建筑费用和使用中的维护费用较大，商品的存放成本较高。

(3) 立体仓库

利用高货架储存货物的仓库，称为立体仓库，又称为高架仓库。其实，它也是一种单层仓库，但同一般的单层仓库的不同在于它利用高层货架来储存货物，而不是简单地将货物堆积在库房地面上。

在立体仓库中，由于货架一般比较高，所以货物的存取需要采用与之配套的机械化、自动化设备。而当存取设备自动化程度较高时，这类仓库也被称为“自动化仓库”。

(4) 筒仓

筒仓就是用于存放散装的小颗粒或粉末状货物的封闭式仓库，一般这种仓库被置于高架上。筒仓经常用来存储粮食、水泥和化肥等（见图3－4、图3－5）。

图3－4 钢筋水泥圆形筒仓

图3－5 钢板筒仓

（5）露天堆场

露天堆场是用于在露天堆放货物的场所，一般堆放大宗原材料，或者不怕受潮的货物。比如，集装箱堆场、车站煤场等。

3.3.4 按建筑材料分类

根据使用的建筑材料不同，可以将仓库分为：钢筋混凝土仓库、钢质仓库、砖石仓库等。

3.3.5 按仓库所处的地理位置分类

根据仓库的地理位置赋予仓库的特性来进行的分类，可以分为码头仓库、车站仓库、机场仓库等。

从广义仓库概念而言，码头堆场、货运站、铁路车站货场、机场货运站、公路货运市场更像是一个大的仓库或仓库区，其基本功能类似于一个大仓库，同样包括装卸搬运、临时储存、分拣、配载、包装等仓库的基本功能。

3.3.6 按保管目的分类

（1）配送中心（流通中心）型仓库

这是具有发货、配送和流通加工功能的仓库。

（2）存储中心型仓库

这是仅以储存货物为主的仓库。

（3）物流中心型仓库

这是指具有储存、发货、配送和流通加工功能的仓库。

3.3.7 按仓库的管理体制分类

根据仓库隶属关系的不同，可以分为以下几类：

（1）自用仓库

自用仓库就是指某个企业建立的供自己使用的仓库，这种仓库一般由企业自己进行管理。从物流角度，有人又将自用仓库称为第一方或第二方物流仓库。

（2）公用仓库

这是一种专业从事仓储经营管理的、面向社会的、独立于其他企业的仓库。从物流角度，有人又将公用仓库称为第三方物流仓库。

3.3.8 其他仓库的概念

（1）外贸仓库

又简称“外贸仓”，外贸企业出口销售的商品，往往分散在各个省市地区，这就在各个集运地点形成了出口商品的临时储存；再有，有些出口商品采取集中出口、季产年销的方式，这会使企业形成商品库存；另外，为了保障出口销售，防止所购出口商品因意外、违约等事件不能按期到货，外贸企业也必须储备一定数量的商品。

（2）虚拟仓库

虚拟仓库是建立在计算机和网络通信技术基础上，对货物进行储存、保管和远程控制的物流设施。可实现不同状态、空间、时间、货主的有效调度和统一管理。其主要作用就是让计划人员和调度人员在头脑中将若干个现场分成若干个层次，最终目的是让虚拟仓库通过虚拟装配体现价值，直到让实体仓库中的物料数量变成越来越有限的数字，实现“货畅其流”。

3.4 仓库的布局

3.4.1 仓库选址

货物的目的地大多是人口聚集地，因此库址相对于大都市的远近，在运输成本和操作效率上所反映出的相关性就十分显著。库址的位置是否合适，对物资保管质量、仓库安全、投资及作业费用等都有直接的影响。

(1) 影响仓库选址的因素

仓库网点的配置属于宏观经济的范畴，它受自然因素和社会因素的影响，一般情况下，有以下基本因素影响仓库网点的地区配置。

① 经济因素。它包括仓库建设投资建成的时间、土地的价格及建成后的维护费用等。

② 基础设施因素。它包括交通条件、道路设施和公共基础设施（电、水）等。

③ 社会因素。它主要包括国家物流产业政策、生活环境、就业情况、治安情况、国土资源利用情况、环境保护情况等。

④ 自然环境因素。它是指地形条件、水文条件、气象条件、地质条件等。

⑤ 经营环境因素。它包括商品特征、经营条件、服务条件、周边的消费水平情况等。

(2) 仓库选址的基本原则

① 动态性原则。在仓库选址时，不能将环境条件和影响因素绝对化，而是从动态出发，将仓库选址建立在详细分析现状及对未来变化做出合理预测的基础上。

② 竞争性原则。物流活动是服务性活动，用户的选择必将引起物流服务的竞争。若不考虑这种竞争性机制，而单从成本最低、线路最短、速度最快等角度出发，就会剥夺用户的选择权利，导致垄断从而阻碍物流服务质量的提高。

③ 经济性原则。仓库的未来物流活动辅助设施的建设规模及建设费用以及运费等是不同的，选址应以费用最低作为重要选址原则。

④ 交通便利性原则。布局仓库时，要考虑现有交通条件，同时预测和规

划未来交通，保证仓库投入使用后交通便利。

⑤ 统筹性原则。仓库的布局与生产布局、消费布局密切相关，在规划仓库时，必须统筹兼顾，微观宏观综合考虑。

⑥ 战略性原则。应具前瞻性，制定长远发展规划。既要符合当前需要，又要考虑日后发展的可能，以避免建成后或建成后不久就过时了。

3.4.2 仓库的布局

(1) 仓库布局的原则

① 尽可能采用单层设备。

② 货物出入库单向和直线运动，以提高效率。

③ 采用高效的物料搬运设备及操作流程。

④ 仓库里采用有效的存储计划。

⑤ 在物料搬运设备大小、类型、转弯半径的限制前提下，尽量减少通道占用空间。

⑥ 尽量利用仓库的高度，有效利用仓库容积。

(2) 仓库布局的功能要求

① 仓库位置应便于货物的入库、装卸和提取；库内区域划分明确、布局合理。

② 集装箱货物仓库与零担仓库应尽可能分开设置，库内货物应按发送、中转、到达货物分区存放，并分线设置货位，以防事故发生。

③ 要尽量减少货物在库内的搬运距离，避免任何迂回运输，并要最大程度利用空间。

④ 有利于提高装卸机械的效率，满足先进装卸工艺和设备的作业要求。

⑤ 仓库应配置必要的安全、消防设施，以保证安全生产。

⑥ 仓库货门的设置，既要考虑集装箱和货车集中到达时的同时装卸作业要求，又要考虑由于增设货门而造成堆存面积的损失。

3.4.3 仓库设施

(1) 库房设施

库房是仓库主体建筑物，按其与地面的相对位置分为：地上库房、半地下库房和地下库房；按跨度分为单跨库房、双跨库房和多跨库房；按结构分为单层库房和多层库房。与库房相关的设施主要有以下设施。

① 库房门、窗。库房门，作为载货汽车出入口的库房门，其宽度和高度必须达到4米以上，如作为铲车的出入口，则宽度和高度必须在2.5～3.5米之间。库房出入口通常采用卷帘门、侧拉门或对开铁门。

库窗的作用在于通风与采光，其设置一般要求离地面较高并要控制数量和尺寸。窗地面积比通常为1∶10～1∶18。

② 立柱。立柱是库房建筑物的承重构件，但也成为货物出入库的障碍。

以汽车或托盘的尺寸作为出入库的尺寸标准，立柱间距以7米为宜。采用托盘存货或作业的，以适合存放6个标准托盘为间距（1.2米×6=7.2米）。

钢骨架建筑的仓库不要立柱。

③ 地坪。地坪也就是通常所讲的地板，地坪的承载力（承重）与具体承载的货物种类和堆码高度相关。一般情况下，普通仓库1平方米的地面承载力为3吨，流通类（商业性）仓库的地面承载力须保证重型叉车作业的承受力。

④ 站台。仓库站台是供车辆卸货或装货时等待装卸车的平台设施（见图3－6）。其通常包括三个主要区域：第一个区域是站台内侧的接货区或发货区；第二区域是装卸、搬运设备所占的空间；第三个区域是搬运车辆及人员的通道。仓库站台的各项参数见表3－1、表3－2。

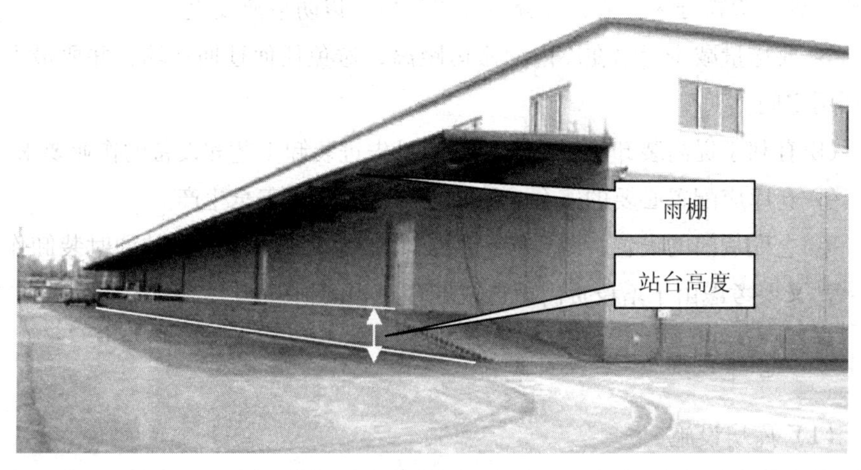

图3－6 仓库站台示意图

表3-1 仓库站台主要参数

项目	汽车站台（m）	火车站台（m）
一般站台宽度	2.0~2.5	3.5
小型叉车作业站台宽度	3.4~4	≥4.0
站台高度	高于地面0.9~1.2	高于轨顶1.1
站台雨棚高度	高于地面4.5	高于轨顶5.0
站台边与铁轨中心间距	—	1.75
站台端头斜坡坡度	≤10%	≤10%

表3-2 各种车辆适应的站台高度

车型	站台高度（m）	车型	站台高度（m）
集装箱拖车	1.40	普通卡车	1.17
冷藏车	1.32	长途挂车	1.22
作业拖车	0.91		

（2）堆场设施

① 集装箱堆场。集装箱堆场是集装箱重箱或空箱进行交接、保管和堆存的场所。一般分为前方堆场和后方堆场。设置堆场时应满足发送箱、到达箱、中转箱、周转箱和维修箱等的生产工艺操作和不同的功能要求，避免交叉作业，便于准确、快捷取放所需集装箱，利于管理。港口码头存放集装箱的场所叫集装箱堆场，铁路车站存放集装箱的场所称铁路集装箱货场（见图3-7、图3-8）。

图3-7 码头集装箱堆场

图3-8 铁路集装箱货场

② 杂货堆场。杂货是除大宗散货之外的货物，杂货堆场则是存放集装箱以外杂货的场所。如钢材、木材等堆场（见图 3－9）。杂货在堆场露天存放时应进行必要的苫盖、垫垛，以便排水除湿。

图 3－9　杂货堆场

③ 散货堆场。散货主要是各种初级产品和原材料类货物，如煤炭、矿石、粮食等。这类货物通常采用散装形式进行运输、装卸和储存保管。

散货堆场是储存保管货物的露天场地，一般要求散货堆场的地势要高，地面保持干燥；有良好的排水设施，地面自中央向四周应有一定的坡度，以便泄水；根据堆存散货种类的不同，地坪应有足够的荷载能力，须采用硬地面；对于储存煤炭、矿石（见图 3－10）和沙砾，地面可以是松软地面，可铺河沙、山皮土等，使其形成渗水层。

图 3－10　散货堆场

3.4.4 仓库的构成

仓库通常是由生产作业区、辅助生产区和行政生活区三大部分组成。

(1) 生产作业区

生产作业区是仓库的主体部分，也是商品储运活动的场地，其主要由储货区、道路、铁路专用线、装卸台、货棚、货场等区域。

储货区是收发、储存、保管货物的场所，是生产作业区的主要场所，又分为保管区和非保管区。保管区用于储存和保管货物；非保管区包括作业通道、待验区、收发作业区、集货区及退换货区等。

仓库道路是指生产作业的通道，其包括主通道、副通道、人行通道和消防通道。

铁路专用线（见图 3－11），它是仓库与国家铁路网、码头、车站连接的铁路设施，通常设计为贯通式。

图 3－11　仓库铁路专用线

(2) 辅助生产区

它是为仓储作业提供各种服务保障的区域。如车库、变电室、油库、维修车间等。

(3) 行政生活区

它主要是仓库行政管理机构和生活区域。其通常设在入库口附近，便于业务接洽和管理，与生产作业区保持一定距离，以保证仓库安全和行政生活区办公和居民的安静。

3.4.5 仓库的平面布局

仓库的平面布局是根据库址的自然条件和仓库的使用特点进行的规划与设计。在满足防火间距的原则下，达到布局紧凑，运输线路短捷，货物出入方便，以创造一个尽可能安全、经济、合理的仓储作业环境。

3.4.6 仓库内部的货区布局

仓库货区的平面布局应适应仓储作业的需要，方便货物的搬运、分拣和进出。货区的平面布局通常有横列式、纵列式、纵横式和倾斜式等。

(1) 横列式布局

该种布局是指货架（或货垛）的长度方向与仓库的侧墙互相垂直的布局方式（见图 3－12），其优点是：主通道长且宽，次通道短，有利于货物的取存、检查；通风和采光条件好，有利于采用机械化作业。其缺点是：主通道占用面积多，仓库面积利用率低。

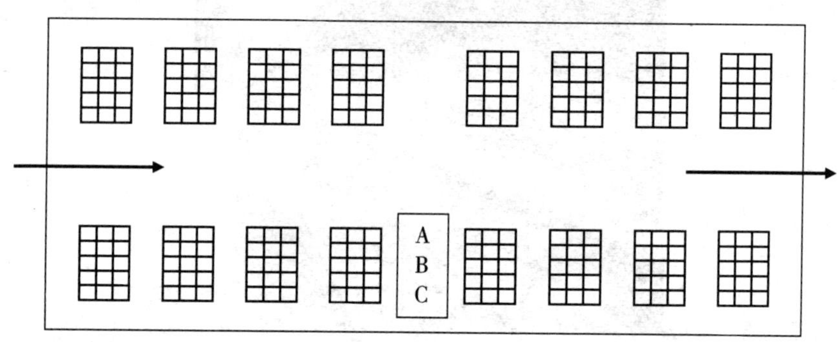

图 3－12　横列式布局

(2) 纵列式布局

纵列式布局是指货架（或货垛）的长度方向与仓库的侧墙平行的布局方式（见图 3－13）。这种布局方式的最大优点是仓库平面利用率高，缺点是存取货物不方便，通风、采光条件不好。

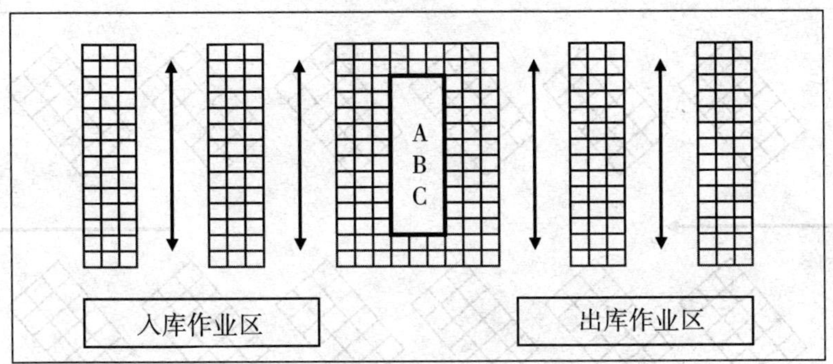

图 3－13 纵列式布局

(3) 纵横式布局

这种布局方式综合了横列式和纵列式布局的优点，也就是，在同一仓库货区内兼具以上两种布局方式（见图 3－14）。

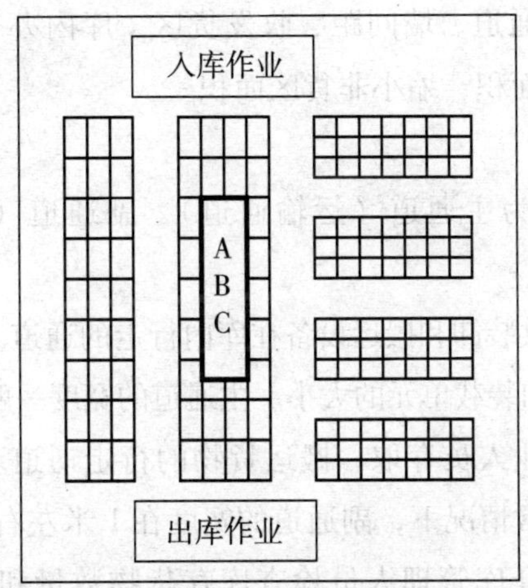

图 3－14 纵横式布局

(4) 倾斜式布局

倾斜式布局是指货架（或货垛）与仓库的侧墙或主通道成一定夹角的布局方式（见图 3－15）。其优点是便于叉车作业，缩小叉车的回转角度和提高作业效率。

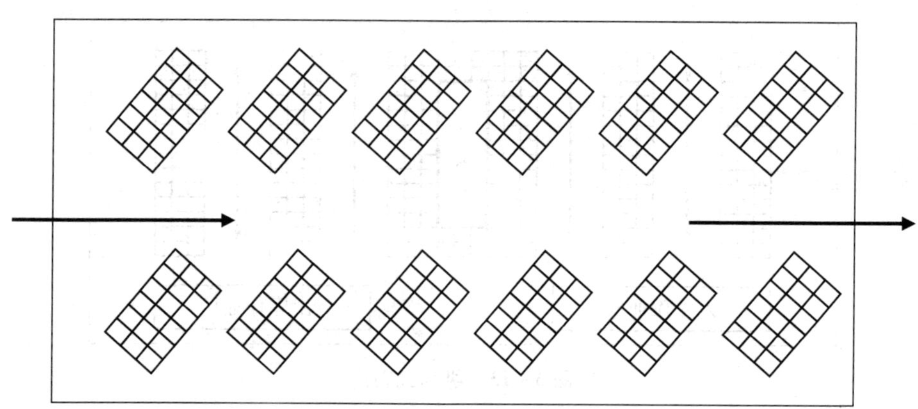

图 3-15　倾斜式布局

3.4.7　仓库内部的非货区布局

非货区面积包括通道、墙间距、收发货区、库内办公地点等。一般情况下，应尽量扩大货区面积，缩小非货区面积。

（1）通道

仓库内的通道分为主通道（运输通道）、副通道（作业通道）和检查通道。

主通道：主要是供装卸和搬运设备在库内行走的通道。其宽度取决于装卸、搬运设备的外形尺寸和装载单元的大小。主通道的宽度一般为 1.5 ~3 米。

副通道：是供作业人员存取、搬运货物的行走通道。其宽度取决于货物大小和作业方式，通常情况下，副通道的宽度在 1 米左右。

检查通道：是供仓库管理人员检查库存货物数量和质量而行走的通道，其宽度一般为 0.5 米左右。

（2）墙间距

墙间距是指货架（或货垛）与仓库侧墙之间的距离。保留一定的墙间距既可以避免货物受潮，也可以作为检查通道或作业通道，其宽度通常为 0.5 米左右。

（3）天花板高度

天花板高度应满足机械操作的需要，在使用叉车时，其标准高度是 3 米；

但在使用多段式高门架时，其高度需要6米。因此，一般仓库的天花板高度都应在6米以上。

（4）收发货区

收发货区是供收货、发货时临时存放货物的作业场地，既可分为收货区和发货区，也可收发货共用。

收发货区的位置大都靠近库门和运输通道，可设在仓库的两端或适中的位置，应避免收发货相互间的干扰。

对靠近铁路专用线的仓库，收货区应设在专用线的一侧，发货区设在靠近公路（道路）的一侧。当专用线可进入库房时，收货区应设在专用线的两侧。

（5）库内办公地点

它是仓库管理人员的办公地点，可设在库内也可设在库外。

3.5　仓库选址的方法

（1）优缺点比较法

该方法是指当几个库址方案在费用和效益方面比较接近时，那么，非经济因素就可能成为考虑的关键因素；在这种情况下可采用优缺点比较法对若干方案进行分析比较。优缺点比较法是一种最简单的库址选择分析方法，尤其适用于非经济因素的比较。

（2）加权因素法

加权因素法是对设施的每项因素规定一个从1~10的权数，表示它的相对重要性；然后按每个因素用元音符号（如，A=4分，E=3分，I=2分，O=1分，U=0分）给每个备选方案进行优劣评级，乘上它们各自的因素权数，得出该因素每个方案的分数；每个方案各因素的分数总和就是该方案的总分，然后再对其加以比较。

该方法适用于各种非经济因素比较，运用本方法的关键是合理确定权数和等级，重要的是要征询决策者的意见。

（3）因次分析法

因次分析法是把备选方案的经济因素（有形成本因素）和非经济因素

（无形成本因素）同时加权并计算出优异性加以比较的方法。

① 列出各方案供比较的有形成本和无形成本因素，对有形成本因素计算出金额贴现值，对无形成本因素评出其优劣等级，按从优到劣的顺序给以 1，2，3，4，……的分值。

② 按各成本因素的相对重要性，从重要到不重要的顺序给以 4，3，2，1 等加权指数。

③ 计算比较值：

$$R = \frac{\text{备选地点}A\text{的优异性}}{\text{备选地点}B\text{的优异性}} = \left(\frac{Q_{A1}}{Q_{B1}}\right)^{w_1}\left(\frac{Q_{A2}}{Q_{B2}}\right)^{w_2}\cdots\left(\frac{Q_{Aj}}{Q_{Bj}}\right)^{w_j}\cdots\left(\frac{Q_{An}}{Q_{Bn}}\right)^{w_n}$$

R 值小于 1，则表示地点 A 的成本低于地点 B，地点 A 优于地点 B。

（4）中心法

① 吨—中心法。选址的解法是从 X 坐标上将坐落位置的产品和向每个需求中心发货频数相加除以总的单位数量（拖车等）。基本代数公式表示：

$$x = \frac{\sum_{i=1}^{n} x_i F_i}{\sum_{i=1}^{n} F_i} \qquad y = \frac{\sum_{i=1}^{n} y_i F_i}{\sum_{i=1}^{n} F_i}$$

其中，x、y——未知的仓库坐标值；

x_i、y_i——由适当的签署确认的发送点；

F_i——由适当的签署确认的、以标准拖车表示的每个目的点的年吨位。

② 公里—中心法。“公里—中心法”解法确定所有需求中心的综合距离最短的地理点。解法的假设是发送成本为距离的一次函数。因此，如果距离被最小化，则最小成本的坐落位置即可被确定。其计算代数公式是：

$$x_k = \frac{\sum_{i=1}^{n} \frac{x_i}{d_i}}{\sum_{i=1}^{n} \frac{F_i}{d_i}} \qquad y_k = \frac{\sum_{i=1}^{n} \frac{y_i}{d_i}}{\sum_{i=1}^{n} \frac{F_i}{d_i}}$$

其中，d_i——重复程序 k 的每个需求点（x_i，y_i）与仓库坐落位置之间的距离。

③ 吨—公里—中心法。比单纯的吨—中心的解法优越，因为考虑了距离

的影响。其计算公式为：

$$x_k = \frac{\sum_{i=1}^{n} \frac{x_i F_i}{d_i}}{\sum_{i=1}^{n} \frac{F_i}{d_i}} \qquad y_k = \frac{\sum_{i=1}^{n} \frac{y_i F_i}{d_i}}{\sum_{i=1}^{n} \frac{F_i}{d_i}}$$

④ 时间—吨—公里—中心法。由于成本是时间、重量和距离的函数，所以由这个方法求出仓库位置应当是更为优越的最小成本位置。其计算公式为：

$$x_k = \frac{\sum_{i=1}^{n} \frac{x_i F_i}{M_i}}{\sum_{i=1}^{n} \frac{F_i}{M_i}} \qquad y_k = \frac{\sum_{i=1}^{n} \frac{y_i F_i}{M_i}}{\sum_{i=1}^{n} \frac{F_i}{M_i}}$$

3.6 仓库建筑参数设计

（1）选择建筑结构的原则

① 适合物资作业（保管、装卸、验收等），充分利用仓库容量。

② 坚固耐久、施工方便。

③ 考虑将来发展。

④ 降低造价，节省各种维护费用。

（2）仓库面积参数的确定

① 建筑面积。建筑面积是指整个建筑物的平面面积，多层楼房的建筑面积等于各层平面面积的总和。

② 有效面积（使用面积）。库房使用面积：指库房建筑面积扣除外沿，外墙，库内支柱，间壁墙等后剩下、可用于存放物资的面积。

③ 实用面积（S）。实用面积指使用面积内，可实际用于堆存物资的面积。库房实用面积等于库房使用面积扣除房内必要的通道，墙距，垛距，作业区等所占面积之后剩下的实际用于堆放物资的面积，也等于所有货垛所占平面面积之和。面积利用系数 α：

$$\text{面积利用系数}\ \alpha = \frac{\text{实用面积}\ S_{\text{实用}}}{\text{有效面积}\ S_{\text{有效}}}$$

其中，面积利用系数 α 为实用面积占有效面积的比率，其数值大小取决于：

a）货物的种类；

b）堆存方式。

$$仓库额定储量\ Q:Q = D \cdot S_{实用} = D \cdot \alpha S_{有效}$$

其中，D为单位面积额定储量，取决于物资品种和堆放方式，有手册可查。所以：$S_{有效} = Q/D\alpha$。

（3）仓库长宽高的确定

① 宽度：取决于仓库结构和作业方式。

人工作业：宽度 >12 米。

机械作业：宽度 >14 ~ 16 米。

木结构：跨度 9 ~ 15 米。

钢架混凝土：跨度 30 米以上。

② 长宽比：一般 8∶3，具体与仓库面积有关（见表 3 – 3）。

表 3 – 3　仓库面积与仓库长宽比

仓库总面积（m^2）	宽/长
500 以下	1/3 ~ 1/2
500 ~ 1000	1/5 ~ 1/3
1000 ~ 2000	1/6 ~ 1/5

③ 高度 = 梁架下弦至桥式起重机上限距离 h_1 +
桥式起重机上限至桥式起重机吊勾下限距离 h_2 +
被吊货物所占空间高度 h_3 +
被吊货物下缘至货架顶部距离 h_4 +
货架高度 h_5。

④ 仓库容量的确定。仓库容量 = 所有货架容量 + 所有货垛容量。

3.7　通道设计

通道的设计是仓库规划中很重要的内容之一，通道的布置合理与否，将影响仓库作业和物流合理化，以及生产率的提高。

（1）仓库通道

仓库通道指出入库区的通道及库区内连接各库房、货场之间的通道。

① 有铁路专线的入库区。铁路专线的长度应根据出入库物资的数量和频度来确定，线路的宽度及两边的留量应根据铁路有关规定执行。

② 汽车通道。应根据运输量、日出入库的车辆数量、机动车辆的载重量、型号等设计道路的宽度、地面承载能力等。库区的出入口，应按作业流程设置，做到物流合理化。

（2）库房通道

一般库房都应设有纵向（或横向）进、出库的通道，大型库房还应同时设纵向和横向进、出库通道。

在库房内货位之间还应留有作业通道。通道的宽窄应根据装卸搬运机械的类型确定，同时应考虑库房面积的充分利用和各种作业的方便、安全。

汽车进库房，其通道宽度不应小于 4 米，并应设有进、出口（不同道）。

叉车作业时，其最小作业宽度分别为：直叉平衡重式叉车 3.6 米，前移式叉车 2.7 米，插腿式叉车 2.1 米。

4 仓储设备

导 读

传统的仓储设备业是以“收保管费”为商业模式的，希望自己的仓库总是满满的，这种模式与物流的宗旨背道而驰。而现代物流中的仓储设备是以整合流程、协调上下游为己任，静态的库存越少越好，其商业模式也建立在物流总成本的考核之上。

仓储设备总是出现在物流各环节的结合部，例如，采购与生产之间，生产的初加工与深加工之间，生产与销售之间，批发与零售之间，不同运输方式转换之间等。仓储设备是物流各环节之间存在不均衡性的表现，而仓储设备也正是解决这种不均衡性的主要手段。因此，仓储设备管理在物流中的地位，可以说就是在各运输条件制约的情况下，以寻求最优库存（包括布局）方案作为控制手段，从而使得物流达到总成本最低。

在许多具体的案例中，物流的整合、优化实际上归结为仓储设备的方案设计与运行控制。

4.1 专业名词解释

仓储设备

仓储设备是指仓储业务中所需使用的技术装置和工具，具体可分为装卸搬运设备、保管设备（存储）、分拣设备、包装设备、计量设备、养护检验设备、通风照明设备、消防安全设备、劳动防护设备以及其他用途设备和工具等。

4.2 存储设备及用途

4.2.1 货架

通俗地讲，货架就是存放货物的架子。货架是由立柱片、横梁和斜撑等构件组成且用来存放货物的几何构筑体，它是专门用于存放成件货物的保管设备。

(1) 货架的功能与作用

仓储管理现代化与货架的种类与功能密切相关，货架具有以下功能和作用。

① 货架作为一种架式结构，可以充分利用仓库空间，提高库容利用率，扩大仓库储存能力。

② 存入货架的货物，因框架的隔离与支撑，可使大批量货物小批量存放，避免了大批量货物一起堆放时的相互间挤压，货物损耗小。

③ 货架方便货物的存取、清点和计量，可以实现先进先出。

④ 货架可起到保证货物的质量的作用，有利于采取防潮、防尘、防破坏等措施。

⑤ 许多新型货架的结构与功能有利于实现仓库作业的机械与自动化管理。

(2) 货架的种类

根据货架的使用范围不同、存取作业方式不同，货架大致可分为：托盘式货架、重力式货架、驶入式货架、阁楼式货架、移动式货架、悬臂式货架、后推式货架和旋转式货架等。

① 托盘式货架。托盘式货架是以托盘单元货物的方式来保管货物的货架，它是机械化、自动化仓库的主要组成部分。可以自由选取存放在货架任一位置的托盘货物。拣取效率高，可按物品堆码的高度，任意调整横梁位置，又称做可调式托盘货架（见图4-1)。

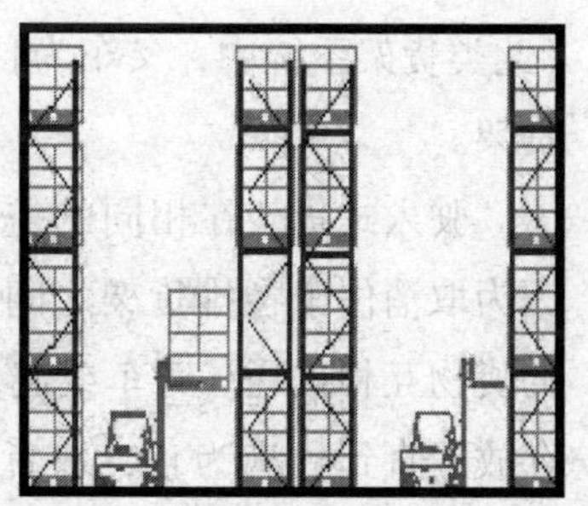

图4-1 托盘式货架结构

托盘式货架的结构：支柱加横梁，货架沿

仓库宽度方向分成若干排，中间一条巷道，供设备运行；每一排货架沿仓库纵长方向分为若干列，垂直方向分为若干层（总高在6米以下）。多为钢材结构，也可以用混凝土结构，可做成单排型，也可以做成双排型。

由于这种托盘刚性好、自重轻、可自动调整层高，有适合于规模化生产、成本低、运输和安装方便，且易于实现模块化设计等诸多优点，其目前已经成为生产制造业企业仓库中的主流货架。

② 重力式货架。重力式货架是一种利用货物自身重力使货物沿存储深度方向运动的存储系统。

在货架每层的通道上，都安装具有一定坡度的、带有轨道的导轨，入库的单元货物在重力的作用下，由入库端流向出库端。这样的仓库，在排与排之间没有作业通道，大大提高了仓库面积利用率。但使用时，最好同一排、同一层上的货物，应为相同的货物或一次同时入库和出库的货物。此外，当通道较长时，在导轨上应设置制动滚道，以防止终端加速度太大。

这种货架的特点为：单位库房面积存储量大，固定了出入库位置，减少了出入库工具的运行距离；专业、高效、安全性高；保证货物先进先出；主要用于大批量少品种储存货物的存放或配送中心的拣选作业中。

③ 驶入式货架。驶入式货架又叫通廊式货架、贯通式货架，是一种不以通道分割的、连续性的整栋货架，在支撑导轨（牛腿梁）上，托盘按深度方向存放，一个紧接一个，这使得高密度存放成为可能。驶入式货架适用于品种少、数量大的货物。

驶入式货架按取货方向可分为单向与双向排列，单向（靠墙区域）货架总深度最好控制在6个托盘深度以内，双向（中间区域可两边取货）货架区域总深度最好控制在12个托盘深度以内，以提高叉车存取的效率和可靠性(此类货架系统中，叉车为持续“高举高打”作业方式，叉车易晃动而撞到货架。

驶入式货架在相同的空间内比通常的托盘货架几乎多一倍的储存能力，因为取消位于各排货架之间的巷道，将货架合并在一起，使同一层、同一列的货物互相贯通。叉车或起重机直接驶入货架的最里面存货，由里向外逐一存放，直到放满为止，取货时再从外向里顺序取货。因此它的储存密度大、库容率高，适于存储少品种、大批量以及不受存储时间限制的货物。这类货架空间利用率极高、造价低，但存取速度慢且不适合太长或太重货物。

④ 阁楼式货架。这是一种充分利用空间的简易货架（见图4－2）。在已有的货架或工作场地上建造一个中间阁楼以增加储存面积。阁楼楼板上一般可放轻包及中小件货物或储存期长的货物，可用叉车、输送带、提升机、电动葫芦或升降台提升货物。

图4－2　阁楼式货架结构

这种货架适用于库房较高，货物较小，人工存取，存货量较大的情况，也适用于旧仓库的技术改造。

⑤ 移动式货架。移动式货架是指底部装有滚轮，通过开启控制装置，滚轮可沿轨道滑动的货架（见图4－3、图4－4）。

图4－3　移动式货架结构

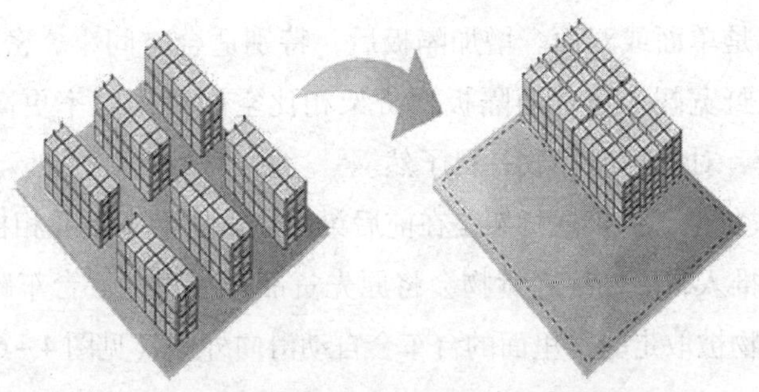

图4－4　移动式货架与普通货架的布局对比

移动式货架易控制，安全可靠。每排货架有一个电机驱动，可分为敞开式移动货架和封闭式移动货架。其突出的优点是提高了空间利用率。封闭式货架在封闭时确保货物安全，同时又可防尘、防光。

移动式货架在存取货物时需移动货架，所以存取货物时间要比一般货架长，还需要有移动和驱动装置，建造成本高。但它仅需设一条通道，空间利用率极高，节省场地面积，可直接存取每一项货品，不受“先进先出”原则的限制。其广泛用于档案馆、资料室、图书馆、药库、银行、冷库等场所。

⑥ 悬臂式货架。悬臂式货架是指由立柱上装设悬臂构成的，悬臂常用金属材料制造，其尺寸通常根据所存放货物尺寸的大小而定（见图4－5）。悬臂可以是固定的，也可以是移动的。

图4－5 悬臂式货架

因为悬臂式货架是开发式货架，不利于机械化作业。需配跨距较宽的设备。其高度常在6米以下，空间利用率仅为35%～50%。适用于存放长物料、环形物料、板材和不规则货物。

悬臂可以是单面或双面。增加隔板后，特别适合空间小、密度低的库房，管理方便，视野宽阔。与普通隔板式货架相比空间利用效率更高，存取货物更方便、快速、对货物的存放一目了然。

⑦ 后推式货架。后推式货架是在前后梁间以多层台车重叠相接，从外侧将货物置于台车推入，后储存之货物会将原先货品推往里面。台车跨于倾斜轨道上，当外侧货物被取走时，里面的台车会自动滑向外侧（见图4－6、图4－7）。

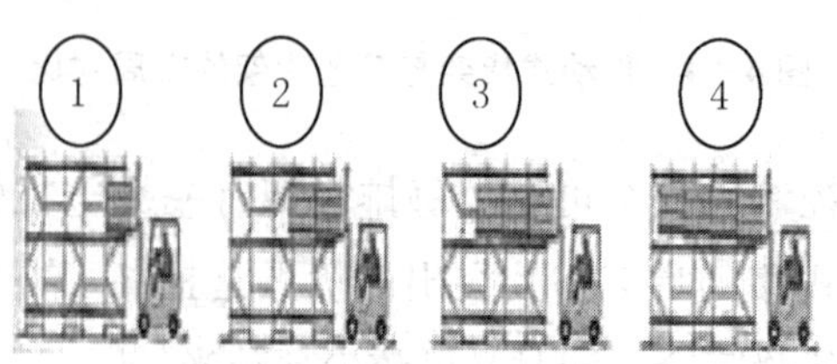

图4－6 后推式货架（入库）顺序

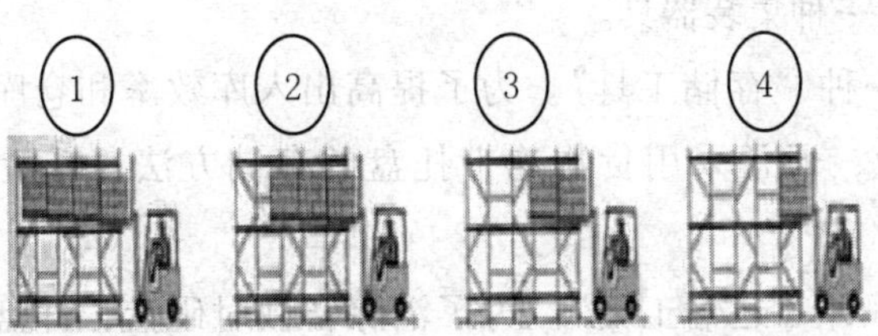

图 4－7 后推式货架（出库）顺序

后推式货架与驶入式货架的主要区别在于，驶入式货架存取货物时，叉车要开至货架内部进行取货；而后推式货架存取货物时，叉车只需在货架前方的叉车通道中工作即可。它具有高密度存储特点，与普通货架相比，其仓容可提高数倍；高度可达 10 米；不会压坏货物。

这种货架适合少品种、大批量之物品，先进后出之作业方式；适合冷冻库等需较大提高空间利用率的情况，但其缺点是造价较高。

⑧ 旋转式货架。旋转式货架是指由电动驱动装置（驱动部分可设于货架上部，也可设于货架下部）驱动货架沿着由两个直线段和两个曲线段组成的环形轨道运行的货架系统。其由开关或小型计算机操纵。当存取货物时，可把货物所在货格编号由控制盘按钮输入，该货格以最近的距离自动旋转至拣货点停止。

这类货架拣货路线短，拣货效率则可以提高。旋转式货架适用于小物品的存取，尤其对于多品种的货物更为方便，它储存密度大，货架间不设通道，易管理、投资少。缺点是需要电源，维修费较高。

4.2.2 托盘

托盘是指用于“集装、堆放、搬运和运输”的放置作为单元负荷的货物和制品的水平平台装置。这种平台装置有供叉车插入并将其托起的插入口，故称这种装置为托盘。

以这种结构为基本结构的平台和在这种基本结构上形成的其他集装器具也称为托盘，如箱式托盘、笼式托盘、轮式托盘等。

（1）托盘的功能

① 托盘的基本功能是装物品，同时还应便于叉车和堆跺机的叉取和存放。

② 托盘是一种重要的“集装器具”。它也是在物流领域中适应装卸机械

化而发展起来的一种集装器具。

③ 托盘是一种“存储工具”。为了提高出入库效率和仓库利用率，实现存储自动化作业，通常采用货物连带托盘的存储方法，托盘成为一种存储工具。

④ 托盘是一种“运输工具”。为了消除转载时码盘、拆盘的工序，人们提出实现托盘流通或联营，即托盘从港内、站内、企业内部使用发展为随车运输，成为一种运输工具。

⑤ 以托盘为主线，又延伸为“托盘物流”。即从托盘装卸—托盘搬运—托盘存储—托盘运输—托盘售货，连贯发展成为托盘物流。所以，托盘已经成为实现物流合理化的一个重要条件。

（2）托盘的特点

① 自重量小：托盘用于装卸、运输所消耗的劳动强度较小，无效运输及装卸负荷相对也较小。

② 返空容易：返空时占用运力很少。由于托盘造价不高，又很容易互相代用，互相以对方托盘抵补。即使返运，也比较容易操作。

③ 装盘容易：采取在托盘表面直接码放的方式，装盘后可采用捆扎、紧包等技术处理，使用时简便。

④ 装载量适宜：其组合量较大。

⑤ 节省包装材料：可降低包装成本。

托盘也有一定的不足，主要体现在：露天存放困难，需要有仓库等设施，托盘本身的回运需要一定的成本支出，托盘本身也占用一定的仓容。

（3）托盘的种类

① 按托盘的结构分，可分为平托盘、柱式托盘、箱式托盘、轮式托盘及特种专用托盘。

a. 平托盘。平托盘几乎是托盘的代名词，只要一提托盘，一般都是指平托盘，因为平托盘使用范围最广，利用数量最大，通用性最好。

平托盘一般又分为单面使用、双面使用、两向进叉、四向进叉、三层托盘等。

b. 柱式托盘。它是在平托盘上安装四个柱的托盘（见图4－8）。

安装立柱的目的是在无货架多层堆码时保护最下层货物不受损害。立柱一般可卸下，高度为 1.2 米，常采用钢制材料，可负荷 3 吨货物。

柱式托盘分为固定式和可卸式两种，其基本结构是托盘的 4 个角有钢制立柱，柱子上端可用横梁连接，形成框架型。

图 4－8 柱式托盘

柱式托盘的主要作用：一是利用立柱支撑重量物，往高叠放；二是可防止托盘上放置的货物在运输和装卸过程中发生塌垛现象。

c. 箱式托盘。它是在平托盘上安装上部构造物（平板状、网状构造物等），制成箱式设备。

箱式托盘至少三侧面有直立箱壁。箱壁可分为固定式、可拆式或折叠式；可为格式或网式结构（见图 4－9）。

图 4－9 箱式托盘（格式、网状）

箱式结构可有盖也可无盖，有盖的板壁箱式托盘与小型集装箱无严格区别，适于装载贵重货物；无盖的板壁箱式托盘适合于企业内装载各种零件、元器件；网格壁箱式托盘适于装载蔬菜、瓜果、薯类等农产品及副食品。

箱式托盘具有防护能力强，可防止塌垛和货损；使包装简易并可形成不规则的货物集装，方便运输等优点。

d. 轮式托盘。它是一种在平托盘下面安装四个小轮子的托盘。

轮式托盘与柱式托盘和箱式托盘相比，多了下部的小型轮子。因而，轮式托盘显示出能短距离移动、自行搬运或滚上滚下式的装卸等优势，用途广泛，适用性强。

主要适用于行包、邮件的装卸搬运作业。

e. 特种专用托盘。由于托盘作业效率高、安全稳定，尤其在一些要求快速作业的场合，突出利用托盘的重要性，所以各国也纷纷研制了多种多样的专用托盘。

• 平板玻璃集装托盘。也称平板玻璃集装架，分许多种类。有L型单面装放平板玻璃单面进叉式，有A型双面装放平板玻璃双向进叉式，还有吊叉结合式和框架式等。运输过程中托盘起支撑和固定作用，平板玻璃一般都立放在托盘上，并且玻璃还要顺着车辆的前进方向，以保持托盘和玻璃的稳固。

• 轮胎专用托盘。轮胎的特点是耐水、耐蚀，但怕挤、怕压，轮胎专用托盘较好地解决了这个矛盾。利用轮胎专用托盘，可多层码放，不挤不压，大大地提高装卸和储存效率。

• 长尺寸物托盘。这是一种专门用来码放长尺寸物品的托盘，有的呈多层结构。物品堆码后，就形成了长尺寸货架。

图4-10 油桶专用托盘

• 油桶专用托盘。它是专门存放、装运标准油桶的异型平托盘（见图4-10）。双面均有波形沟槽或侧板，以稳定油桶，防止滚落。优点是可多层堆码，提高仓储和运输能力。

② 按托盘的使用材料分，可分为木托盘、塑料托盘、金属托盘、纸托盘、免熏蒸托盘（集传统木质包装和纸质包装优点于一身）、塑木托盘、超薄托盘、蜂窝托盘等。

（4）托盘的标准

① 国际托盘标准。为了防止托盘规格增加，引起世界物流系统的混乱，1988年，ISO国际标准化组织托盘委员会（ISO/TC51）把1961年（ISO/R198）推荐采用的三个规格（1200系列：1200毫米×800毫米、1200毫米×1000毫米、1000毫米×800毫米）、1963年（ISO/R329）增加采用的两个规格（1200系列：1200毫米×1600毫米、1200毫米×1800毫米）以及1971年增加的三个规格（1100系列：1100毫米×800毫米、1100毫米×900毫米和1100毫米×1100毫米）整合为四个规格（1200毫米×800毫米、1200毫米×1000毫米、1219毫米×1016毫米和1140毫米×1140毫米）。

② 我国托盘标准。为了推行中国标准化事业，我国在1996年首次对托盘尺寸标准进行了修订，等效采用了ISO世界标准化组织1988年推荐使用的四种规格。但经过近10年的实践后发现，尽管在实践使用的托盘规格较多，但多数托盘规格主要还是集中在1200毫米×1000毫米和1100毫米×1100毫米两种规格上。而且2003年ISO世界标准化组织在难以协调世界各国物流标准利益的情况下，在保持原有四种规格的基础上又增加了两种规格（1100毫米×1100毫米和1067毫米×1067毫米），迫使我国不得不重新全盘考虑我国托盘标准的适应性。

2007年10月11日，我国新的托盘国家标准得到国家质量监督检验检疫总局和中国国家标准化管理委员会的批准，从2008年3月1日起正式在全国范围内实施。素有“欧亚之争”、“日美之争”，对物流行业发展具有划时代意义的物流标准终于“落地”，最终选定1200毫米×1000毫米和1100毫米×1100毫米两种规格作为我国托盘国家标准，并优先推荐使用1200毫米×1000毫米规格，以提高我国物流系统的整体运作效率。

4.3 装卸搬运设备及用途

4.3.1 装卸搬运

（1）装卸和搬运

装卸和搬运从某种意义上来说是两个不同的概念。所谓装卸，是指物资在空间上所发生的以垂直方向为主的位移；搬运是指物资在仓库范围内所发生的短距离的、以水平方向为主的位移。因为货物在多数情况下是装卸和搬运两者的复合，所以我们将在同一区域范围内进行的，以改变货物的存放状态和空间位置为主要目的的活动，称之为装卸搬运。具体包括装上、卸下、移送、拣选、分类、堆垛、入库、出库等活动。装卸搬运在物流活动中起承上启下的联结作用。

（2）装卸搬运设备

装卸搬运设备是指能够将件货或散料物料在一定的运送线路上，从装载点到卸载点以一定的或变化的速度、循环间歇或连续地进行的设备。

以间歇循环工作的装备有起重机械和叉式装卸车，以一定速度连续输送物料工作的装备为连续输送机。

4.3.2 常见装卸搬运设备

（1）起重机械

起重堆垛机械是一种循环、间歇运动的装卸机械，主要用来实现货物的垂直升降运动，同时伴随着实现货物的水平移动（见图4－11），以满足货物的装卸、转载等作业要求。它广泛应用于工矿企业、港口码头、车站、仓库等。

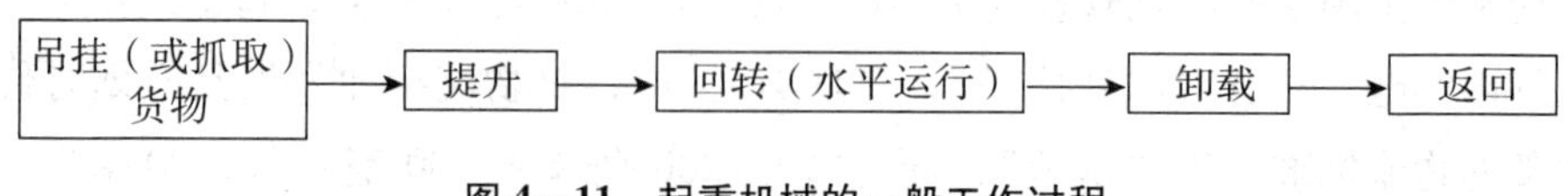

图4－11 起重机械的一般工作过程

① 简单起重机械。简单起重机械一般只配备一个工作机构，只能实现升降或一个直线方向移动，如千斤顶、手扳葫芦、手拉葫芦、电动葫芦、绞车、升降机等。

② 通用起重机械。通用不仅指搬运物品的多样性，而且也包括使用场所的广泛性。通用起重机主要有通用桥架式起重机、臂架式起重机等。

a. 臂架式起重机。这种起重机是利用臂架式或整个起重机的回转来搬运物品，臂架的吊钩幅度可以改变，起重机的工作范围是一个圆柱或扇形立体空间。臂架式起重机又分为固定式起重机、移动式起重机、浮式起重机。（见图4－12、图4－13）。

（a）汽车起重机　（b）轮胎起重机　（c）履带起重机　（d）门座起重机

图4－12 移动式臂架起重机

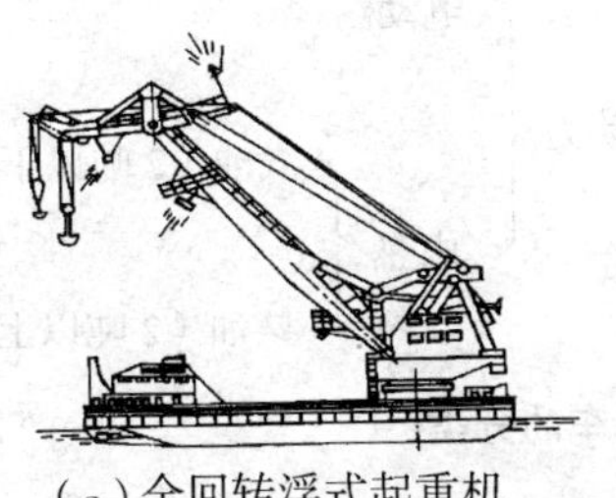
（a）全回转浮式起重机

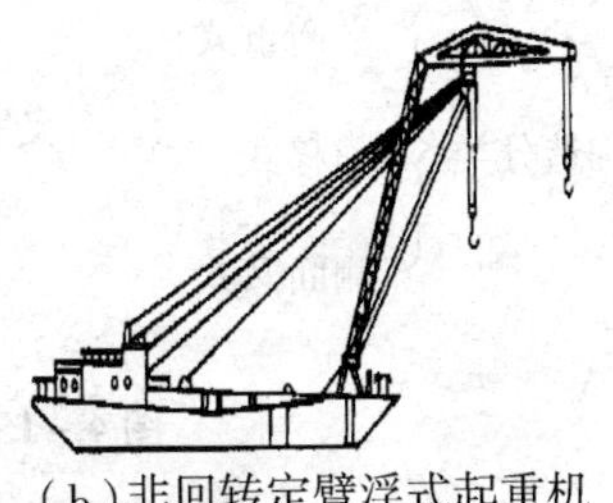
（b）非回转定臂浮式起重机

图 4－13 浮式起重机

浮式起重机是以专用浮船作为支承和运行装置，浮在水上作业，可沿水道自航或拖航的水上臂架起重机。它广泛应用于海河港口，可单独完成船—岸间或船—船间的装卸作业。

b. 桥架式起重机。桥架式起重机是指以桥架为承载结构，由起升机构、小车运行机构和大车运行机构等几部分组成的起重机械。按其结构不同可分为梁式起重机、门式起重机、岸边集装箱装卸桥等类型（见图 4－14）。

（a）梁式起重机

（b）门式起重机

图 4－14 桥架式起重机

（2）叉式装卸搬运车

叉车是一种用来装卸、搬运和堆码单元货物的车辆。

它具有适用性强、机动灵活、效率高的优点。不仅可以将货物叉起进行水平搬运，还可以将货物提升进行垂直堆码。如果在货叉叉架上安装各种专用附属工具，如推出器、吊臂、旋转夹具、串杆、侧移叉、倾翻叉等，还可以进一步扩大其使用范围（见图 4－15）。

图4－15　叉车的分类

① 平衡重式叉车。平衡重式叉车使用最为广泛。货叉在前轮中心线以外，为了克服货物产生的倾覆力矩，在叉车的尾部装有平衡重。平衡重式叉车按动力又分为内燃机式叉车和蓄电池式叉车（见图4－16、图4－17）。

图4－16　内燃机式叉车

图4－17　蓄电池式叉车

这种叉车适用于在露天货场作业，一般采用充气轮胎，运行速度比较快，而且有较好的爬坡能力。取货或卸货时，门架可以前移，便于货叉插入，取货后门架后倾以便在运行中保持货物的稳定。

② 前移式叉车。前移式叉车的门架（或货叉）可以前后移动。运行时门架后移，使货物重心位于前、后轮之间，运行稳定，自重轻，降低直角通道宽和直角堆垛宽，适用于在车间和仓库内工作。按驾驶方式分坐式和站式两种（见图4－18、图4－19）。

图4－18　前移式叉车（坐式）

图4－19　前移式叉车（站式）

这种叉车采用蓄电池为动力，不会污染周围的空气。在巷道内作业时，巷道宽度比平衡重式叉车小得多，从而可提高仓库面积利用率。

③ 插腿式叉车。插腿式叉车的货叉在两个支腿之间，因此无论在取货或卸货时，还是在运行过程中，都不会失去稳定性。由于尺寸小，转弯半径小，在库内作业比较方便。但是货架或货箱的底部必须留有一定高度的空间，使叉车的两个支腿插入。由于支腿的高度会影响仓库的空间利用率，必须使其尽量低，故前轮的直径也比较小，对地面平整度的要求就比较高。其起升机构包括手摇机械式、手动液压式和电动液压式三种（见图4－20）。

这种叉车适用于工厂车间、效率要求不高的仓库，但需要有一定堆垛、装卸高度的场合。

④ 侧面叉车。侧面叉车主要用于长料货物的搬运。这种叉车有一个放置货物的平台，门架与货叉在车体的中央，可以横向伸出取货，然后缩回车体内将货物放在平台上即可行走。这种叉车司机的视野好，所需通道宽度也较小（见图4－21）。

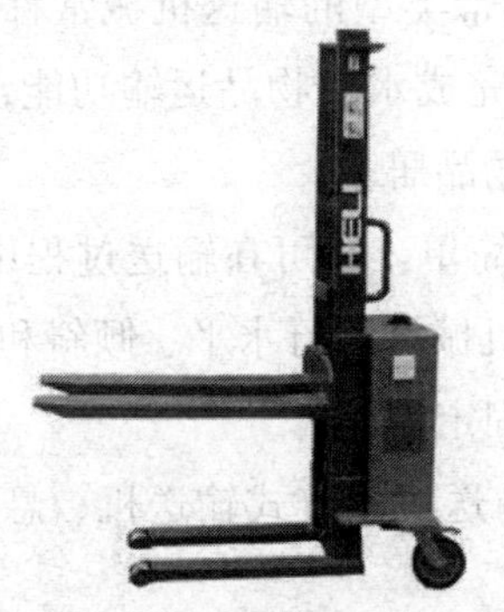

图4－20 插腿式叉车

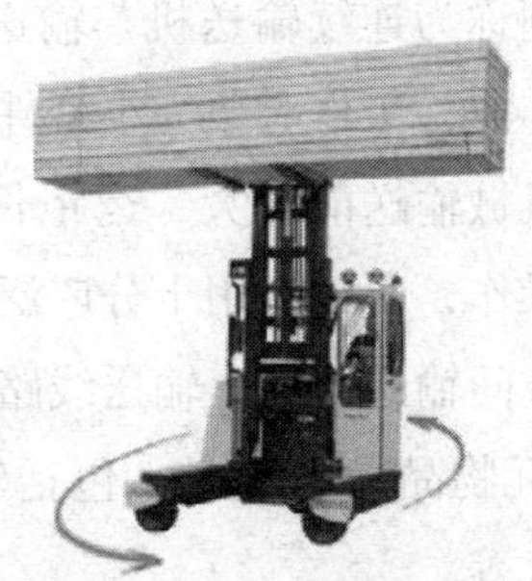

图4－21 侧面叉车

物流业的迅速发展使得许多新型的叉车和堆垛机出现，如侧叉式的（门架不动而货叉做旋转和侧移的动作）和滑板式的高架叉车。高架叉车通道窄，又称为VNA叉车，分为人上型和人下型，现在应用越来越广。

（3）电瓶车

这类运输工具以蓄电池为动力源，装载重量很小，一般为1吨左右（见图4－22）。启动快而稳，无废气无噪声，操作简单，驾驶灵活，很适宜在库区内作短途运输，在我国使用比较广泛。缺点是运量小，在港口码头、货车

图 4－22　电瓶搬运车

月台等货物运输量大的场合，如果使用电瓶车，则运输效率会很低。

(4) 牵引车

这种设备只有动力，没有装载能力。主要用于拖带货车或挂车，可作较长距离的运输，一台牵引车可拖很长一列挂车。

(5) 挂车

这种设备自身没有动力，有一个载物平台，仅用于装载货物。载满货物的挂车连成一列后，由牵引车拖到目标库区。车列可长可短，可任意组合，十分灵活。缺点是需要大量人员参与，而且经常闲置，使用率低，不经济。其比较适合于运输量大而稳定的场合，如码头、铁路的中心货站，大型企业的原料仓库等。挂车必须和牵引车配套使用。

(6) 连续输送机

输送设备是在一定的线路上连续不断地沿同一方向输送物料的搬运设备，装卸过程无须停车，因此生产率很高。皮带类型的输送机械常称为传送带，其他类型则称为连续输送机。输送机械以完成水平物品运输功能，兼有一定垂直运输作业，工作对象为小型件及散状物品居多。

输送机械输送能力大，运距长，结构简单。还可在输送过程中同时完成若干工艺操作，所以应用十分广泛。输送机械可进行水平、倾斜和垂直输送，也可组成空间输送线路，输送线路一般是固定的。

① 单元物品输送设备，包括辊道式输送机、链式输送机、悬挂输送机、搬运机器人等。

a. 辊道式输送机。这是结构比较简单，但使用最广泛的一种输送机械，它由一系列以一定的间距排列的辊子组成，用于输送成件货物或托盘货物。

b. 链式输送机。链式输送机有多种形式，使用也非常广泛。最简单的链式输送机由两根套筒辊子链组成。链条由驱动链轮牵引，链条下有导轨，支承着链节上的套筒辊子，货物直接压在链条上，随着链条的移动而向前移动。

c. 悬挂输送机。悬挂输送机主要用于在制品的暂存，物料可以在悬挂输送系统上暂时存放一段时间，直到生产或装运为止。这就避免了在车间地面暂存所造成的劳动力和空间的浪费。安全性是在悬挂输送系统设计和实施中应考虑的重要因素。

d. 搬运机器人。搬运机器人是一种有若干自由度，运用程序灵活可变，能任意定位，具有独立控制系统，能搬运装卸物件或操纵工具的自动化机械装置。

在生产物流搬运设备中主要用于为机床搬运装卸工件，为加工中心更换刀具，在物流的节点和输送线的端点用来装卸堆垛物料，在装配线上用于产品的装配与喷漆等。在生产物流搬运应用搬运机器人不仅能提高劳动生产率、减少成本、保证产品质量，而且还能增加系统的柔性，为生产物流搬运设备提供一种强有力的工具和手段。

② 散碎物料输送设备。散碎物料输送设备主要有皮带式输送机、斗式提升机、气力输送系统和螺旋输送机等，主要应用于散状物料的连续、均衡输送作业，一般适用于工厂生产线、港口码头场所。

a. 皮带式输送机。皮带式输送机是最广泛的散料运输机械。运输带的上分支是用来装卸物料的，运输带由托辊支承，靠驱动滚筒的摩擦力带动。为了保证在驱动过程中运输带不打滑，必须使运输带保持足够的张力，为此需要设置张紧装置。

b. 斗式提升机。斗式提升机是垂直散碎物料的连续运输机械（见图4－23）。它的牵引件可以是运输带或链条。在牵引件上按一定的间距固定着很多料斗，驱动装置带动牵引件回转，料斗从提升机的底部装起物料，随牵引件上升到顶部后，绕过链轮或者卸料滚筒，物料从料斗内卸出。

图4－23 斗式提升机

c. 气力输送系统。气力输送系统是由具有一定速度和压力的空气带动粉粒状物料或比重较小的物品在管道内流动，实现在水平和垂直方向上的输送。它结构简单，能保护周围环境免受粉尘污染，广泛应用于装卸粮食和水泥等物料。

4.4 分拣设备及用途

分拣输送系统是将随机的、不同类别、不同去向的物品，按其要求进行分类的一种物料搬运系统。随着商品经济的发展，在生产和流通领域中的物品分拣作业，已成为耗时、耗力、占地大、差错率高、管理复杂的部门，因此，物品分拣输送系统已经成为物料搬运系统的一个重要分支（见图 4－24）。

图 4－24　分拣输送系统

分拣输送系统广泛应用于邮电、航空、食品、医药等行业的流通中心和配送中心。

分拣输送系统有以下分类：

① 链式分拣机：翻盘式、翻板式、翼盘式、三维翻转式翻盘、带皮带的台式。

② 钢带分拣机：是在钢带输送机上装有若干横向推出装置。

③ 胶带分拣机：横向推出式、斜行胶带式、斜置辊轮式、转台式、底翻式。

④ 辊道分拣机：横向胶带式、横向推出式。

⑤ 滑块横向推出式：板式、辊道式。

⑥ 悬挂式分拣机：以悬挂输送机为主体，配以相应的物品识别、分拣机构。

⑦ 专用分拣机：信函自动分拣系统、电子称重分拣系统。

4.5 包装设备及用途

（1）包装设备

包装装备是指完成全部或部分包装过程机器的总称。包装过程包括充填、裹包、封口等工序，以及相应的前后工序，如清洗、干燥、杀菌、计量、标记、紧固、集装、拆卸等。产品包装操作机械化是提高包装工作效率和包装质量的重要手段，是促进产品生产与流通的积极措施。

（2）常用主要包装机械

① 计量充填包装机械。计量充填包装机械是指将待包装的物料按所需的精确量（质量、容量、数量）充填到包装容器内的机械。充填液体的机械称灌装机。计量充填包装机械一般由物料供送装置、计量装置、下料装置等组成（见图4－25）。

它可作为一种单机单独使用，也可以与各种包装机组成机组联合工作。计量充填包装机械是包装设备的重要组成部分，其关键内容是高速度、高精度的统一，其性能的好坏直接影响到包装质量。

② 灌装机械。灌装机械是将定量的液体物料充填到包装容器内，用于在食品领域中对啤酒、饮料、乳品、酒类、植物油和调味品的包装，还包括洗涤剂、矿物油和农药等化工类液体产品的包装（见图4－26）。

图4－25 容积式充填机

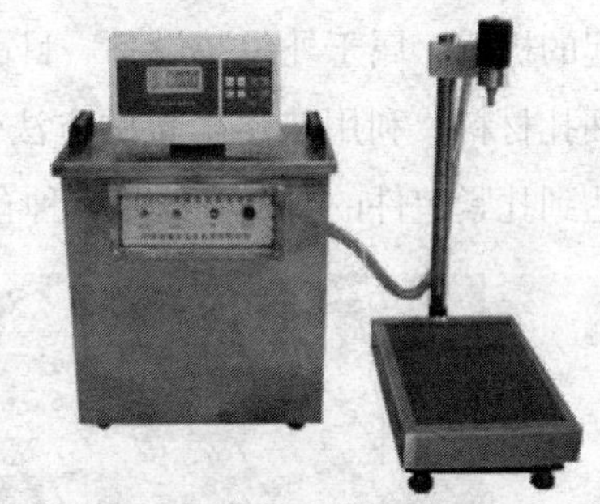

图4－26 计重式罐装机

包装所用的容器主要有桶、瓶、听、软管等。按照灌装产品的工艺可分为常压灌装机、真空灌装机、加压灌装机等。灌装机械通常与封口机、贴标机等联合使用。

③ 封口机械。封口机械是指在包装容器内盛装产品后对容器进行封口的机器。按照封口方式的不同，可分为热压式、熔焊式、缝合式、卷边式、液压式、旋合式以及结扎式等。常见封口机有手压式、脚踏式、缝合式和超声波封口机等。这是一种仓库常用的包装机械（见图4－27）。

④ 裹包机械。裹包机械的共同特点是用薄型挠性包装材料（如玻璃纸、塑料膜、黏膜、各类复合膜、拉伸膜、收缩膜等）将一个或多个固态物品进行裹包。其种类繁多，功能各异，因而裹包机械的结构较为复杂，其调整、维修需要一定的技术水平。

常见的裹包机有折叠式裹包机、接缝式裹包机、覆盖式裹包机、缠绕式裹包机（见图4－28）、拉伸式裹包机、贴体裹包机和收缩包装机。

图4－27 缝合式封口机

图4－28 缠绕式裹包机

⑤ 捆扎机械。捆扎机械是利用带状或绳状捆扎材料将一个或多个包件紧扎在一起的机器，属于外包装设备。目前，我国生产的捆扎机基本上采用塑料带作为捆扎材料，利用热熔搭接的方法使紧贴包件表面的塑料带两端加压黏合，从而达到扎紧包件的目的。这是一种仓库常用的包装机械（见图4－29）。

图4－29 捆扎机械

⑥ 装箱机。装箱机是通过机械运转、气动和电控装置，将物件成组准确、可靠地放入包装箱，适用于啤酒、饮料、卷烟和其他行业的装箱工作，它具有安全可靠、操作简便、生产效率高、符合卫生要求的特点。

按自动化程序，装箱机可分为全自动装箱机和半自动装箱机；按装箱的运动形式分为连续式装箱机和间歇式装箱机。与装箱机相对的就是开箱机（见图 4－30、图 4－31）。

图 4－30　封箱机

图 4－31　开箱机

4.6　计量设备及用途

仓库的计量设备可分为称量设备和量具两类。

（1）称量设备

仓库常用称量设备有以下几种：天平和案秤、台秤、地中衡、轨道衡（又称汽车衡）、自动称量装置。

（2）量具

仓库使用的量具一般有普通量具和精密量具。

4.7　仓库的机械配置

仓库机械的配置原则是系列化、规范化和标准化，使用方便和安全可靠。仓库的机械配置可按以下两步计算而得到。

第一步：根据仓库机械类型配置规划，将 Q_c 分解到各类机械，即：

$$Q_c = \sum_{i=1}^{m} Q_{ci}$$

其中，Q_{ci} ——第 i 类机械承担的物流量（吨/年）；

Q_c ——仓储机械设备能力，即设备能完成的物流量（吨/年）。Q_c 可由下式计算得出。

$$Q_c = \sum_{i=1}^{m} (ZQ_e\beta n_h\rho t)_i$$

其中，m ——机械设备类型数。

Z ——库类机械设备总台数，其值可由下式计算得出：

$$Z = \sum_{i=1}^{m} Z_i (Z_i \text{—— 第 } i \text{ 类机械设备台数})。$$

Q_e ——设备的额定起重量（或载重量）（t）。

β ——起（载）重量系数，即平均一次吊装或搬运的物资重量与 Q_e 的比值。

n_h ——单位工作小时平均吊装或搬运次数，由运行距离、运行速度及所需辅助时间确定。

t ——年日历工作小时（小时/年），一班制工作：$t = 7 \times 280 = 1960$ 小时/年；两班制工作：$t = 14 \times 280 = 3920$ 小时/年。

ρ ——时间利用系数，即设备年平均工作小时与 t 的比值。

β、n_h、ρ 值根据仓库性质、储存物资类型及所选用的机械设备类型进行实际测算确定。

第二步：确定某一类机械所需台数

$$Z_i = \frac{Q_{ci}}{(Q_e\beta n_h\rho t)_i}$$

5　仓储基本作业

导　读

仓储基本作业是以入库、保管和出库为中心的一系列作业阶段和作业环节的总称。仓储基本作业包括：货物验收入库作业、保管作业、盘点作业、呆废货物处理、退货处理、账务处理、安全维护、商品出库作业、资料保管等内容。

仓储作业的目标就是按照仓储活动的客观要求和仓储管理上的需要，把与仓储作业有关的部门、环节、人力和物力尽可能地合理组织起来，使各项工作协调地、有效地进行，加速货物在仓库中的周转，使人力、物力取得最大的经济效益。简单讲，仓储作业的目标就是实现仓储活动的“多、快、好、省”。

5.1　专业名词解释

仓储基本作业

仓储基本作业是指以货物入库、保管、出库为中心的一系列作业阶段和作业环节的总称。仓储基本作业主要由入库、保管、出库三个阶段组成，按其作业顺序，还可以细分为：接运、验收、入库、保管、出库、发运等几个作业环节（见图5－1）。

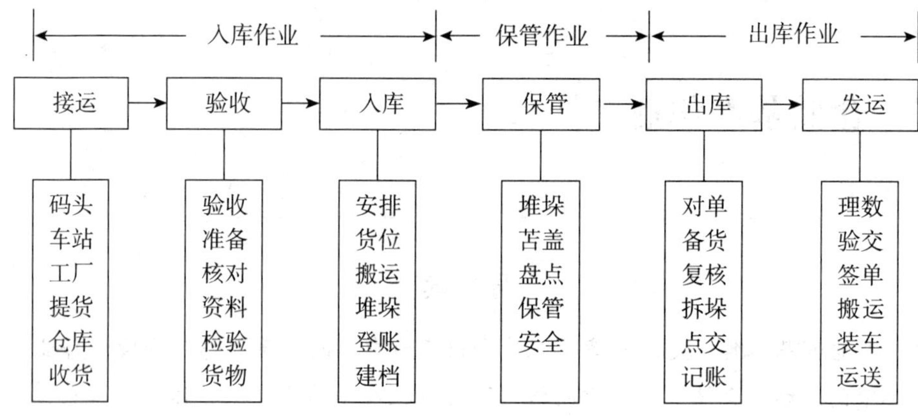

图 5－1　仓储基本作业示意图

5.2　仓储作业概述

（1）仓储作业的目标

仓储作业的目标就是按照仓储活动的客观要求和仓储管理上的需要，把与仓储有直接关系的部门、环节、人和物尽可能合理地组织搭配起来，使工作协调、有效地进行，加速商品在仓库中的周转，合理地使用人力、物力，以取得最大的经济效益，即实现仓储活动的"快进、快出、多储存、保管好、费用省"。

（2）仓储 5S 管理

① 5S 的含义。"5S"是整理（Seiri）、整顿（Seiton）、清扫（Seiso）、清洁（Seikeetsu）和修身（Shitsuke）这 5 个词的日文缩写。因为这 5 个词的日语罗马拼音的第一个字母都是"S"，所以简称为"5S"，开展以整理、整顿、清扫、清洁和修身为内容的活动，称为"5S"活动。

"5S"活动起源于日本，并在日本企业中广泛推行，它相当于我国企业开展的文明生产活动。"5S"活动的对象是现场的"环境"，它对生产现场环境全局进行综合考虑，并制订切实可行的计划与措施，从而达到规范化管理。"5S"活动的核心和精髓是修身，如果没有职工队伍修身的相应提高，"5S"活动就难以开展和坚持下去。

② “5S” 活动的内容包括以下5个方面。

a. 整理。整理就是把需要与不需要的人、事、物分开，再将不需要的人、事、物加以处理。整理的目的是改善和增加作业面积、现场无杂物，行道通畅，提高工作效率；减少磕碰的机会，保障安全，提高质量；消除管理上的混放、混料等差错事故；有利于减少库存量，节约资金；改变作风，提高工作情绪。

b. 整顿。整顿是把需要的人、事、物加以定量、定位。通过前一步整理后，对作业现场需要留下的物品进行科学合理的布置和摆放，以便用最快的速度取得所需之物，在最有效的规章、制度和最简捷的流程下完成作业。

c. 清扫。清扫是把工作场所打扫干净，设备异常时马上修理，使之恢复正常。生产作业现场在生产过程中会产生灰尘、油污、铁屑、垃圾等，从而使现场变脏。脏的现场会使设备精度降低，故障多发，影响产品质量，使安全事故防不胜防；脏的现场更会影响人们的工作情绪，使人不愿久留。因此，必须通过清扫活动来清除那些脏物，创建一个明快、舒畅的工作环境。

d. 清洁。整理、整顿、清扫之后要认真维护，使现场保持完美和最佳状态。清洁，是对前三项活动的坚持与深入，从而消除发生安全事故的根源。创造一个良好的工作环境，使职工能愉快地工作。

e. 修身。修身即教养，努力提高人员的修身，养成严格遵守规章制度的习惯和作风，这是“5S” 活动的核心。没有人员素质的提高，各项活动就不能顺利开展，开展了也坚持不了。所以，抓“5S” 活动，要始终着眼于提高人的素质。

5.3　入库作业

5.3.1　接运

在货物入库之前，接运人员必须熟悉货运单位及有关供货单的制度和要求，根据不同的接运方式，提前做好准备。根据仓储合同或入库单、入库计划，掌握入库货物的品种、数量、到货地点、到货日期等具体情况，及时进行库区准备，使货物能按时入库。

（1）货物入库准备

① 熟悉入库货物。仓储相关人员在货物入库前，应熟悉货物资料，掌握入库货物的品种、性质、数量、体积、包装、到货时间、货物存期、装卸要求、保管要求等情况。

② 掌握仓库库场情况。了解货物入库前、入库期间和保管期间仓库的库容、货位、设备、人员的使用和变动情况，合理安排接运。

③ 制订仓储计划。仓库业务部门须根据货物状况、仓库状况、设备使用状况，制订仓储计划，并将计划下达给各相应的作业部门。

④ 仓库妥善安排货位。根据入库货物的性能、数量、类别，按仓库分区分类保管的原则，计算货区大小；根据货位具体情况，指派货位；根据货物的特性（包装、体积、重量等）确定堆垛苫垫方案并准备苫垫材料、作业工具，检查照明、通风、消防等设备。

⑤ 准备苫垫材料、作业用具。依据入库货物的种类、包装、数量等情况以及接运方式，配备所用车辆，确定装卸、搬运、堆垛苫垫的作业工具和材料。

⑥ 验收准备。根据仓库情况和仓库管理制度，确定验收方法；准备验货所需的点数、称重、测试、开箱等工具。

⑦ 文件单证准备。准备好入库单、残损记录、理货检验单、货卡等各种单证和报表。

（2）货物的接运

① 车站、码头提货。到铁路车站提货，须向车站出示“领货凭证”。如果发货人的“领货凭证”仍未寄到，也可凭单位证明或单位提货专用章在铁路“货票”存查联上加盖后提货。

到码头提货，收货人接到到货通知后，即向银行付款换取提单。收货人应将提单交还船公司或其代理人，结清有关费用后，再换取提货单。收货人凭提货单及时向海关或商检部门办妥进口货物的报关、报检手续，之后方可到指定的库房提取货物。集装箱货又分整箱货和拼箱货，整箱货可直接到码头堆场提取整箱，拼箱货需到货运站提取。

车站、码头提货的注意事项：

a. 提货人员对提取的物品应了解其品名、型号、特性和一般保管知识、装卸搬运注意事项等。

b. 提货时应根据运单以及有关资料详细核对品名、规格、数量，并要注意外观，查看包装、封印是否完好，有无沾污、受潮、水、油等异状。

c. 在短途运输中，要做到不混不乱，避免碰坏损失。

d. 物品到库后，提货员应与保管员密切配合，尽量做到提货、运输、验收、入库、堆码成一条龙作业，从而缩短入库验收时间，并办理内部交接手续。

② 专线接运。这是针对接有铁路专线的仓库而言的，铁路可将货物直接运至仓库站台。当仓库接到车站到货通知后，应做好以下工作。

a. 接到专用线到货通知后，应立即确定卸货货位，力求缩短场内搬运距离；组织好卸车所需的机械、人员以及有关资料，做好卸车准备。

b. 当铁路货车（或叫车皮）抵达后，须做好卸车前的检查，检查的内容有：核对车号；检查车门、车窗有无异状，货封是否脱落、破损或印纹不清不符等；货物名称、箱数或件数与铁路“货物运单”上所填写的是否一致；对盖有篷布的敞车、应检查篷布的遮盖是否严密完好，特别应注意检查有无雨水渗漏和破损及散捆等情况。通过及时的检查可以防止误卸和划清货物运输事故的责任。

c. 铁路货车到达后，引导对位，进行检查。

d. 卸车时要注意为验收和入库保管提供便利条件，分清车号、品名、规格，不混不乱；保证包装完好，不碰坏，不压伤，更不得自行打开包装。

e. 卸车后的清理。卸车完毕后，要检查车内货物是否卸清，清理好车厢，关好车门和车窗，通知车站取车。

f. 编制卸车记录，记明卸车货物规格、数量，连同有关证件和资料，尽快与保管员办好内部交接手续。

③ 自提。这是指仓库直接到供货单位提货的一种接运方式。其特点是提货与验收同时进行。当仓库接受货主委托直接到供货单位提货时，应将这种接货与检验工作结合起来同时进行。仓库应根据提货通知，了解所提物品的性能、规格、数量，准备好提货所需的机械、工具、人员，配备保

管员在供方当场检验质量、清点数量，并做好验收记录，接货与验收合并一次完成。

④ 送货。它是一种由供货单位（或存货单位）将货物直接送达仓库的接运方式。其特点是收货与验货须同时进行。当货物抵达仓库时，保管员或验货员直接与送货人办理接收工作，双方当面验收、办理交接和确认。如有差错，应填写记录，由送货人员签字证明，据此向有关部门提出索赔。

在完成货物接运工作的同时，仓管人员对接运的每一步骤都应做详细的记录。接运记录（见表5－1）应详细记载接运货物的到达、接运、交接等各环节的情况。

表5－1　接运记录单

序号	到达记录								接运记录					交接记录			
	通知到达时间	运输方式	发货站	发货人	运单号	车号	货物名称	件数	重量	日期	件数	重量	缺损情况	接货人	日期	接货通知单编号	附件	收货人

注：使用完整“接运记录”的目的：

① 防止货物的遗漏和积压；

② 分清责任，有利于追踪有关资料，促进验收、索赔等工作的顺利进行；

③ 有利于清理在途货物；

④ 作为接运工作的基础统计依据。

5.3.2　入库检验

入库检验是按照验收业务作业流程，核对凭证等规定程序和手续，对入库货物进行数量和质量检验的经济技术活动的总称。入库货物检验通常分为数量检验和质量检验。数量检验是对货物毛重、净重的确定以及件数理算、体积丈量等。质量检验则包括货物外在质量检验和内在质量检验。

一般情况下或者没有合同约定检验的情况下，仓库仅对货物的品种、规格、数量、外包装状况以及无须开箱、拆捆就可直观分辨的外观质量情况进行检验；对内容的检验则须根据合同约定、作业特性来定。

（1）入库检验的目的

① 检验是做好货物保管保养的基础。经过运输、装卸搬运后的货物，其包装容易损坏，或出现质量变化，或出现货差或货损，而没有包装的货物则更容易出现货损或货差，这些都影响到货物的保管和保养。

② 检验是提出退货、换货和索赔的依据。在货物检验过程中，当发现货物数量不足、规格不符，或质量不合格，仓库检验人员所做的验收记录是向供货单位提出退货、换货和索赔的重要依据。

③ 检验是避免货物积压、减少经济损失的重要手段。对一批不合格货物，如果不经过检验就按合格货物入库，将会导致货物积压；对于计重货物，如不进行检斤验数，当实际数量不足时，就按单据上的供货数量付款，将会造成经济损失。

④ 检验有利于维护货主利益。对于进口货物，由于国别、产地和厂家情况较为复杂，必须严格按照进口货物验收工作的程序与制度做好检验工作。否则，数量和质量问题就不能得到及时发现，如过索赔期，即使发现问题，为时已晚。这将给货主造成重大经济损失。

（2）检验方式

检验方式通常分为全验和抽验两种。

① 全验。所谓全验，就是对所有货物进行检验。全验需要耗费大量的人力、物力和时间，但可保证检验质量。一般情况下，仅对批量小，规格复杂、包装不整的货物进行全验。数量和外观质量检验必须全验。

② 抽验。抽验则是非全部检验。对于大批量、同包装、同规格、信誉较高存货单位的货物一般采用抽验。如在抽验中发现问题较多时，应扩大抽验范围，直至全验。

货物检验方式和有关程序应有存货方和保管方在合同中加以约定。

（3）检验工作的基本要求

① 及时。到库货物必须及时在规定的时间内完成检验，做出检验结果，以保证货物尽快入库。当检验中发现到货的数量不符、重量不符和质量不合格等问题时，无论是进行退货、换货或向对方索赔，都应在规定的时间内向对方提出，否则，将无法获得索赔。

② 准确。应严格按照合同约定的检验标准和程序对货物进行准确无误的检验，不能有任何主观偏见。

（4）入库检验时间

对货物的数量、外表状况应在入库即时进行检验；对货物的内容，根据合同的约定时间进行检验；如按仓储惯例，国内到货应在10天内检验，国外到货则在30天内进行内容质量检验。

（5）检验作业的流程和内容

① 检验准备。

a. 对待验物资的产地、特点、规格、数量、计量方法做到心中有数。

b. 确定存放地点，准备相应的检验工具，与生产部门配合准备好验收作业的机械、设备及人力。

c. 进口物资或委托方指定需要质量检验的，应提前通知有关检验部门会同验收。

d. 准备好全部验收凭证和资料。

② 核对证件。核对证件包括物资入库通知单、订货合同；供货单位提供的质量证明书或合格证、装箱单或磅码单、检尺单、发货明细表；运输单位提供的运单，入库前或在运输途中发生残损等情况，还需有普通或商务记录。

核对证件就是将上述证件加以整理、分类并在实物检验过程中与实物对照、核实。

③ 实物检验。

a. 数量检验。根据供货单位规定的计量方法进行数量检验，或过磅、或检尺换算，以准确的测定出全部数量。数量检验的范围：

• 不带包装（散装）货物的检斤率为100%，不清点件数；有包装的毛检斤率为100%，回皮率为5%~10%，清点件数为100%。

• 定尺钢材检尺率为10%~20%；非定尺钢材检尺率为100%。

• 贵重金属材料100%过净重。

• 有标量或者标准定量的化工产品，按标量计算，核定总重量。

• 同一包装、规格整齐、大批量的货物，包装严密、符合国家标准且有合格证的货物采取抽查的方式验量。抽查率为10%~20%。

数量检验除规格整齐划一、包装完整者可抽验10%~20%外，其他应采取全验的方法，以确保入库物资数量的准确。

b. 质量检验。仓库一般只作物资的外观形状和外观质量的检验。进口物资或国内产品需要进行物理、化学、机械性能等内在质量检验时，应请专业检验部门进行化验和测定，并做出记录。质量检验的范围：

- 带包装的金属材料，抽验 5% ~ 10%；无包装的金属材料全部目测查验。
- 入库量 10 台以内的机电设备，验收率为 100%；100 台以内，验收不少于 10%；运输、起重设备 100% 查验。
- 仪器仪表外观质量缺陷查验率为 100%。
- 易于发霉、变质、受潮、变色、污染、虫蛀、机械性损伤的货物，查验率为 5% ~10%。
- 外包装质量缺陷检验率为 100%。
- 对于供货稳定，信誉、质量较好的厂家产品，特大批量货物可以采用抽查的方式检验质量。
- 进口货物原则上 100% 逐件检验。

(6) 发现问题及其处理

① 数量不准。数量短缺在磅差允许范围内的，可按原数入账；凡超过规定磅差范围的，应查对核实，验收记录和磅码单交主管部门会同货主向供货单位办理交涉。凡实际数量多于原发料量的，可由主管部门向供货单位退回多发数，或补发货款。

② 质量不符合要求。对于不符合质量要求的，一定要求退换，绝不能入库，做到入库的商品无任何质量问题。

③ 证件不齐全。该类到库商品应作为待验商品处理，堆放在待验区，待证件到齐后再进行验收。证件未到之前，不能验收，不能入库，更不能发货。

④ 单证不符。供货单位提供的质量证明书与进库单、合同不符时，商品留待处理，不得动用。

⑤ 商品未按时到库。有关证件已到库，但在规定的时间商品尚未到库，应及时向货主查询。

⑥ 价格不符。应按合同规定价格承付，对多收部分应予拒付。如果是总额计算错误，应通知货主及时更改。

⑦ 商品在入库前已有残损短缺。有商务记录或普通记录等证件的，可按照实际情况查对证件记录是否准确，在记录范围内的，按实际验收情况填写验收记录；在记录范围以外或无运输部门记录时，应查明责任。其残损情况可以从外观上发现，但在接运时尚未发现而造成无法追赔损失时，应由仓库接运部门负责；外观良好，内部残缺时，应做出验收记录，与供货方交涉处理。

⑧ 发错货。如发现无进货合同、无任何进货依据，但运输单据上却标明本库为收货人的商品，仓库收货后应及时查找该货的产权部门，并主动与发货人联系，询问该货的来龙去脉，并作为待处理商品，不得动用。依其现状做好记录，待查清后作出处理。

⑨ 对外索赔。对需要对外索赔的商品，应由商检局检验出证，对经检验提出退货、换货出证的商品应妥善保管，并保留好商品原包装，供商检局复验。

5.3.3 入库手续（交接和登记）

货物经过仓库的点数和检验后，由仓管保管员根据验收结果，在货物“入库单”上签收，然后安排卸货、入库堆码。与此同时，要在入库单上注明货物的货位编号，在送货人的“送货单”上签名盖章。如在检验过程中发现货损货差，必须在送货单上详细注明货损货差的差错数量、破损状态等，并由当事人签字，以便与供货方、承运方分清责任。在卸货、搬运、堆垛完毕之后，与送货人办理交接手续，建立仓库台账。

（1）交接手续

所谓交接手续，是指仓库对收到的货物向送货人进行确认，表示货物已经接收，目的就是对责任划分的确认。交接手续包括接收货物、接收文件和签署单证。

① 接收货物。仓库以“送货单”（见表5-2）为依据，通过理货、查验货物，将不良货物剔除、退回或编制残损单证以明确责任，确定收到货物最终的确切数量。亦即对接收货物的数量和质量的确认。

表 5－2　送货单

单位：　　日期：　年　月　日　　No：

品名	规格	单位	数量	单价	金额	备注

收货单位：（盖章）　　制单：　　送货单位：（盖章）　　经手人：

② 接收文件。在接收货物的同时，也要接收送货人送交的相关文件，如货物资料、准运证、货物运输的普通记录和商务记录等。

③ 签署单证。仓库与送货人（或承运人）须共同在“送货单”、交接单（见表5－3）上签署和批注，并留存相应单证。仓库则提供相应的入库、查验、理货、残损单证、事故报告，由送货人或承运人签署确认。

表 5－3　交接单

收货人	发站	发货人	货物名称	标志标记	单位	件数	数量	货物存放处	车号	运单号	提货单号
备注											

提货人：　　经办人：　　接收人：

（2）登账

在货物查验过程中，仓库应根据查验情况制作“入库单”（见表5－4）或货物明细账（见表5－5）。详细记录入库货物的实际情况。对短少、破损等在备注栏内填写和说明。

登账的主要内容有：物资名称、规格、数量、累计数或结存数、存货人或提货人、批次、金额，注明货位号或运输工具、接（发）货经办人。

表 5－4　　　　　　　　　　**入库单**

送货单位：　　　　　入库日期：　　　　年　月　日　　入货仓库：

货物编号	品名	规格	单位	数量	检验	实收数量	备注

会计：　　　　　　仓库收货人：　　　　　　制单人：

表 5－5　　　　　　　　　　**货物明细账**

<table>
<tr><td colspan="10" rowspan="3">货物入库明细账</td><td>卡号</td><td></td></tr>
<tr><td>货主名称</td><td></td></tr>
<tr><td>货位</td><td></td></tr>
<tr><td colspan="3">品名</td><td colspan="7">规格型号</td><td colspan="2" rowspan="16">货物验收情况</td></tr>
<tr><td colspan="3">计量单位</td><td colspan="7">供应商名称</td></tr>
<tr><td colspan="3">应收数量</td><td colspan="7">送货单位</td></tr>
<tr><td colspan="3">实收数量</td><td colspan="7">包装情况</td></tr>
<tr><td colspan="3">年</td><td colspan="2">入库数量</td><td colspan="2">出库数量</td><td colspan="2">结存数量</td><td>备注</td></tr>
<tr><td>月 日</td><td>收发凭证号</td><td>摘要</td><td>件数</td><td></td><td>件数</td><td></td><td>件数</td><td></td><td></td></tr>
<tr><td></td><td></td><td></td><td></td><td></td><td></td><td></td><td></td><td></td><td></td></tr>
<tr><td></td><td></td><td></td><td></td><td></td><td></td><td></td><td></td><td></td><td></td></tr>
<tr><td></td><td></td><td></td><td></td><td></td><td></td><td></td><td></td><td></td><td></td></tr>
<tr><td></td><td></td><td></td><td></td><td></td><td></td><td></td><td></td><td></td><td></td></tr>
<tr><td></td><td></td><td></td><td></td><td></td><td></td><td></td><td></td><td></td><td></td></tr>
<tr><td></td><td></td><td></td><td></td><td></td><td></td><td></td><td></td><td></td><td></td></tr>
<tr><td></td><td></td><td></td><td></td><td></td><td></td><td></td><td></td><td></td><td></td></tr>
<tr><td></td><td></td><td></td><td></td><td></td><td></td><td></td><td></td><td></td><td></td></tr>
<tr><td></td><td></td><td></td><td></td><td></td><td></td><td></td><td></td><td></td><td></td></tr>
<tr><td></td><td></td><td></td><td></td><td></td><td></td><td></td><td></td><td></td><td></td></tr>
</table>

（3）货卡

货物入库码垛时，应按入库单所列内容填写卡片（见表5-6），发货时应按出库凭证随发随销货卡上的数字。货物建立卡片应一垛一卡，悬挂在货物垛位上面，用来直接反映该垛货物的品名、规格、单价、进出动态。货物出入库时应按出入库凭证随时登记，并经常查点实物，保证卡上结存数与实物相符。

表5-6　　　　货卡

货物名称：　　　　　规格：　　　　　单位：　　　　　单价：

<table>
<tr><td colspan="2">来源</td><td></td><td colspan="7">年　月　日</td><td>名称</td><td></td></tr>
<tr><td rowspan="5">到货通知</td><td>到货日期</td><td></td><td colspan="2">名称</td><td colspan="3"></td><td rowspan="5">验收情况</td><td></td><td>型号</td><td></td></tr>
<tr><td>合同号</td><td></td><td colspan="2">型号</td><td colspan="3"></td><td></td><td>规格</td><td></td></tr>
<tr><td>车号</td><td></td><td colspan="2">规格</td><td colspan="3"></td><td></td><td>单位</td><td></td></tr>
<tr><td>运单号</td><td></td><td>件数</td><td>单位</td><td>件数</td><td>单价</td><td>交货情况</td><td></td><td>技术条件</td><td></td></tr>
<tr><td>运输号</td><td></td><td></td><td></td><td></td><td></td><td></td><td></td><td>存放地点</td><td></td></tr>
</table>

<table>
<tr><td colspan="2">年</td><td rowspan="2">凭证号</td><td rowspan="2">摘要</td><td colspan="3">收入</td><td colspan="3">付出</td><td colspan="3">结存</td><td colspan="4">备料情况</td></tr>
<tr><td>月</td><td>日</td><td>件数</td><td>数量</td><td>金额</td><td>件数</td><td>数量</td><td>金额</td><td>件数</td><td>数量</td><td>金额</td><td>厂名</td><td>件数</td><td>数量</td><td>结存</td></tr>
<tr><td></td><td></td><td></td><td></td><td></td><td></td><td></td><td></td><td></td><td></td><td></td><td></td><td></td><td></td><td></td><td></td><td></td></tr>
</table>

经手人：

另外，还有用于表明货物所处业务状态或阶段的货物状态卡（见表5-7）。可分别设置待检、合格、不合格等状态标识。

表5-7　　　　货物状态卡

待　检	合　格	不合格
供应商名称	供应商名称	供应商名称
图号	图号	图号
名称	名称	名称
进货日期/批号/生产日期	进货日期/批号/生产日期	进货日期/批号/生产日期
标记人	标记人	标记人
备注	备注	备注

（4）建档

仓库应对接收的货物和委托人建立存货档案和客户档案，以便于货物管理和保持联系，也可为将来可能发生的争议保留凭证。同时，也有助于总结和积累保管经验，研究仓储管理规律。存货档案应一货一档设置，将该货物入库、保管、交付的相应单证、报表、记录、作业安排、材料等的原件或复印件存档。存货档案的内容包括：

① 货物的各种技术资料、合格证、装箱单、质量标准、送货单、发货清单等。

② 货物运输单据、普通记录、货运记录、残损记录、装载图等。

③ 入库通知单、验收记录、磅码单、技术检验报告。

④ 保管期间的检查、保养作业、通风除湿、翻仓、事故等直接操作记录；存货期间的温度、湿度、特殊天气的记录等。

⑤ 出库凭证，交接签单、送出货单、检查报告等。

⑥ 回收的仓单、货垛牌，仓储合同、存货计划、收费存根等。

⑦ 其他有关该货物仓储保管的特别文件和报告记录。

存货档案应统一编号，妥善保管，长期保存。

5.4 保管作业

5.4.1 分区作业

在仓储保管作业中，为有效对货物（或称物品、商品）进行科学管理，必须根据仓库、存储货物的具体情况，实行仓库分区、货物分类和定位保管。

（1）仓库分区

仓库分区是指库房分区和货物分区。

① 库房分区。库房分区是根据库房的建筑形式、面积、大小、库房楼层或固定通道的分布和设施状况，考虑存放货物的种类、保管特性、周转量、重量、体积等因素，将库房分为待检区、待处理区、隔离区与若干个货区（见图5－2）。

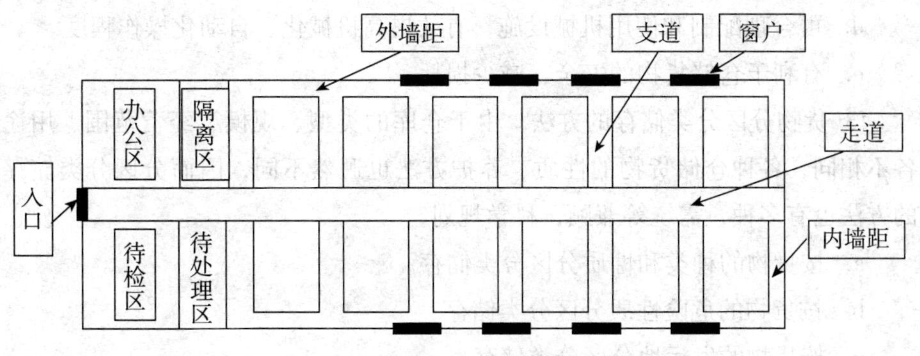

图 5-2 库房分区示意图

② 货物分区。货物分区则是根据存放货物的周转量，将货区再分为若干个货位。货区由货位、主通道、巷道（副通道或次通道）组成（见图5-3）。

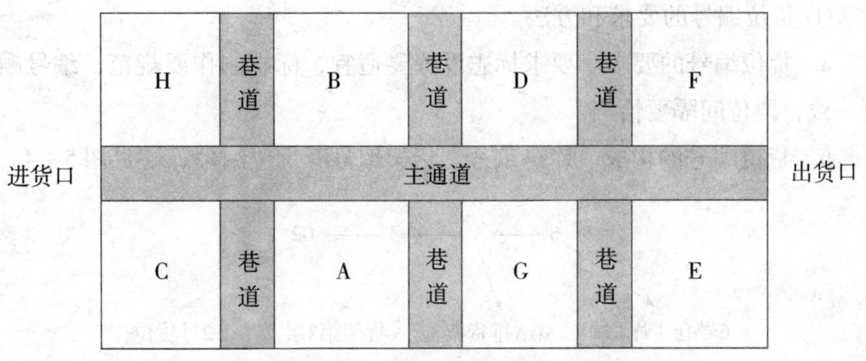

图 5-3 货物分区示意图

注：当进货口和出货口不相邻时，可依据货品（A、B、C、…、H）的出入库次数来做货位的调整，入库数次多过出库次数的靠近进货口，反之则靠近出货口，接近的置于中间。

（2）货物分区分类

① 货物分区分类。仓库货物的分区分类储存是根据“四一致”的原则（性能一致、养护措施一致、作业手段一致、消防方法一致），把仓库划分为若干保管区域；把储存货物划分为若干类别，以便统一规划储存和保管。

② 分区分类储存货物的作用。

a. 可缩短货物拣选及收、发作业的时间。

b. 能合理使用仓容，提高仓容利用率。

c. 有利于保管员熟悉商品的性能，提高保管养护的技术水平。

d. 可合理配制和使用机械设施，有效提高机械化、自动化操作程度。

e. 有利于仓储货物的安全，减少损耗。

③ 货物分区分类储存的方法。由于仓库的类型、规模、经营范围、用途各不相同，各种仓储货物的性质、养护方法也迥然不同，因而分区分类储存的方法也有多种，需统筹兼顾，科学规划。

a. 按货物的种类和性质分区分类储存。

b. 按货物的危险性质分区分类储存。

c. 按货物的发运地分区分类储存。

d. 按仓储作业的特点分区分类储存。

e. 按仓库的条件及货物的特性分区分类储存。

(3) 货物规划和统一编号作业

① 货位编号的要求和方法。

a. 货位编号的要求。要求标志设置要适宜，标志制作要规范，编号顺序要一致，段位间隔要恰当。

b. 货位编号的构成。库房编号、货架编号、货位编号等（见图5－4）。

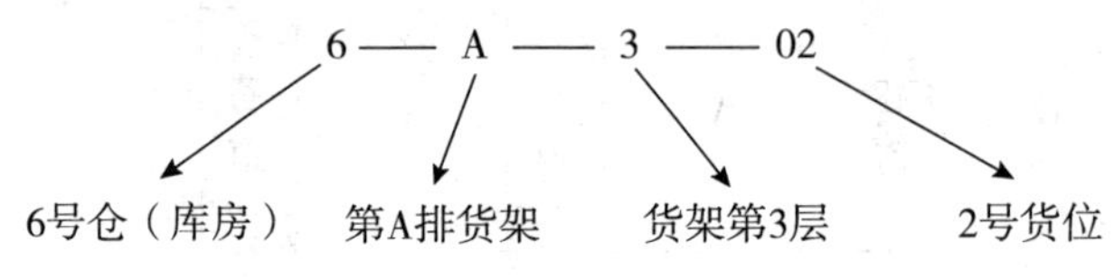

图5－4 仓库货位编号的构成

c. 货位编号的方法。一般有区段方式、货品类别方式、地址式和坐标式（见表5－8）。

表5－8 货位编号的方法

顺序号	1	2	3	4	5	6
表示内容	库、棚、场别	库、棚、场号	货区号	货架（垛）号	货架（垛）层号	货位号
符号	K，P，C	数字	大写字母	数字	小写字母	数字

② 商品分类及编码方法。

a. 商品分类。常见的商品分类的方法有：

• 按商品的用途分类：可将全部商品分为生产资料和生活资料两大类；若将生活资料继续按用途分类，又可分为食品、医药用品、纺织品等。

• 按商品的原材料分类：这种分类适用于原材料的种类和质量对货物的性能和品质影响较大或起决定作用的情况。

• 按商品的加工方法分类：若生产工艺不同，生产出的商品特性、品种也就不同的商品可使用这种分类方法。

• 按商品的主要成分或特殊成分分类：有的货物其特性、质量、用途，往往是由其主要成分或特殊成分所决定，则可采用该种分类方法。

• 按其他特征分类：譬如按商品的形状、尺寸、颜色、重量、产地、产季等分类。

b. 商品编码的原则。商品编码，又称商品货号或商品代码，它赋予商品以一定规律的代表性符号。符号可以由字母、数字或特殊标记等构成。通过对商品的编码可以应用计算机进行高效率管理并可实现整个仓储作业的标准化管理。商品编码的原则有：

• 选择适用并且统一的分类标准。标准一旦确定，不可随意变更。

• 分类具有排他性。

• 分类应具有完全性，应覆盖所有商品。

• 分类伸缩性，以适应商品随时增加的需要。

c. 商品编码的方法包括以下两种。

• 分组编码法。分组编码方法代码结构简单，容量大，便于计算机管理，在仓库管理中使用较广。例如，075006110 可以描述如下（见表 5－9）。

表 5－9 分组编码

商品	类别	形状	供应商	尺寸大小	含义
编码 075006110	07				饮料
		5			圆瓶
			006		统一
				110	100×200×400

• 实际意义编码法。通过商品编码能够迅速了解商品的内容及相关信息。例如，FO4915B1，它代表的含义如下所示（见表5－10）。

表5－10　　实际意义编码

编码		含义
FO4915B1	FO	表示FOOD，食品类
	4915	表示4×9×15，尺寸大小
	B	表示B区，商品存储区号
	1	表示第一排货架

5.4.2　装卸搬运作业

（1）装卸搬运的概念

装卸搬运是指对仓储货物在空间的垂直举放、水平移动的物理性活动。“装卸”，是将商品装入运输工具，或从运输工具上卸下的总称；而“搬运”则是指在比较短的距离内将物品移动。“装卸”与“搬运”的主要区别是：“装卸”是指在商品空间上发生的以垂直方向为主的位移；而“搬运”则是指商品在区域内所发生的短距离，以水平方向为主的位移。

（2）装卸搬运的作业流程

装卸搬运是仓储的基本作业环节，在仓储中占最大的劳动作业量。装卸搬运作业不仅是繁重的工作，是仓储中最大的劳动投入的项目，而且也是仓储物残损的高发环节。装卸搬运需要耗用较多的时间，也是影响仓储周转效率的重要原因。

装卸搬运的基本作业流程包括货物的卸下运输工具、搬运入库、堆垛上架、拆垛下架、分拣、搬运出库、装上运输工具等作业（见图5－5）。

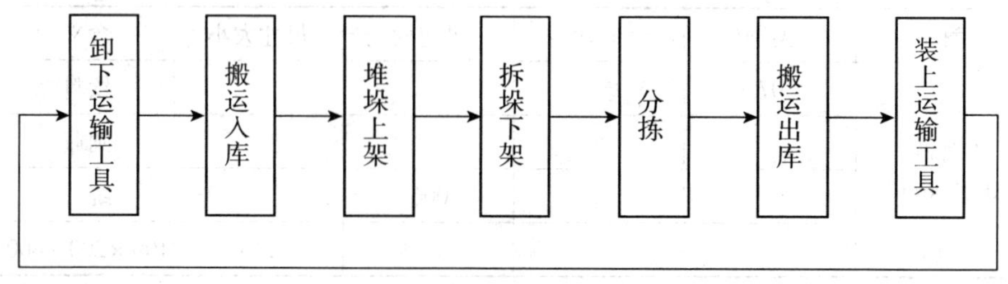

图5－5　装卸搬运基本作业流程示意图

5.4.3 堆码与苫垫作业

(1) 货垛与堆码

货垛（Goods Stack）是指为了便于保管和装卸、运输，按一定要求分门别类堆放在一起的一批物品。堆码（Stacking）则是指将物品整齐、规则地摆放成货垛的作业。

(2) 堆码作业

① 对堆码场地的要求。

a. 库房内堆码场地。用于承受货物堆码的库房地坪，要求平坦、坚固、耐摩擦，一般要求1平方米的地面承载能力为5~10吨。堆码时货垛应在墙基线和柱基线以外，垛底须适当垫高。

b. 货棚内堆码场地。货棚是一种半封闭式的建筑，为防止雨雪渗漏、积聚，货棚堆码场地四周必须有良好的排水系统，如排水沟、排水管道等。货棚内堆码的地坪应高于棚外地面，并做到平整、坚实。堆码时，货垛一般应垫高20~40厘米。

c. 露天堆码场地。露天货场的地坪材料可根据堆存货物对地面的承载要求，采用夯实泥地、铺沙石、块石地或钢筋水泥地等，总之应坚实、平坦、干燥、无积水、无杂草，四周同样应有良好的排水设施，堆码场地必须高于四周地面，货垛须垫高40厘米。

② 对堆码商品的要求。商品在正式堆码前，须达到以下要求：

a. 商品的名称、规格、数量、质量已全部查清。

b. 商品已根据物流的需要进行编码。

c. 商品外包装完好、清洁、标志清楚。

d. 部分受潮、锈蚀以及发生质量变化的不合格商品，已加工恢复或已剔除。

e. 为便于机械化作业，准备堆码的商品已进行集装单元化。

③ 堆码操作的要求。堆码操作要求本着安全、合理、方便、整齐、节约的原则。

④ 货垛安排。

a. 货垛“五距”的规范要求。货垛的“五距”指：垛距、墙距、柱距、顶距和灯距。

b. 货垛可堆层数、占地面积的确定。

c. 货垛底层排列。货垛底层排列一般应先计算出货垛可堆高层数，再进行货垛底层排列。

(3) 货垛的基本形式

为适应不同商品的性能、外形和保管要求，货垛的形式可以各异。箱形商品的堆垛通常有以下四种基本形式：重叠式、砖砌式（压缝式）、纵横交错式、中心留空通风式。

注意的事项：

① 注意库房最大负荷量。

② 注意“五距”符合安全管理要求。“五距”指的是墙距、柱距、灯距、垛距、顶距。墙距：一般为0.3~0.5米；柱距：在0.1~0.2米；灯距：不少于0.5米；垛距：库房中间大道宽1.5~2.5米，货垛间小走道宽1米；顶距一般应为0.5~0.9米。

③ 注意商品性能和保管要求。

④ 苫垫作业。

苫垫作业分苫盖和垫垛作业，这是一种对货垛进行保养的作业。

① 苫盖作业。

a. 苫盖。苫盖使存放于堆场或库房的货物免受雨雪浸湿、日光暴晒或者其他类型的危害，采用专用苫盖材料对货垛进行遮盖。常用的苫盖材料有各种篷布、塑料布、帆布、油布、芦席、竹席、玻璃钢瓦、铁皮、油毡纸等，也可以利用一些商品的旧包装材料改制成苫盖材料。

b. 苫盖方法。苫盖的方法主要有垛形苫盖法、鱼鳞苫盖法、隔离苫盖法、活动棚架苫盖法。

② 垫垛作业。

a. 垫垛。根据货垛的形状、底面积大小、货物保管养护的需要、负载重量等要求，预先铺好垫垛物的作业。

b. 垫垛目的。垫垛是为了使堆垛的货物免受地坪潮气的侵蚀，使垛底通风透气，提高储存货物的保管养护质量，是仓储保管作业中必不可少的一个环节。

c. 垫垛材料。通常采用枕木、石墩、水泥墩、木板、防潮纸等，根据不同的储存条件，货物的不同要求，采用不同的垫垛材料。

d. 垫垛方法。主要有以下几种：码架式、垫木式、防潮纸式。此外，若采用货架存货或采用自动化立体仓库的高层货架存货，则货垛下面可以不用垫垛。

5.4.4 保管作业

(1) 仓库温湿度保管

① 温湿度的基本知识。

a. 空气温度。这是指空气的冷热程度，又叫气温，仓库温度的控制既要注意库房内外的温度，也要注意储存物资本身的温度。

b. 空气湿度。这是指空气中水蒸气含量的多少，通常以绝对湿度、饱和湿度和相对湿度来表示。

c. 露点。在绝对湿度和气压不变情况下，若气温降低，空气中容纳不了原气温时所含的水蒸气量，使空气中的水蒸气达到饱和状态，此时的温度称为露点。

② 空气温湿度的变化对货物质量的影响。

a. 货物的吸湿性。这是指商品吸着和放出水分的性质，它与商品养护有着密切关系。商品吸湿性的大小以及吸湿速度的快慢，都直接影响该商品含水量的增减，对商品质量的影响极大。

b. 货物的安全水分。这是指吸湿性商品可以安全储存的最高含水量（也叫临界含水量）。

c. 货物的安全相对湿度与安全温度。吸湿性商品的含水量是随着空气温、湿度的变化而变化的。商品在储存中，为了保证其质量的安全，都要求空气温、湿度条件与之相适应，使商品的含水量不超过临界水分。

③ 仓库温、湿度的调节与控制。

a. 仓库的密封。仓库密封就是把整库、整垛或整件商品尽可能地密封起来，减少外界不良气候条件对其影响，以达到商品安全储存的目的。

- 密封储存时应注意的几点事项：

检查：密封前要检查货物质量、温度和含水量是否正常，如发现生霉、生虫、发热、进水等现象就不能进行密封。发现商品含水量超过安全范围及包装材料过潮，也不宜密封。

时间：密封的时间要根据商品的性能和气候情况来决定。怕潮、怕溶化、怕霉的货物，应选择在相对湿度较低的时节进行密封。

材料：密封材料，常用的有塑料薄膜、防潮纸、油毡纸、芦席等。密封材料必须干燥清洁、无异味。选用何种材料应根据货物的性质和密封的目的，合理选择。

- 密封储存的形式有四种：整库密封、按垛密封、货架/柜/橱密封和按件/箱密封。

b. 通风。通风就是利用库内外空气温度不同而形成的气压差，使库内外空气形成对流，来达到调节库内温湿度的目的。按通风的目的不同，可分为利用通风降温、增温和利用通风散潮两种。

c. 吸潮。吸潮是与密封配合，用以降低库内空气湿度的一种有效方法。在霉雨季节或阴雨天，当库内湿度过大，又无适当通风时机的情况下，在密封库里常采用吸潮的办法，以降低库内的湿度，常采用吸潮剂或去湿机吸潮。

（2）金属的防锈与除锈

仓储货物的锈蚀一般是指金属制品的锈蚀，即金属制品的生锈和腐蚀，它是由于金属表面受到周围介质的化学作用或电化学作用而引起的破坏现象，它是一种自然现象，是仓储商品养护的主要内容之一。

① 创造良好的储存条件。

a. 认真选择储存场所。

b. 保持库房和货场干燥。

c. 保持库内外清洁，清除堆跺周围杂草，不使材料受到沾污和附着尘土。

d. 认真选择储存条件。

② 密封法防锈蚀。

a. 干燥空气封存法。也称控制相对湿度法。当空气相对湿度控制在35%时，金属则不易生锈，非金属也不易生霉。

b. 充氮封存法。氮气的化学性质比较稳定，在货物包装中，充入干燥的氮气，隔绝了水分、氧气等腐蚀性介质，从而达到使金属不易生锈、非金属不易老化的目的。

③ 涂油防锈。涂油是一种广泛应用的防锈方法。涂油可借油层的隔离作用，使水分和大气中的氧及其他有害气体，不易于接触金属制品表面，从而

防止货物锈蚀或减缓金属锈蚀速度。

④ 化学药剂除锈。化学药剂除锈。这是借助于药物将锈蚀层除掉的一种先进的方法。

(3) 霉变和虫害的防治

① 货物霉变的防治。

a. 化学药剂防霉。防霉变最主要的方法是使用防霉腐剂。其基本原理是使微生物菌体蛋白凝固、沉淀、变性，或破坏酶系统使酶失去活性，从而影响细胞呼吸和代谢；或改变细胞膜的通透性，使细胞体破裂。防霉腐剂的使用方法主要有：

- 加法。将一定比例的药剂直接加入到材料或制品中去，如食品、化妆品等。
- 渍法。将制品在一定温度和一定浓度的防霉剂溶液中浸渍一定时间后晾干。
- 涂抹法。将一定浓度的防霉剂溶液用刷子等工具涂抹在制品表面。
- 喷雾法。将一定浓度的防霉剂溶液用喷雾器均匀地喷洒在材料或制品表面。
- 熏蒸法。将挥发性防霉剂（如硝基苯甲醛、环氧乙烷的粉末或片剂）置于密封包装内，通过防腐剂的挥发成分防止货物的霉变。

b. 气相防霉变。使用具有挥发性的防霉防腐剂，利用其挥发生成的气体，直接与霉腐微生物接触，杀死或抑制霉腐微生物的生长，以达到防霉腐的目的。有的在生产中将防霉腐剂直接加到商品上，对其外观与质量没有不良影响。为了提高防霉腐的效果，一般是在密封条件下进行，常用的气相防霉腐剂有多聚甲醛和环氧乙烷。

c. 气调防霉腐。气调防霉腐要在密封条件下，通过改变空气组成成分，以降低氧的浓度，造成低氧环境，来抑制腐微生物的生命活动与生物性商品的呼吸强度，从而达到防霉腐的效果。

d. 低温冷藏防霉腐。低温冷藏防霉腐所需的温度与时间，应以具体商品而定，一般温度愈低，持续时间愈长，霉腐微生物的死亡率愈高。

e. 干燥防霉腐。它是通过减少仓库环境中的水分和商品本身的水分，使霉腐微生物得不到生长繁殖所需水分而达到防霉腐。

f. 其他方法。如利用紫外线、微波、红外线、辐射等方法。

② 虫害的防治。

a. 仓库一般虫害的防治。其防治工作应做好环境卫生和药物防治（驱避剂、熏蒸剂、气调充氮或二氧化碳等）。

b. 白蚁的防治。其防治有以下措施：预防方法，对库内的木制材料可涂刷一层灭蚁药剂防白蚁；检查方法；杀灭方法。

c. 鼠害的防治。常用灭鼠方法有：器械捕鼠、毒饵诱杀、熏蒸、化学绝育等。

5.4.5 安全作业

（1）仓库的治安保卫

仓库的治安保卫管理是仓库为了防范、制止恶性侵权行为、意外事故对仓库及仓储财产的侵害和破坏，并维护仓储环境的稳定，保证仓储生产经营的顺利开展所进行的管理工作。

治安保卫工作的具体内容就是执行国家治安保卫规章制度，做到防盗、防抢、防骗、防破坏、防火，防止财产侵害，以及防止交通意外事故等仓库治安灾难事故，协调与外部的治安保卫关系，维持仓库内部安定局面和员工人身安全。

治安保卫管理是仓库管理的重要的组成部分，是降低和防止经营风险的手段。

① 库区治安保卫的组织。专职保卫机构既是仓库治安保卫的执行机构，也是仓库治安保卫管理的职能机构。专职保卫机构根据仓库规模的大小、人员的多少、任务的繁重程度和仓库所在地的社会环境而确定机构的设置和人员配备。

② 治安保卫管理制度。仓库治安保卫管理制度需要依据国家法律和法规，并结合仓库治安保卫的实际需要，以保证仓储生产高效率进行，实现安全仓储，防止治安事故的发生为目的。

仓库治安保卫的规章制度既有独立的规章制度，如安全防火责任制度，安全设施设备保管使用制度，门卫值班制度，车辆、人员进出仓库管理制度，保卫人员值班巡查制度等，也有合并在其他制度之中，如仓库管理员职责、办公室管理制度、车间作业制度、设备管理制度等规定的治安保卫事项。

③ 治安保卫工作的内容。

a. 出入口和要害部位。大门守卫是维持仓库治安的第一道防线，大门守卫负责开关大门，限制无关人员、车辆进入，接待入库办事人员并实施身份核实和登记，禁止入库人员携带火源、易燃易爆物品入库，检查入库车辆的防火条件，指挥车辆安全行驶、停放，登记入库车辆，检查出库车辆，核对出库货物和物品放行条和实物，并收留放行条，查问和登记出库人员携带的物品，特殊情况下查扣物品、封闭大门。

对于危险品仓、贵重物品仓、特殊品储存仓等要害部位，需要安排专职守卫看守，限制人员接近，防止危害、破坏和失窃。

b. 巡逻检查。由专职保安员不定时、不定线、经常地巡视整个仓库区每一个位置的安全保卫工作。巡逻检查中发现不符合治安保卫制度要求的情况，采取相应的措施处理或者通知相应部门处理。

c. 防盗设施、设备使用。仓库的防盗设施大至围墙、大门，小到门锁、防盗门、窗，仓库根据法规规定和治安保管的需要设置和安装。仓库使用的防盗设备除了专职保安员的警械外，主要有视频监控设备、自动警报设备、报警设备，仓库应按照规定使用所配置的设备，专人负责操作和管理，确保设备的有效运作。

d. 治安检查。治安责任人应经常检查治安保卫工作，督促照章办事。治安检查实行定期检查与不定期检查相结合的制度，班组每日检查、部门每周检查、仓库每月检查，及时发现治安保卫漏洞、不安全隐患、采取有效措施及时消除。

e. 治安应急。治安应急是仓库发生治安事件时，采取紧急措施，防止和减少事件所造成的损失的制度。

（2）库区的消防管理

① 仓库火灾知识。

a. 火灾的危害。仓库火灾是仓库的灾难性事故，不仅造成仓储货物的损害，还损毁仓库设施，而且产生的有毒气体直接危及人命安全。

b. 燃烧的基本原理。

- 所谓燃烧，是指可燃物分解或挥发出的可燃气体，与空气中的氧剧烈化合，同时发出光热的反应过程。燃烧必须同时具备三要素：可燃物、助燃物和着火源，并且它们相互作用时，燃烧才能发生。

● 可燃物是指在常温条件下能燃烧的物质，包括一般植物性物料、油脂、煤炭、蜡、硫黄、大多数的有机合成物等。

● 助燃物是指支持燃烧的物质，包括空气中的氧气、释放氧离子的氧化剂。

● 着火源则是物质燃烧的热能源，实质上就是引起易燃物燃烧的热能。仓库火灾的着火源主要有：明火与明火星、电火、化学火和爆炸性火灾、自燃、雷电与静电、聚光、撞击和摩擦、人为破坏纵火等。

c. 仓库火灾的种类。

● 普通火：普通可燃固体所发生的火灾，如木料、棉花、化纤、煤炭等。

● 油类火：各种油类、油脂发生燃烧所引起的火灾。

● 电器火：电器、供电系统漏电所引起的火灾，以及具有供电的仓库发生火灾。

● 爆炸性火灾：具有爆炸性的货物发生火灾，或者火场内有爆炸性物品，如易发生化学爆炸的危险品，会发生物理爆炸的密闭容器等。

② 防火与灭火。

a. 防火方法：控制可燃物、隔绝助燃物、消除着火源、严格执行仓库作业操作规范以及建立健全必要的规章制度。

b. 灭火方法。

● 冷却法：常用的冷却法有用大量冷水、干冰等降温。

● 窒息法：将燃烧间密闭；充注不燃气体窒息法，如充注二氧化碳、水蒸气等；不燃物遮盖窒息法，如用黄沙、惰性泡沫、湿棉被等覆盖着火物灭火。

● 隔绝法：隔绝法是灭火的基本原则，一方面可减少货物受损，另一方面能控制火势。

● 化学抑制法：通过多种化学物质在燃烧物上的化学反应，产生降温、绝氧等效果消除燃烧。

c. 灭火器。

● 灭火剂：包括：水、泡沫、二氧化碳、干冰、卤代烷 1211、沙土等。

• 常见灭火器：干粉灭火器、泡沫灭火器、二氧化碳灭火器。

d. 仓库消防管理。仓库消防管理的方针是“预防为主、防治结合”。仓库的消防管理工作包括仓库建设时的消防规划、消防管理组织、岗位消防责任、消防工作计划、消防设备配置和管理、消防检查和监督、消防日常管理、消防应急、消防演习等。

e. 仓库防火措施。

• 严格把关、严禁将火种带入仓库。

• 严格管理库区明火。

• 电器设备防火。

• 作业机械防火。

• 入库作业防火。

• 安全选择货位。

• 保留足够安全间距。

• 货物防火保管。

• 及时处理易燃杂物。

• 危险品消防处理。

（3）仓库安全生产

仓库安全生产应采取安全操作管理制度化、加强劳动安全保护、重视从业教育与培训等措施。

① 安全生产基本要求。

a. 人力操作。

• 人力作业仅限制在轻负荷的作业。

• 尽可能采用人力机械作业。

• 只在适合作业的安全环境进行作业。

• 作业人员按要求穿戴相应的安全防护用具，使用合适的作业工具进行作业。

• 合适安排工间休息。

• 必须有专人在现场指挥和安全指导，严格按照安全规范进行作业指挥。

b. 机械安全作业。

• 使用合适的机械设备进行作业。

- 所使用的设备具有良好的工况。
- 设备作业要有专人进行指挥。
- 汽车装卸时，注意保持安全间距。
- 移动吊车必须在停放稳定后方可作业。
- 载货移动设备上不得载人运行。

c. 安全技术。

- 装卸搬运机械的作业安全。
- 要经常定期地对职工进行安全技术教育，从思想认识上提高其对安全技术的认识。
- 组织职工不断学习普及仓储作业技术知识。
- 各项安全操作规程是防止事故的有效方法。

② 仓库储备物资保管保养作业的安全。

a. 作业前要做好准备工作，检查所用工具是否完好。

b. 作业人员应根据危险特性的不同，穿戴相应的防护服装。

c. 作业时要轻吊稳放，防止撞击、摩擦和振动，不得饮食和吸烟。

d. 工作完毕后要根据危险品的性质和工作情况，及时洗手、洗脸、漱口或淋浴。

③ 仓库电器设备的安全。

a. 电器设备在使用过程中应有可熔保险器和自动开关。

b. 电动工具必须有良好的绝缘装置，使用前必须使用保护性接地。

c. 高压线经过的地方，必须有安全措施和警告标志。

d. 电工操作时，必须严格遵守安全操作规程。

e. 高大建筑物和危险品库房，要有避雷装置。

f. 仓库建筑物和其他设施的安全。

④ 劳动保护制度。

a. 要防止事故难免论的错误思想。

b. 建立和健全劳动保护机构和规章制度。

c. 结合仓库业务和中心工作，开展劳保活动。

d. 还要经常组织仓库职工开展文体活动，丰富职工精神生活，增强体质，改善居住条件等。

⑤ 库区的安全管理。

a. 仓储技术区的安全管理。技术区出入口设置日夜值班的门卫，对进出人员和车辆进行检查和登记，严禁易燃易爆物品和火源带入。

b. 库房的安全管理。经常检查库房结构情况，对于地面裂缝、地基沉降、结构损坏，周围山体滑坡、塌方或防水防潮层和排水沟堵塞等情况应及时维修和排除。此外，库房钥匙应妥善保管，实行多方控制，严格遵守钥匙领取手续。

c. 货物装卸与搬运中的安全管理。仓库机械应实行专人专机，建立岗位责任制，防止丢失和损坏，操作手应做到"会操作、会保养、会检查、会排除一般故障"。根据货物尺寸、重量、形状来选用合理的装卸、搬运设备，严禁超高、超宽、超重、超速以及其他不规范操作。

⑥ 腐蚀与毒害品安全作业。专库专柜保管，专人负责；控制库内温湿度；密封容器与库房通风；加强劳动保护。

（4）仓库的其他安全管理

① 防台风。

a. 台风的产生与危害。台风是热带风暴的最高级形式，是产生在离赤道5个纬度以北（南半球在赤道5个纬度以南）的热带洋面上的热带气旋，是在热带洋面上强烈发展起来的气旋性涡旋。强风是台风的特征，越接近台风中心，风力越强。

b. 防台风管理与组织。

- 积极防范，有备无患。
- 全员参与，防范损害。
- 不断改善仓库条件。

c. 仓库抗台风。

- 全面检查仓库和货物，确定抗台风准备方案。
- 将存放在可能被风和雨水损害的位置的货物、设备转移到安全位置。
- 加固仓库的门窗、屋顶、雨棚等，防止漏水。
- 对会被风吹动或雨淋湿的货物、设备、设施，进行苫盖、固定绑扎紧固。
- 对仓库、建筑、场地、下水道等排水系统进行疏通，确保畅通。

● 台风到来时，停止生产作业，仓库及时关闭门窗、拴锁妥当，关闭迎风开口，必要时钉固封闭，关闭照明等非必要电源，关闭仓库一切火源、热源，将排水泵等所有应急设备启动运行。

● 在风力达到8级以上时，或者抗台风指挥部发出通知时，所有人员按照安排进入预定的安全场所躲避，进行人员清点登记。

● 在确定风力减弱时，检查和加固封闭仓库门窗；检查和加固货物苫盖。

● 台风过后，进行排除仓库、货场的积水、通风散热、除湿保管作业，尽快消除台风的影响，恢复正常仓储生产。

② 防雨湿。仓库有足够的防雨建筑、仓库具有良好的排水能力、做好货垛衬垫和及时苫盖货物。

③ 防汛。建立组织、积极防范、加强联系。

④ 防雷。

a. 建筑物维修或改造后是否改变了防雷装置的保护情况。

b. 有无因挖土方、铺设管线或种植树木而挖断接地装置。

c. 各处明装导体有无开焊、锈蚀后截面过小而导致损坏折断等情况。

d. 接闪器有无因接受雷击而熔化或折断。

e. 避雷器磁套有无裂缝、碰伤、污染、烧伤等。

f. 引下线距地2米一段的绝缘保护处理有无破坏。

g. 支持物是否牢固，有无歪斜、松动。

h. 引下线与支持物的固定是否可靠。

i. 断接卡子有无接触不良。

j. 木结构接闪器支柱或支架有无腐蚀。

k. 接地装置周围土壤有无塌陷。

l. 测量全部接地装置的流散电流。

⑤ 防震。

a. 在仓库建筑上，要以储存物资的价值大小为依据。

b. 在情报信息上，要密切注视毗邻地区及地震部门预测和预报资料。

c. 在组织抢救上，要做充分的准备。

d. 合理分工，各负其责，做好宣传教育工作，动员职工全力以赴，做好防震工作。

⑥ 防静电。爆炸物和油品应采取防静电措施。静电的安全应设懂有关技术的专人管理，并配备必要的检测仪器，发现问题及时采取措施。

5.4.6 盘点作业

仓储中的库存货物始终处于不断地进、存、出这样一个动态循环中，作业过程中的误差经过一段时间的积累会使库存资料反映的数据与实际情况不相符。另外，有些货物因为存放时间过长或由于保管不当会发生数量和质量的变化。

因此，对库存货物进行定期和不定期的清点和核查，是及时发现问题并解决问题，从而提高仓储保管质量和管理水平的重要手段。

（1）盘点作业的概念

所谓盘点作业，就是指将仓库内储存的货物实际数量与财务账簿上所登记的数量进行核对，通过核对货物账、卡、货是否相符，以检查库存数量损益和库存货物结构合理性的一项仓储管理工作。

（2）盘点作业的内容

盘点作业和主要内容包括：核对库存数量，检查仓储货物损耗及呆废物资处理情况，检查仓储物资保管现状及是否按“先进先出”原则发放货物，检查仓储货物常备储量的库存情况以及仓库安全管理状况等。

（3）盘点作业的目的

① 确保仓储货物账账相符、账实相符，提供正确反映仓储货物真实动态的信息和及时发现问题并进行分析处理的决策依据。通常货物在一段时间不断接收与发放后，容易产生误差，这些误差的形成主因有：

a. 库存资料记录不确实，如多记、误记、漏记等。

b. 库存数量有误，如损坏、遗失、验收与出货清点有误。

c. 盘点方法选择不恰当，如误盘、重盘、漏盘等。

② 为了计算企业之损益。

③ 为了稽核货品管理的绩效，使出入库的管理方法和保管状态变得清晰，如呆废品的处理状况，存货周转率、物料的保养维修，均可借盘点发觉问题，以谋改善之策。

（4）盘点的种类

① 按盘点范围分。

a. 全面盘点。全面盘点就是对整个仓储货物进行全面彻底的清查盘点。这种盘点方式通常适应于月末、季末、年末，要视企业的具体情况而定。

b. 局部盘点。即对部分仓储货物进行盘点。这是一种有针对性的盘点，其花费的时间和人力、物力较少，对企业的正常的生产与经营工作影响不大，必要时可随时进行，也可随时扩大为全面盘点。

② 按时间不同分。

a. 定期盘点。也就是按规定的时间进行的全面盘点，类似全面盘点，一般在年末、季末和月末。

b. 临时盘点。指的是不定期盘点，如遇商品调价、实物负责人的调动交接、仓库发生意外事故等情况。临时盘点根据需要既可以是部分盘点，也可以是全面盘点。

c. 日常盘点。也称为“动碰复核”，也就是保管员在发货时，对动过的货垛立即轧点（清点）余数，并检查与货卡的结存是否相符，这样就能经常保持账物相符或及时发现数量上的问题。坚持日常盘点是提高账货相符率的基本措施。

③ 按盘点是否到现场盘点作业分。

a. 账面盘点。账面盘点是根据初期货物实际库存资料和本期货物入库、出库、损益的记录，推算出期末货物的库存量。

b. 现货盘点又叫实地盘点，即到实地对库存现货进行的盘点。

（5）盘点作业的基本内容

① 查数量。通过点数计数查明商品在库的实际数量，核对库存账面资料与实际库存数量是否一致。

② 查质量。检查在库商品质量有无变化，有无超过有效期和保质期，有无长期积压等现象，必要时还必须对商品进行技术检验。

③ 查保管条件。检查保管条件是否与各种商品的保管要求相符合。如堆垛是否合理稳固、库内温湿度是否符合要求等。

④ 查安全。检查各种安全措施和消防设备、器材是否符合安全要求，建筑物和设备是否处于安全状态。

（6）盘点作业的基本步骤

① 盘点前的准备。盘点前的准备工作是否充分，直接关系到盘点作业能否顺利进行，甚至关系到盘点是否成功。盘点的基本要求是必须做到快速准确。为了达到这一基本要求，盘点前的充分准备十分必要，其准备工作主要包括以下内容：

a. 确定盘点的具体方法和作业程序。

b. 配合财务会计做好准备。

c. 设计印制盘点用表单：在盘点作业中，通常会使用一些管理表格工具来辅助作业，以提高盘点作业的效率，不同行业、不同物品的盘点表格式不尽一样，但大同小异（见表5－11、表5－12、表5－13）。

d. 准备盘点用基本工具。

表5－11　　盘点单（表）

编号：　　　　日期：　年　月　日

序号	品名	初盘数	复盘数	件数
合计				

初盘人：　　　　复盘人：

说明：本单一式两联：第一联：仓库；第二联：财务。

表5－12　　盘点调整表

仓库：　　第　页　　　日期：　年　月　日

序号	品名	单位	调整前数量	调整数量	调整后数量	备注

申请人：　　　　审核人：　　　　批准人：

表 5－13　　　　盘点盈亏汇总表

日期：　　年　月　日

部门	类别	品名及规格	单位	单价	调整后账面数量	盘点数量	盘盈		盘亏		差异分析	
							数量	金额	数量	金额	数量	金额

会计：　　　　主管：　　　　制表：

② 盘点时间的确定。一般来说为保证账实相符，货物盘点次数愈多愈好，但盘点需投入人力、物力、财力，有时大规模、全面盘点还可能引起生产的暂时停顿，所以，合理地确定盘点时间非常必要。引起账实不相符的关键原因在于出入库过程中发生的错误，出入库越频繁，引起的误差也会随之增加。盘点的日期一般会选择在：

a. 财务决算前夕：通过盘点计算损益，以查清财务状况。

b. 淡季进行：因淡季储货较少，业务不太频繁，盘点较为容易，投入资源较少，且人力调动也较为方便。

③ 确定盘点方式。因为不同现场对盘点的要求不同，盘点的方法也会有差异，为尽可能快速准确地完成盘点作业，必须根据实际需要确定盘点方法。

④ 盘点人员的确定。盘点人员的确定主要是选定总盘人、主盘人、会点人、协点人以及监控人。

总盘人：负责盘点工作的总指挥，督导盘点工作的进行及异常事项的裁决。

主盘人：负责实际盘点工作的推动。

会点（初盘）人：负责数量点计。

协点人：负责盘点时，料品搬运及整理工作。

抽查（监控）人：由总经理派员担任，负责盘点过程的抽查监督。

⑤ 盘点人员的培训。大规模的全面盘点必须增派人员协助进行，这些人员通常来自管理部门，主要对盘点过程进行监督，并复核盘点结果，因此，必须对他们进行熟悉盘点现场及盘点商品的训练。另外，针对所有盘点人员

进行盘点方法及盘点作业流程的训练，必须让盘点作业人员对盘点的基本要领、表格、单据的填写十分清楚，盘点工作才能顺利进行。

⑥ 清理盘点现场。盘点现场即配送中心储位管理包括的区域，盘点作业开始之前必须对其进行整理，以提高盘点作业的效率和盘点结果的准确性，清理工作主要包括以下几方面的内容：

a. 盘点前对已验收入库的商品进行整理归入储位，对未验收入库属于供应商的商品，应区分清楚，避免混淆。

b. 盘点场所关闭前，应提前通知，将需出库配送的商品提前做好准备。

c. 账卡、单据、资料均应整理后统一结清。

d. 预先鉴别变质、损坏商品。

对储存场所堆垛的货物进行整理，特别是对散乱货物进行收集与整理，以方便盘点时计数。在此基础上，由商品保管人员进行预盘，以提前发现问题并加以预防。

⑦ 盘点商品。

a. 初盘。通俗地讲，初盘，也就是第一轮盘点。初盘工作主要由库房管理人员负责，如仓库人员不够时，也可抽调其他部门人员协助。初盘一般分三人一组，一人负责点数，一人负责记录，一人初步复核。初盘通常采用“见物盘物”（或叫见货盘货）的方法实物移位盘点，即按实物摆放的自然次序，逐一移动位置，将已盘和未盘物品区分摆放。

b. 复盘。复盘主要由财务部门负责。一般根据初盘结果进行复查，包括对库存实物的复查，以确保初盘表上的相关数据的真实性，以及与财务部门的有关数据的一致性。复盘时如发现问题，应及时登记，并会同相关人员迅速查明原因。对一些库存量不大，或货物规格比较单一且堆放统一的仓库，实盘和复盘也可同时进行，只不过需要库房管理人员和财务部门人员同时到现场进行盘点，边盘边复。

⑧ 查清盘点差异的原因。盘点会将一段时间以来积累的作业误差，及其他原因引起的账实不符暴露出来，发现账实不符，而且差异超过容许误差时，应立即追查产生差异的原因，这些原因通常可能来自以下一些方面：

a. 计账员素质不高，登录数据时发生错登、漏登等情况。

b. 账务处理系统管理制度和流程不完善，导致数据出错。

c. 盘点时发生漏盘、重盘、错盘现象，盘点结果出现错误。

d. 盘点前数据资料未结清，使账面数不准确。

e. 出入库作业时产生误差。

f. 货物损坏、丢失等原因。

⑨ 盘点结果的处理。查清原因后，为了通过盘点使账面数与实物数保持一致，需要对盘点盈亏和报废品一并进行调整。

5.5 出库作业

5.5.1 分拣作业

(1) 货物分拣的概念

货物分拣是仓库依据客户的订货要求或配送中心的送货计划，尽可能快速、准确地将货物从其储位或其他区域拣取出来，并按一定方式进行分类、集中，等待配装送货的作业全过程。

大多数情况下，分拣成本大约是其他堆码、装卸、搬运、运输等成本总和的9倍，占物流搬运成本的90%，因此，降低分拣成本是降低物流搬运成本的重要手段。由于目前我国大多数物流企业仍属于劳动密集型的产业，其中与分拣作业直接相关的人力更占50%以上，全分拣作业的时间投入也占整个物流作业时间的30%~40%。因此，合理规划与组织分拣配货是项重要的作业。

(2) 拣货方式

拣货方式通常分拣选式、分货式和分拣式三种。

① 拣选式配货作业。

a. 拣选式配货作业的概念。拣选式配货作业（见图5-6）：配送中心分别为每个用户拣选其所需货物。它是由负责理货的工人或理货机械，巡回于货物的各个储货点，按理货单指令，取出所需货物，巡回一遍，则为一个客户将货配齐。配齐后的货物立即配装。拣选式配货可采取单一拣选和摘果式拣选。

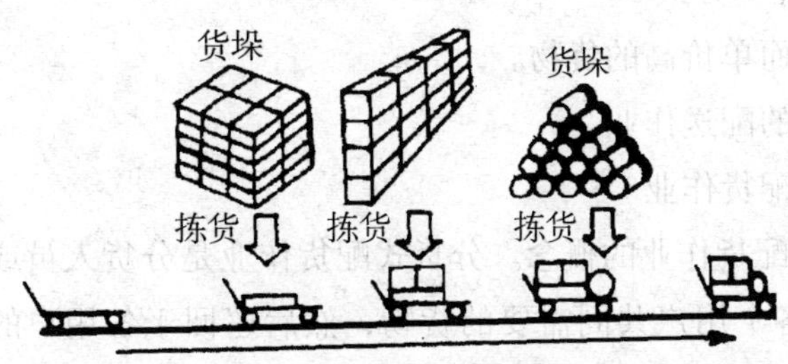

图 5-6　拣选式配货作业

拣选式配货作业的基本流程是：储物货位相对固定，而拣选人员或工具相对运动，所以又称做人到货前式工艺。形象地说，这种方式又类似人们进入果园，在一棵树上摘下熟的果子后，再转到另一棵树前去摘果，所以又形象称之为摘果式或摘取式工艺。

b. 拣选式配货作业的特点。所拣选的货物位置是固定的。以出货单为单位，一人负责一单，出错的机会较少，易于追查。但作业重复太多，人力负荷太重。

c. 拣选式配货作业的适用领域。

- 用户不稳定，波动较大，不能建立相对稳定用户分货货位，难以建立稳定的分货线。
- 用户需求差异很大，在这种情况下，统计用户共同需求，将共同需求一次取出再分给各用户，由于共同需求不多而无法实行；在有共同需求，又有很多特殊需求情况下，采取其他配货方式容易出现差错，而采取一票一拣方式便有利得多。
- 用户需求的种类太多，增加统计和共同取货的难度，采取其他方式配货时间太长，而利用拣选式配货实际能起到简化作用。
- 用户配送时间要求不一，有紧急的，也有一定限定时间的，采用拣选式工艺可有效地调整先后拣选配货顺序，满足不同时间需求，尤其对于紧急的即时需求更为有效。
- 一般仓库改造成配送中心或新建配送中心的初期，拣选配货工艺可作为一种过渡性的办法。
- 直接面向基本消费者进行配送的电子商务，需求的随机性太强，适合于采取拣选式配货方式。

• 体积小而单价高的货物。

• 便利店的配送作业。

② 分货式配货作业。

a. 分货式配货作业的概念。分货式配货作业是分货人员或分货工具从储存点集中取出各个用户共同需要的货物，然后巡回于各用户的货位之间，将这一种货物按用户需要量分放下，再集中取出共同需要的第二种，如此反复进行直至用户需要的所有货物都分放完毕，同时完成各个用户的配货工作。

b. 分货式配货作业特点。将需配送的同一种货物，从配送中心集中搬运到发货场地，再根据各用户对该种货物的需求量进行二次分配。

分货式工艺采取集中取出共同需要的货物，再按货物货位分放，这就需要在收到若干个用户配送请求之后，在可以形成共同的批量之后，再对用户共同需求做出统计，同时要安排好各用户的分货货位，才开始陆续集中取出进行反复的分货操作。所以，这种工艺难度较高，计划性较强，也容易发生分货的错误。这种工艺计划性较强，若干用户的需求集中后才开始分货，直至最后一种共同需要的货物分放完毕，各用户需求的配货工作才同时完成。之后，可同时开始对各用户的配送送达工作，这也有利于考虑车辆的合理调配、合理使用和规划配送路线。和拣选式工艺相比，可综合考虑，统筹安排，利用规模效益，这是分货式工艺的重要特点。

c. 分货式配货作业的适用领域。

• 用户稳定且用户数量较多的配送。

• 用户的需求有很强的共同性、需求的差异较小，需求数量可有差异但种类相同。

• 用户需求的种类有限，易于统计和不至于使分货时间太长。

• 用户配送时间的要求没有严格限制。

• 力求追求效率，降低成本，采用分货式工艺较为有利。

• 专业性强的配送中心，容易形成稳定的用户和需求，货物种类有限，宜于采用分货式工艺。

• 商业连锁、服务业连锁、巨型企业内部供应配送，适合采用分货式配货。

③ 分拣式配货作业。

a. 分拣式配货作业的概念。分拣式配货作业是分拣人员或分拣工具从储存点拣选出各个用户共同或不同需要的多种货物，然后巡回于各用户的货位之间，按用户需要的种类和数量拣选出来放入货位，直至这一次取出的所有货物都分放完毕，同时完成各个用户的配货工作。

分拣式配货作业是“拣选式”、“分货式”的一体化配货方式，是两种典型方式的中间方式。也有人将“拣选式配货”和“分货式配货”都归于分拣式配货作业方式。

b. 分拣式配货作业的特点。分拣式配货作业特别适合于小型配送系统（如区域性的分销配送中心或同城的超市配送中心）。小型配送系统的一次性到货，可能是供给多个用户的不同种类货物，以共同配送方式从上一级物流中心或大的配送中心进货，可以直接进入分拣线进行分拣。如果不采用分拣式配货，而是单一采用拣选式或分货式作业，则需要将到货分放到货架或货位，然后再进入配货程序，这样不仅增加了作业环节，更重要的是增加了作业时间，最终影响货物的配送效率。

c. 分拣式配货作业的适用领域。这种配货作业方式特别适合于分销型配送、同城的超市配送、邮局、快递等中小型配送中心。

5.5.2　出库作业

货物的出库是货物存储阶段的终止，也是仓库作业的最后一个环节，它使仓库作业与运输部门和货物的使用单位发生直接联系。

（1）出库（发货或发运）的形式

① 送货。送货是指仓储管理部门负责直接将货物送到货物使用单位的一种货物发放方式。在送货过程中以及在向货物使用单位交接的过程中，如发现货物包装损坏、货物受损或数量短少等现象，应及时追查。送货具有“预先付货、按车排货、发货等车”的特点。

② 自提。自提是货物使用单位自己派人或派车来库房提货的一种货物发放方式。仓储管理部门人员根据领料凭证转开货物发放单，并按证、单配货，在库内办理交接手续。自提具有“提单到库、随到随发、自提自运”的特点。

③ 托运。托运是由仓储管理部门委托运输单位将货物发送至货物使用单

位的货物发放方式。在仓储管理部门备货之后，到运输单位（公路专线、铁路、水运、航空等）办理货运手续，由承运人将货物运至货物使用单位所在地或直接送达使用单位仓库。在办理货运手续前，仓储管理部门应根据使用单位的要求，进行货物的分类、分拣配货、包装等工作，并做“发货日记”（见表5－14）。

表5－14　发运日记

待运							托运		发货				
日期	运输方式	到站	名称	件数	重量	收货人	日期	经办人	日期	件数	运单号	经办人	备注

④ 过户。它是指储存货物所有权的转移，即货物不出库，只需将存货人的名称进行变更的一种出库方式。仓储管理部门必须根据原存货人开据的正式过户凭证办理过户手续。过户凭证可以代替新存货人的入库凭证，再据此向新存货人开出储存凭证，并另建新的货物明细保管账。

⑤ 取样。所谓取样就是指提货单位为了了解货物质量或其业务的需要（销售业务）等，到仓库提取货样（或称样品）。在办这项业务时，仓储管理部门要根据货主（存货人）填制的正式“样品提货单”转开货物出库单。

⑥ 转仓。转仓是指存货人由于业务上的需要或保管条件的要求，将储存的货物从某一仓库（或仓位）转移到另一仓库（或仓位）的发货方式。转仓又分内部转仓和外部转仓，内部转仓填制仓储管理部门内部的“转仓单”，并据此发货；外部转仓则根据货主填制的“转仓单”发货，并据此结算。

（2）货物出库的要求

货物出库时要求做到“三不三核五检查”。

“三不”：即未接单据不登账，未经审单不备货，未经复核不出库；

“三核”：即在发货时，要核实凭证、核对账卡、核对实物；

“五检查”：即对单据和实物要进行品名检查、规格检查、包装检查、件数检查、重量检查。

(3) 出库业务流程

出库作业的基本流程是：出库前的准备、核对出库凭证、查对库存及备货、复核、货物包装、清点交接、登账及档案管理。

① 出库前的准备。

a. 包装整理。在仓储各作业过程中，货物经过多次装卸、堆码、翻仓和拆检，货物的部分包装会受到或多或少的破损。所以，仓库必须根据货物的实际情况事先进行整理、加固或改换包装，以达到出库后的运输要求。

b. 组配、分装。货主的货物有时需要拆零后出库，有时需要拼箱，这些工作都需要事先做好准备。为此，应做好挑选、分类、整理和配套等准备工作。

c. 包装材料、工具和用品的准备。对从事装、拼或改装业务的仓库，在货物的出库发货前，应根据货主和运输单位的要求，准备各种包装材料及相应的衬垫物，刷写包装标志的用具、标签和订箱、打包等工具。

d. 设备调配。在货物出库前，应留出必要的理货场地，准备必要的装卸搬运设备，及时装载货物，加快出库及发货的速度。

e. 人员组织。由于出库作业具有细致复杂，工作量大，涉及人员多等特点，因此，在出库前应事先进行合理的人员组织和机械协调安排，以保证各环节紧密衔接和作业效率。

② 出库。

a. 核对出库凭证。货物出库凭证，不论是“领（发）料单”、“调拨单”或“出库单”（见表5－15、表5－16、表5－17），均需由主管分配的业务部门签章。因此，发放货物必须有正式的出库凭证，严禁无单或白条发料。保管员接到出库凭证后，应仔细核对，这就是出库业务的核单（验单）工作。首先，要审核出库凭证的合法性和真实性；其次，核对商品品名、型号、规格、单价、数量、收货单位、到站、银行账号；最后，审核出库凭证的有效期等。

“领料单”作为企业内部原材料、工具或备品备件领用的凭证；调拨单是企业内部商品调拨的凭证。各企业的领料单证种类和格式不尽相同，通常是一式四联：第一联，计划部门进行电脑处理；第二联，仓库留存；第三联，生产部门存根；第四联，财务会计部门核算。

凡在证件核对中，有货物名称、规格型号不对，印签不齐全，数量有涂改，手续不符合要求的，均不能发货。

表 5－15 领料单

领料单位： 编号：

领料日期： 登账日期：

货物名称	品名规格	单位	数量		单价	金额
			计划	实发		

领料主管： 领料人： 保管员：

表 5－16 调拨单

单位： 运输方式：

地址： 结账方式：

到站： 银行账号：

收货人： 开单日期：

品名规格	单位	数量	单价	总价	调拨原因

主管： 财务： 保管： 制单：

表 5－17 出库单

客户名称： 储存凭证号码：

发货仓库： 仓库地址：

发货日期： 年 月 日

货号、品名、规格、牌号	产地	包装及件数	单位	数量	单价	总价	实发数
		运费		包装押金		总金额	

审核： 制单：

b. 备货。仓库保管员在对货物出库凭证审核无误后，按其所列项目内容和凭证上的批注与编号的货位对货，核实后进行配货。

出库商品应附有质量证明书或抄件、磅码单、装箱单等。机电设备等配件产品，其说明书及合格证应随货同到。备货时应本着“先进先出、易霉易坏先出、接近失效期先出”的原则，根据领料数量下堆备货或整堆发货。备货的计量实行“以收代发”，即利用入库检验时的一次清点数，不再重新过磅。备货后要及时变动料卡余额数量，填写实发数量和日期等。

c. 复核。为防止差错，备货后应立即进行复核。出库的复核形式主要有专职复核、交叉复核和环环复核三种。除此之外，在发货作业的各道环节上，都贯穿着复核工作。例如，理货员核对单货，守护员（门卫）凭票放行，账务员（保管会计）核对账单（票）等。这些分散的复核形式，起到分头把关的作用，都有助于提高仓库发货业务的工作质量。复核的主要内容包括品种数量是否准确，商品质量是否完好，配套是否齐全，技术证件是否齐备，外观质量和包装是否完好等。复核后保管员和复核员应在出库凭证上签名。

d. 包装。出库的货物如果没有符合运输方式所要求的包装，应进行包装。根据商品外形特点，选用适宜包装材料，其重量和尺寸，应便于装卸和搬运。出库商品包装，要求干燥、牢固。如有破损、潮湿、捆扎松散等不能保障商品在运输途中安全的，应负责加固整理，做到破包破箱不出库。

此外，各类包装容器，若外包装上有水湿、油迹、污损，均不许出库。另外，在包装中严禁互相影响或性能互相抵触的商品混合包装；包装后，要写明收货单位、到站、发货号、本批总件数、发货单位等。

e. 清点交接。货物经复核后，如果是本单位内部领料，则将货物和单据当面点交给提货人，办清交接手续；如系送货或将货物调出本单位办理托运的，则与送货人员或运输部门办理交接手续，当面将商品交点清楚。交清后，提货人员应在出库凭证上签章。

f. 登账和档案的管理。清点交接后，保管员应在出库凭证上填写实发数、发货日期等内容，并签名。然后将出库凭证连同有关证件资料，及时交给货主，以使货主办理货款结算。保管员把留存的一联出库凭证交给实物明细账登记人员登记做账。之后还需做现场清理，包括清理库存商品、库房、场地、设备和工具等；档案清理则是指对收发、保养、盈亏数量和垛位安排等情况进行分析。

在整个出库业务程序过程中，复核和点交是两个最为关键的环节。复核是防止差错的重要和必不可少的措施，而点交则是划清仓库和提货方两者责任的必要手段。

（4）出库中经常存在的问题及处理

① 无单提货。主要指没有正式提货凭证而要求提货，遇到这种情况，不能发货。

② 凭证问题。发货前验单时，若发现提货凭证有问题，应立即与货主联系，并向主管部门反映。配货后复核时发现凭证有问题，仓库应立即停止发货作业。

③ 单货不符。发货之前验单时，若发现提货凭证所列物资与仓库储存的物资不符，一般应将凭证退回开单单位，经更正确认后再发货。遇上特殊情况，如出库商品必须立即发运出口，货主要求先行发货，然后更改提货凭证时，经主管部门批准后，可以发货，但应将联系情况详细记录，并在事后及时请货主补办更正手续。若配货后复核时发现所备物资与提货凭证所列不符，应立即调换。

④ 包装损坏。对物资外包装有破损、脱钉、松绳的，应整修加固，以保证运输途中物资安全。若发现包装内的物资有霉烂、变质等质量问题或数量短缺，不得以次充好、以溢余补短缺。

⑤ 货未发完。仓库发货，原则上是按提货单上当天一次发完，如确有困难，不能当日提取完毕，应办理分批提取手续。

⑥ 货已错发。如果发现货已错发，应先将情况尽快通知货主，同时报告主管部门负责人，接着应了解物资已运到什么地方。能及时追回的应及时追回。无法追回的，应在货主帮助下，采取措施，尽量挽回损失，然后查明原因，以防再犯。

⑦ 提货数与实际数不符。当遇到提货数量大于商品实际库存数量时，无论是何种原因造成的，都需要和仓库主管部门以及货主单位及时取得联系后再处理。

⑧ 退货。商品出库后，因出库时发生的差错造成商品退货，要对这部分商品进行妥善处理。

5.5.3 退换货作业

(1) 退换货的含义

退换货是指仓库按订单或合同将货物发出之后，由于各种原因，客户将货物退回仓库或按规定要求调换。

(2) 退换货的原因

① 协议退货。客户与仓库订有特别协议的季节性商品、试销商品、代销商品等，协议期满后的剩余商品将由客户退回仓库；或者作为仓储增值服务的一部分，由仓储经营人与供应商之间签订退换协议，仓库可承担由于供应商供货原因产生的退换货。

② 商品质量问题。这类退货是指因商品不符合质量要求而被接收单位退回的货物，仓库必须予以退换。

③ 装卸搬运或运输过程中的损坏。它是指货物在装卸搬运或运输过程中造成的货物本身损坏、包装损坏或污染而产生的退货。仓库也将予以退回。

④ 商品过期。一些商品的质量（如食品、药品等）有一定的保质期，凡超过保质期的商品，仓库必须退回。

⑤ 错发。当送达客户的商品与订单所要求的商品在品名、规格、质量、数量等方面不符时，凡属仓库原因错发的，仓库必须给予退回。

(3) 退货作业流程

① 受理退换货。当客户提出退换货或客户前来办理退换货业务时，负责退换货的业务部门要严格按照退换货的规范和标准核实。当确认可以退换时，应及时将退换货信息传递给相关部门，由质量部门确认退换货的原因并做好记录；仓库作业人员做好接收退换货物的准备，属于换货的还要做好二次出库作业准备；运输部门负责安排取回退换货物的时间和线路；财务部门做好费用结算准备。对于批量较大的退换货要经过必要的、严格的审批程序。

② 退换货入库。对于因质量产生的退换货物，要存放在不合格品区。退换货物应经过严格的重新入库登记，及时更新仓库管理信息系统数据，核销由于退换货产生的费用，并将退换货信息通知供应商。

③ 财务处理与结算。对于客户已经支付了商品费用的退货，财务部门应将相应的费用退还给客户，同时，由于销货和退货的时间差，同一种类的货

物的价格可能出现或升或降的差异，同质不同价或同款不同价的问题会时有发生。所以，财务部门在退货时要进行退回商品货款的重新核价，将退货商品的数量、销货时的商品单价以及退货时的商品单价信息输入企业的信息管理系统，并依据销货退回单来处理。

④ 跟踪处理。在退换货业务发生后，仓库应即时跟踪并处理客户提出的意见，统计退换货发生的各种费用，通知供应商退换货产生的原因，将所退换商品返回供应商或按规定进行销毁。

对由仓库原因所产生的退换货，如订单处理错误、错发、漏发货、装卸搬运作业、送货过程中等原因产生的退换货，仓库应认真统计，及时分析总结，将相关信息反馈给相关业务部门和管理部门，以便及时制订改进措施。

6 仓储越库作业

导 读

传统仓库与配送中心的本质区别是：仓库侧重于管理空间，而配送中心更侧重于管理时间（即货物周转速度），因此，二者的本质区别是配送中心既管理空间又管理时间。美国85%以上的配送中心都提供越库服务，这说明越库作业在配送中心的地位显得越来越重要。

在越库作业中，货物是流经仓库或配送中心而不是储存起来。通过越库作业大幅降低库存水平，可以降低库存管理成本、减少货物损失率、丢失率及加快资金周转等。

采用越库作业后，仓库将成为一个编组场所，而非一个保管场所。货物到达仓库后经过简短的交叉分装后，省去了仓储等其他内部操作，而直接将货物发送至供应链下一节点。

6.1 专业名词解释

6.1.1 越库作业

越库作业是指对来自各家供应商的整车货物，立即按客户需求及交货点加以拆解、分类、堆放，进而装上准备好的出货运输工具上，送往各客户交货点的仓储作业。

在越库作业中，货物是流经仓库或配送中心而不是储存起来。通过越库作业可以降低库存管理成本、减少货物损失率、丢失率及加快资金周转等。采用越库作业后，仓库将成为一个货物编组场所，而非一个保管场所。货物到达仓库后经过简短的交叉分装后，省去了仓储等其他内部操作，而直接将货物发送至供应链下一节点。

越库作业特别适合于快速处理的紧急订单，适合于要求零售商向客户直接运送商品的情况。因此，越库作业又称“接驳式”或“通过型”物流。比如，公路货运市场中的专线中转作业、快递业中的营业网点（或叫营业部）作业、零售商配送中心的部分货物作业等，就是典型的越库作业。

6.1.2 越库物流

所谓越库物流，就是指由仓储的“越库作业”概念延伸而来的物流。

一般认为，在越库物流系统中，仓库充当库存的协调点而不是库存的储存点。在典型的越库物流系统中，货物从制造商到达仓库，然后转移到零售商的车辆上，进而尽可能快地运送给零售商，货物在仓库中停留的时间很短，通常不超过24小时。

越库物流因沃尔玛而出名，它作为一种先进的物流配送战略和运作模式在西方发达国家已获得成功应用，与其他配送战略比较，越库物流配送战略可以在时间、空间和成本上获得利益。近年来，以沃尔玛、家乐福为代表的国外大型超市集团大举进入我国，国内的零售连锁企业将面临更严峻的激烈竞争局面，而强大的现代化的物流配送体系是一个零售连锁企业生存和持续发展的核心竞争力。

6.2 越库作业产生的背景

6.2.1 越库作业产生的背景

① 对较大、较稳定的需求，并不需要每次都采取订购模式来运作，这将给供应链各环节（尤其是供货商或分销商）带来不必要的库存。因此，零售商转而寻求越库方式来减少库存。

② 对稳定而小批量的需求，采用越库技术来代替零担运输，可大大降低运输成本。

③ 降低昂贵的库存费用。

④ 满足商品本身对运送时间上的需要，如快递、保鲜食品等。

6.2.2 越库作业的特点

（1）越库作业与传统的仓储作业的区别

传统的仓储模式中，仓库持有存货，直到客户订单到达后，工作人员依据订单从货架上拣选货物，然后打包运出。其补货策略主要基于仓库存货量来制定。

在越库作业中，配送中心库存极少，在接到客户订单后向上级供应商提货，其补货策略是基于客户订单需求而制定，货物不进行长期储存。

（2）越库作业的优点

① 减少入库、储存、拣货等作业的时间，加快商品的流通速度。

② 减少仓储设施与仓库空间等方面的固定成本。

③ 减少入库理货费、储保费和出库理货费等变动成本。

④ 降低货物破损率，提高分销中心的利用率，整合订单以提高客户响应水平。

⑤ 该种配送模式完全符合准时制策略，可为企业实施准时制造提供保障。

⑥ 降低分销成本，减少货物的仓储空间，降低零售商的库存，减少整个供应链的仓库数量。

（3）越库作业的缺点

① 越库作业系统需要相当多的初期投资，而在管理上也非常的困难。

② 配销系统、零售商及供应商必须以先进的资讯系统紧密连结，以确保所有的取货作业及配送在要求的时间里完成。

③ 越库作业系统的运作需要一个快速回应的运输系统。

④ 预测是很重要的，资讯的分享也十分必要。

⑤ 越库作业策略只有在大型的配销系统中才有效。

因为数量众多的车辆可在任何时间在越库作业设施中配送及取货。在这样的系统中，每天有足够的容量可以整车从供应商载运到仓库。因为通常这些系统包含了很多的零售商，需求量相当充足，所以商品在运抵越库作业设施时，可以以满载的数量立即运送到零售点。

6.3 越库作业的类型

6.3.1 按照不同的企业类型分

（1）制造型越库作业

由制造企业开展的越库作业，称制造型越库作业，其目的是为实现准时制造。例如，制造商大都会将仓库建立在装配工厂附近，并把它作为准备零件或整合配套元件的配送地。由于需求可以直接从 MRP 系统预知，零件到达仓库后，按照要求进行简单处理后直接运到车间，无需存储（见图 6－1）。

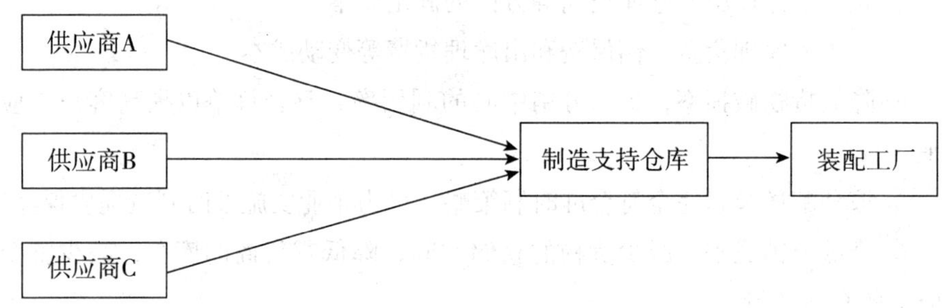

图 6－1　制造型企业越库作业

（2）销售型越库作业

整合不同供货商送往同一客户的货物，进行分拣、打包后直接运至各零售商处的越库作业称销售型越库作业。例如，计算机分销商经常将来自不同制造商的零件依据客户订单需求及时整合、打包，由一辆车运至各客户处（见图 6－2）。

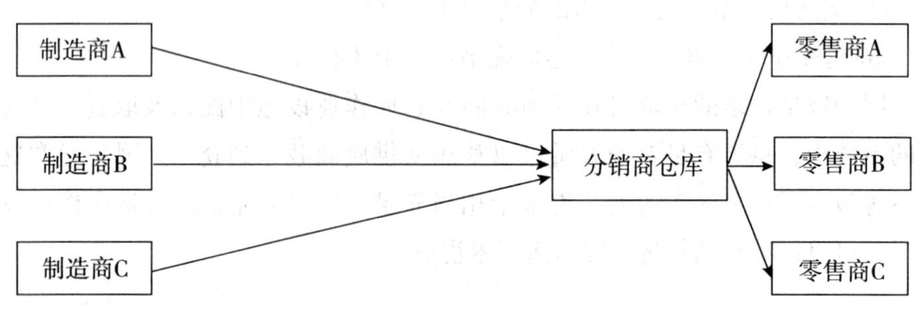

图 6－2　销售型企业越库作业

（3）运输型越库作业

运输型越库作业是指物流企业为了将不同客户的货物集中装在一起，以获得规模经济的效益，会对到达仓库的各种零担运输和小包装货物进行重新打包，便于一车装运以节约运输费用的作业。比如公路货运中的专线零担货运作业（见图6-3）。

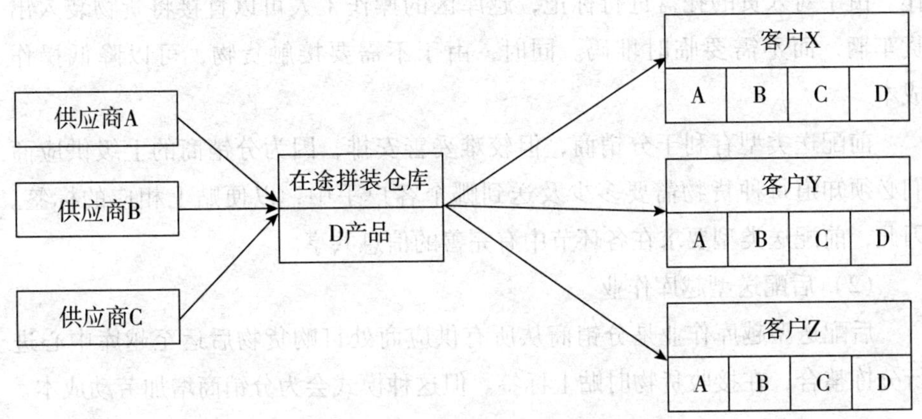

图6-3 运输型企业越库作业

（4）零售型越库作业

从多个供应商处获得商品后，在仓库按照各零售店预先送到的订单将货物分拣装车，直接运至各零售店的作业，称零售型越库作业（见图6-4）。

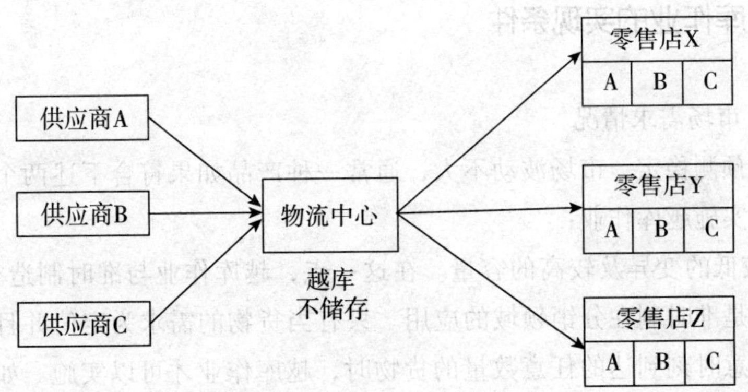

图6-4 零售型企业越库作业

6.3.2 按照信息处理方式分

（1）前配送型越库作业

前配送型越库作业是指供应商为分销商的越库作业准备直接配送的产品，并按照不同目的地将货物进行分类。他们可对货物进行标价或贴条形码等操作。由于对入货的托盘进行标记，越库区的操作工人可以直接将货物装入出货车辆，而不需要临时堆码。同时，由于不需要接触货物，可以降低操作成本。

前配送类型有利于分销商，但较难妥善安排，因为分销商的上级供应商们必须知道每种货物需要多少及送到哪个客户手中，以便贴上相应的标签。因此，前配送类型要求在各环节中有完善的信息共享。

（2）后配送型越库作业

后配送型越库作业是分销商从所有供应商处订购货物后运至越库中心进行分拣整合，在接收货物时贴上标签。但这种模式会为分销商增加劳动成本。

6.3.3 按照越库作业的操作流程分

按照越库作业的操作流程还可以分为单阶段越库作业、两阶段越库作业及多阶段越库作业。因此，越库中心有可能同时具备两种类型的越库作业，具体采用何种类型的越库作业模式，需要根据整体供应链的实际情况而定。

6.4 越库作业的实现条件

（1）市场需求情况

需求预测稳定，市场波动不大，通常一种产品如果符合下述两个标准就可以选择实施越库作业：

① 较低的变异及较高的容量。在这一点，越库作业与准时制造很相似。越库作业是准时制在分销领域的应用。只有当货物的需求为定值并且仓库能够安排任意时刻到达的任意数量的货物时，越库作业才可以实施。如果需求不确定，越库作业就很难实施。

② 较大的需求量。除了要减低变异外，还要有较大的需求量，来保证越

库中心能够持续作业。如果需求量太低，则频繁运送小批量货物会增加运输费用，这时选择仓库存储作业也许更具有经济效益。

（2）供应链各环节之间的协调程度

从管理角度来看，越库作业是一个复杂的运作过程，需要分销商、供应商及客户之间广泛的协调与合作。在实施越库作业的最初阶段是最艰难的时期，供应链各成员都会经历设备投入、设施完善等造成的费用增加。尽管这些费用以后会通过越库作业补偿，但需要一定的时间。

另外，由哪一方负责贴条形码或标价，由哪一方负责开发信息管理系统软件等，这些问题都需要供应链各成员进行充分的协调与合作。

（3）整个供应链之间的信息流通

越库作业最大的优势是减少了产品库存时间以及降低库存。为达到这样的目标，就要求在供应链各成员间必须建立强大的信息共享系统来实现整个供应链的资源共享，以达到事先分配和及时链接。同时，可以协助完成大量的数据处理。另外，还要求整个供应链使用通用条形码和标准化的包装，以此简化产品流动过程中的处理程序，减少劳动力。

（4）强大的第三方物流

越库作业对运输环节有相当高的要求：设备先进、效率高、及时性好、管理严格。由于时间要求高，所以运输过程中绝不能出现任何差错，这就需要第三方物流公司一定要有先进的管理技术和可靠的运输手段，以及充足的运输设备，可以按照这样一个系统所定的严密计划去实施。

（5）对产品的质量要求较高

在越库作业中，产品到达仓库后，只进行简单的分装与组配，不可能对产品的质量进行仔细检查，这就要求供应商一定要严把质量关，确保产品的顺利流通。

由于越库作业可以消除库存量，缩短货物交付期，从而降低库存成本、存货风险及运输费用，为企业赢得更多的利润。

越库作业在供应链中的流程（见图6－5）一般包括：先由销售商将采购订单发往供应商，同时向供应商说明各店所需商品的具体情况。供应商将订单中各店的商品集中到一个货箱或最小存货单位（Stock Keeping Unit，SKU）并把代表商品号和店号的条形码贴在外包装上，再将货物运至分销商处。分销商扫描所有货品外包装上的条形码进行验货，确保所有订购货物收齐，然后立即把货箱按照不同地点进行分装后将货物运出。

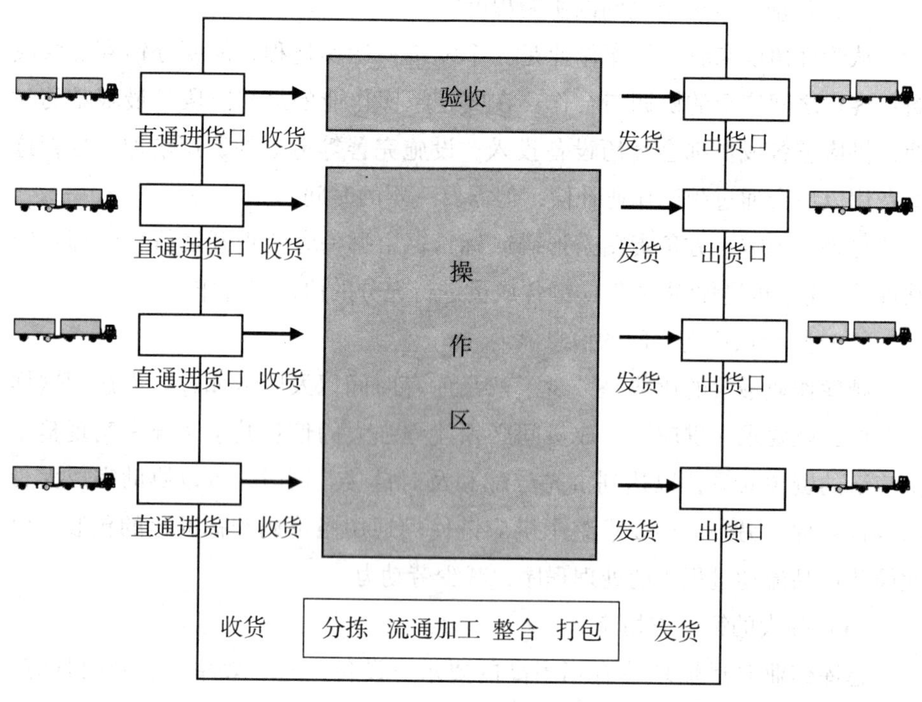

图 6－5 越库作业流程示意图

6.5 越库物流运作类型

从国外越库物流成功实践和运作来看，零售商根据自身条件和能力以及所处的外部环境开展了较为灵活的越库物流运作。越库物流运作通常有以下 3 种类型。

（1）机会型越库物流

它是把已经收到的满足当前需求产品的订单，即使这些产品处在存储状态或者准备发送来满足后面的订单，大多数制造商和分销商正在采用这种形式。机会型越库物流的特点是充分把握现有的可能机会，加速产品的周转。

（2）配送型越库物流

对收到的整车货物（集装箱）和由多个集装箱拼成的整车货物进行发送，称为配送型越库物流。配送型越库物流的特点是追求规模效益。

（3）终点站型越库物流

终点站型越库物流是根据即将离开的运货卡车对订单进行分类和合并。这种类型的越库物流要求从两个或多个制造商或分销商收到的订单能够同时发送到另外一个地点。终点站型越库物流的特点是对到货的时间和欲发送的指定地点有严格要求。终端型越库物流的运作流程及要求（见图6－6）。

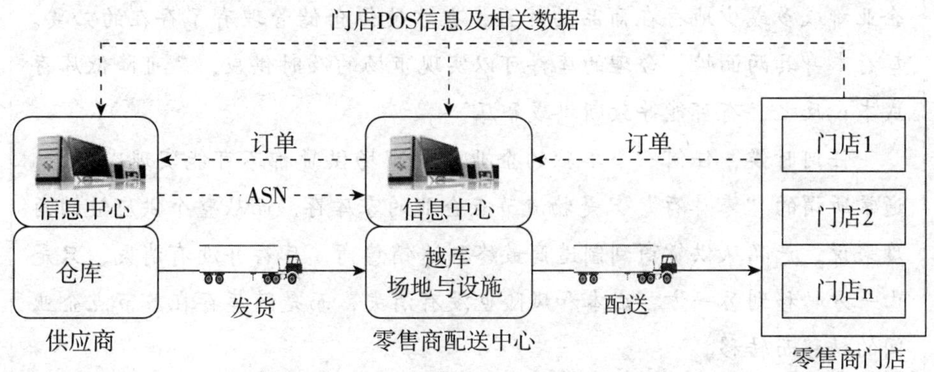

图6－6 典型的越库物流运作流程

终点站型越库物流的基本作业流程：

① 各门店根据自己的销售情况分析，通过网络向公司配送中心的信息中心发出需求订单。

② 配送中心的信息中心对所有门店的需求订单进行汇总后，通过与供应商共享的EDI网络向供应商信息中心发送需求订单。

③ 供应商由于事先能够获得对所有门店的POS信息及相关数据分析，能够较快地组织生产（加上一定的库存），在供应商信息中心收到零售商配送中心的需求订单后，经过相应的准备先向零售商配送中心的信息中心发送预先发货通知（ASN），然后按照需求订单发货。

④ 零售商配送中心的信息中心接到ASN安排组织收获准备工作，首先根据各门店的需求，对货物进行分拣、包装等一系列工作，然后把商品配送到各门店。通常要求货物在越库物流场地的停留时间不超过24小时。

7 库存管理

导 读

库存管理是仓储管理的一项重要内容，正因为任何一个生产或经营性企业都或多或少地存在商品的库存，也才使得仓储管理有了存在的必要。库存本身具两面性，合理的库存可以实现市场的及时供应，又可降低库存成本；反之，有可能导致断供或积压。

任何时候，任何一个单独的企业要向市场供货都不可能实现零库存。通常所谓的“零库存”只是物流节点企业的零库存，而从整个供应链的角度来说，产品从供货商到制造商最终到达销售商，库存并没有消失，只是由一方转移到另一方，成本和风险也没有消失，而是随库存在各节点企业间的转移而转移。

零库存不是个绝对的概念，而应是尽可能地降低库存。

7.1 专业名词解释

7.1.1 库存

库存是指在仓库中处于暂时停滞状态、用于未来的、有经济价值的货物。广义的库存还包括处于制造加工状态和运输状态的物品。

通俗地讲，库存是指企业在生产经营过程中为了将来的耗用或者在销售过程中为了将来的销售而储备的资源。

7.1.2 零库存

任何时候，任何一个单独的企业要向市场供货都不可能实现零库存。通常所谓的“零库存”只是节点企业的零库存，而从整个供应链的角度来说，产品从供货商到制造商最终达到销售商，库存并没有消失，只是由一方转移到另一方。成本和风险也没有消失，而是随库存在各节点企业间的转移而转移。

零库存不是个绝对的概念，而应是尽可能地降低库存。

7.1.3　JIT

JIT 是准时制生产（及时生产、即时生产）“Just in Time”的英文缩写。

JIT 基本原理是以需定供，即供方根据需方的要求（或称看板），按照需方需求的品种、规格、质量、数量、时间、地点等要求，将物品配送到指定的地点。不多送，也不少送，不早送，也不晚送，所送每个品种要保证质量，不能有任何废品。

JIT 反映了生产制造业追求完美的一种理念，其基本点是有计划地消除所有的浪费，持续不断地提高生产率。从原材料到产成品的所有过程消除一切浪费，强调零库存，以零缺陷为目标改善产品质量，通过减少准备时间、队列长度和批量达到缩短提前期，改进操作过程，并且以最小成本来实现这些目标。

JIT 是日本丰田汽车公司在 20 世纪 60 年代实行的一种生产方式，1973 年以后，这种方式对丰田公司渡过第一次能源危机起到了突出的作用，后引起其他国家生产企业的重视，并逐渐在欧洲和美国的日资企业及当地企业中推行开来，现在这一方式与源自日本的其他生产、流通方式一起被西方企业称为“日本化模式”，其中，日本生产、流通企业的物流模式也对欧美的物流产生了重要影响，近年来，JIT 不仅成为一种生产方式，也成为了一种通用管理模式。

7.2　库存

7.2.1　库存产生的原因

① 为缩短交货期。

② 设备故障率高，超量生产。

③ 物料供应来源问题。

④ 缓和季节变动与生产高峰的差距。

⑤ 盘点不准。

⑥ 生产管理失误。

⑦ 营销管理失误。

⑧ 投机性的购买。

但是从总体运作上来看，高库存就意味着高额的现金流、高财务风险和低效率的运作系统。

7.2.2 库存的利端和弊端

(1) 库存的利端

① 预防不确定性的、随机的需求变动。

② 为了保持生产的连续性、稳定性。

③ 为了以经济批量订货。

④ 可以满足季节性、促销活动、节假日等的需求变化。

⑤ 客观的要求。

从生产的角度来看，持有库存还可以节省作业交换费用、提高人员与设备的利用率。

反过来，库存也会给企业带来不利的影响。

(2) 库存的弊端

① 占用大量资金。

② 增加库存成本。库存成本是指企业为持有库存所需花费的成本。

③ 带来其他一些管理上的问题。例如，掩盖经常性的产品或零部件的制造质量问题。当废品率和返修率很高时，一种很自然的做法就是加大生产批量和在制品、完成品库存；掩盖供应商的供应质量、交货不及时问题等。

7.3 库存的分类

库存有不同的形式，从不同的角度可以对库存进行多种不同的分类。

(1) 按生产过程和配送过程中所处的状态分

按其在生产过程和配送过程中所处的状态进行分类，库存可分为原材料库存、在制品库存、维修库存和产成品库存。

① 原材料库存。包括原材料、零件和部件。这部分库存可能是符合生产者自己标准的特殊商品。

② 在制品库存。包括在产品生产的不同阶段的半成品。

③ 维修库存。包括用于维修与养护的经常消耗的物品或部件，如石油润滑脂和机器零件。不包括产成品的维护活动所用的物品或部件。

④ 产成品库存。这种库存通常由不同于原材料库存的职能部门来控制，如市场或物流部门。

上述几种库存可以存放在一条供应链上的不同位置。比如，原材料库存可以放在两个位置：供应商或生产商之处。原材料进入生产企业后，依次通过不同的工序，每经过一道工序，附加价值都有所增加，从而成为不同水准的在制品库存。当在制品库存在最后一道工序被加工完后，变成完成品。成品也可以放在不同的储存点：生产企业内、配送中心、零售点直至转移到最终消费者手中。

（2）按库存的作用分

① 周转库存。采购批量或生产批量越大，单位采购成本或生产成本就越低（节省订货费用或作业交换费用得到数量折扣），因此，这种由批量周期性形成的库存就称为周转库存。

订货周期与订货批量之间的关系表现为：每次订货批量越大，两次订货之间的间隔也越长，周转库存量也越大。

② 安全库存。安全库存是为了防止由于不确定因素（如大量突发性订货、交货期突然等）而准备的缓冲库存。例如，供货商没能按预订的时间供货，生产过程中发生意外的设备故障导致停工等。

③ 调节库存。调节库存是用于调节需求或供应的不均衡，生产速度与供应速度不均衡，各个生产阶段的产出不均衡而设置的库存。例如，季节性需求产品（如空调等一些家用电器），为了保持生产能力的均衡，在淡季生产的产品置于调节库存，以备满足旺季的需求。有些季节性较强的原材料或供应商的供应能力不均衡时，也需要设置调节库存。

④ 在途库存。在途库存是指正处于运输以及停放在相邻两个工作地之间或相邻两个组织之间的库存，这种库存是一种客观存在，而不是有意设置的。

在途库存的大小取决于运输时间以及该期间内的平均需求。

(3) 按用户对库存的需求特性分

① 独立需求库存。独立需求库存是指用户对某种库存物品的需求与其他种类的库存无关，表现出对这种库存需求的独立性。从库存管理的角度来说，独立需求库存是指那些随机的、企业自身不能控制而是由市场所决定的需求，这种需求与企业对其他库存产品所做的生产决策没有关系。

② 相关需求库存。相关需求库存是指与其他需求有内在相关性的需求，根据这种相关性需求，企业可以精确地计算出它的需求量和需求时间，它是一种确定型需求。例如，用户对企业完成品的需求一旦确定，与该产品有关的零部件、原材料的需求就随之确定。那么，对这些零部件、原材料的需求就是相关性需求。

(4) 按库存物品所处状态分

按库存物品所处状态可分为静态库存和动态库存。

静态库存指长期或暂时处于储存状态的库存，这是人们一般意义上认识的库存概念。实际上广义的库存还包括处于制造加工状态或运输状态的库存，即动态库存。

(5) 按经营过程的角度分

按经营过程角度还可以分为经常库存、安全库存、生产加工和运输过程的库存、季节性库存、促销库存、投机库存、沉淀库存或积压库存等。

7.4 库存管理

7.4.1 库存管理的概念

(1) 库存管理

库存管理又称“存货管理”或“在库管理”，它是在库存理论的指导下，根据经济、合理或某些特定的前提（如不允许缺货与降低服务水平等）而建立库存数量的界限，即库存量（需求量）、库存水平、订货量等数据界限。

(2) 库存管理的作用

① 库存管理在企业经营中的作用。协调各个部门的活动，使每个部门不

仅以有效实现本部门的功能为目标，更要以企业的整体效益为目标。

② 库存管理在供应链中的作用。在供应链范围内进行库存管理不仅可以降低库存水平，减少资金占用和库存维持成本，还可以提高客户的满意度。

（3）库存管理的目标

① 库存成本最低。这是企业需要通过降低库存成本以降低生产总成本、增加赢利和增加竞争能力所选择的目标。

② 合理的库存保证。企业有很多的销售机会，相比之下压低库存意义不大，这就特别强调库存对其他经营、生产活动的保证，而不强调库存本身的效益。企业通过增加生产以扩大经营时，往往选择这种控制目标。

③ 不允许缺货。某些企业由于技术、工艺条件、生产的连续性等特点，不允许停产。因此，以不缺货为控制目标，才能起到不停产的保证作用。另外，企业某些重大合同必须以供货为保证，否则会受到巨额赔偿的惩罚，可制定不允许缺货的控制目标。

④ 限定资金。企业必须在限定资金预算前提下实现供应，这就需要以此为前提进行库存的一系列控制。

⑤ 快捷。库存控制不依本身经济性来确定目标，而需根据大的竞争环境系统要求确定目标，这常常出现以最快速度实现进出货为目标来控制库存。

（4）库存管理的制约因素

库存管理是受许多环境条件制约的，而这些制约因素可以影响控制水平，甚至可以决定管理的成败。主要制约因素如下：

① 需求的不确定性。

② 订货周期。

③ 节约运费。

④ 资金制约。

⑤ 管理水平的制约。

⑥ 价格和成本的制约。

7.4.2 库存管理指标体系

（1）库存管理指标

① 需求量。用户到仓库来提货的数量。有时称作需求率，指单位时间的

需求量。对于制造厂商来说，有时亦称消耗量或消耗率。

② 订货量。仓库根据需求，为补充某种物资的库存量而向供货厂商一次订货或采购的数量。

③ 订货间隔期。订货合同中规定的两次进货之间的时间。

④ 在库库存量。已验收入库、库内现有的库存量。

⑤ 在途库存量。已订货，但尚未到达与验收入库的一种虚拟库存量。

⑥ 安全库存量。为了防止不可预知的、可能突然发生的增量而造成的缺货机会，就必须有一部分储备，这部分储备称为安全库存量。

⑦ 报警点。当库存量下降到某一点时，必须立即进行订货或采购。在这批货物尚未到达验收之前，剩余库存量应能按既定服务水平满足备运期间的需求。该点即报警点，亦称订货点。换言之，如果库存量低于报警点才进行订货或采购，就会满足不了既定的服务水平，发生过多的缺货。

⑧ 库存管理水平。经合理地管理库存后所能达到的水平。一般用服务水平与周转率两者综合表示。

（2）库存管理指标体系

① 库存资金周转率。库存资金周转率即衡量单位库存资金用于供应的效率。

$$库存资金周转率=\frac{全部供应金额}{平均库存金额}$$

② 服务水平。一般用供应量占需求量的百分比大小来衡量，即：

$$服务水平=\frac{供应量}{需求量}\times 100\%$$

$$需求量=供应量+缺货量$$

③ 缺货率。缺货率是从另一个角度衡量服务水平高低的一个指标，分别以对所供应的企业数、物资数的缺货程度来反映这个指标。因此，缺货率 β 有以下三种表达方式：

$$\beta_1=\frac{缺供货企业数}{供货企业总数}\times 100\%$$

$$\beta_2=\frac{缺货量}{需求量}\times 100\%$$

$$\beta_3=\sum_{i=1}^{n}\frac{缺货量\times 缺货持续时间}{供货批量\times 供货周期}\times 100\%$$

其中，n 表示计划期内供货周期数

④ 平均供应费用。平均供应费用，即反映为供应每单位库存物资所消耗的活劳动和物化劳动的水平。

$$\text{平均供应费用} = \frac{\text{库存系统年总费用}}{\text{年全部供应额}}$$

例 1：某企业 2004 年度的销售目标为 3000 万元，行业标准周转率为 15 次/年，那么该企业的年度平均库存额是 200 万元，周转周期是约 24 天/次。3000/15 = 200（万元），365/15≈24（天/次）。

7.4.3 库存管理方法

（1）ABC 分类管理法

① ABC 库存分类（见图 7－1）。A 类库存。库存品种占库存品种总数的 5%～20%，占用资金金额占库存占用资金总额的 60%～70%。

C 类库存。库存品种占库存品种总数的 60%～70%，占用资金金额占库存占用资金总额的 15% 以下。

B 类库存。介于两者之间，库存品种占库存品种总数的 20%～30%，其占用资金金额大约占库存占用资金总额的 20%。

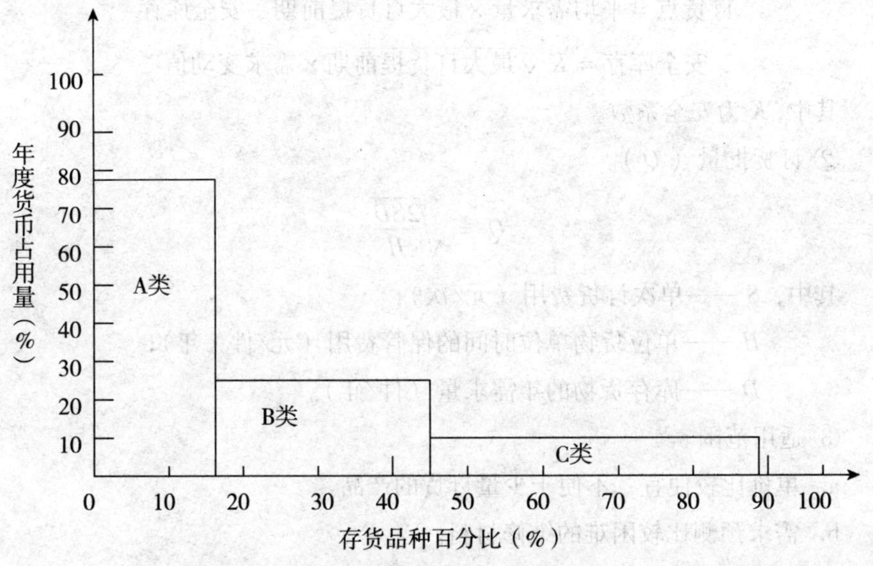

图 7－1 ABC 库存分类示意图

② 管理策略（见表 7－1）。

表 7－1　　　ABC 库存分类法的管理策略

项目或级别	A 类库存	B 类库存	C 类库存
控制程度	严格控制	一般控制	简单控制
库存量计算	依库存模型详细计算	一般计算	简单计算或不计算
进出记录	详细记录	一般记录	简单记录
存货检查频度	密集	一般	很低
安全库存量	低	较大	大量

（2）定量订货管理法

定量订货方式指当库存量下降到预定的最低库存数量（订货点）时，按规定数量（一般以经济批量 *EOQ* 为标准）进行订货补充的一种库存管理方式（见图 7－2、图 7－3）。

① 订货点。

a. 在需求和订货提前期确定的条件下：

$$订货点 = 订货提前期（天）\times 全年需求量/365$$

b. 在需求和订货提前期都不确定的情况下：

$$订货点 = 平均需求量 \times 最大订货提前期 + 安全库存$$

$$安全库存 = K\sqrt{最大订货提前期} \times 需求变动值$$

其中，K 为安全系数。

② 订货批量（Q）。

$$Q = \sqrt{\frac{2SD}{H}}$$

其中，S——单次订货费用（元/次）；

H——单位货物单位时间的保管费用（元/件·年）；

D——库存货物的年需求量（件/年）。

③ 适用范围。

a. 单价比较便宜，不便于少量订货的产品。

b. 需求预测比较困难的维修材料。

c. 品种数量繁多、库房管理事务量大的物品。

d. 消费量计算复杂的产品。

e. 通用性强、需求总量比较稳定的产品等。

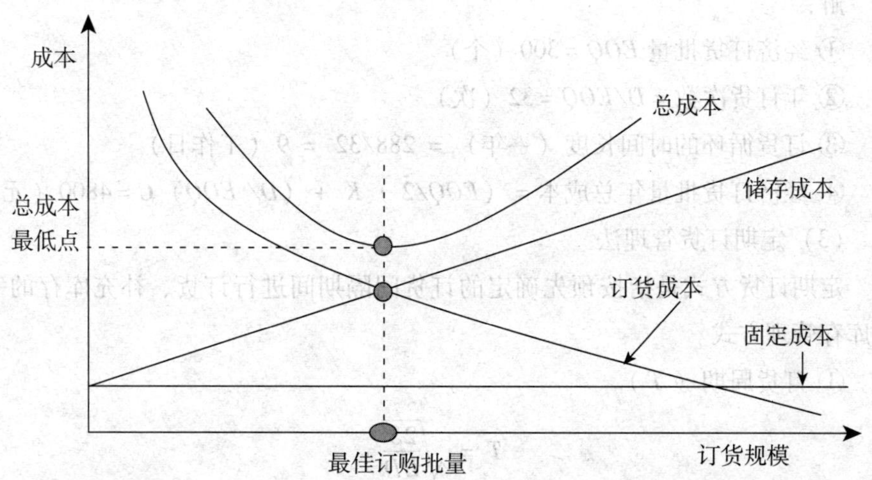

图 7－2 经济批量订购模型图

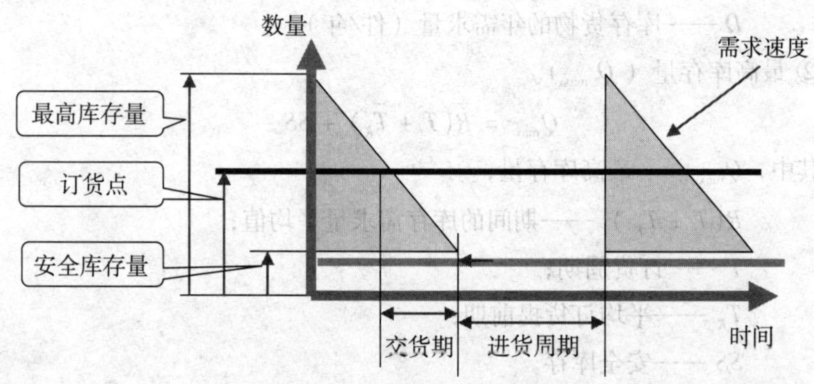

图 7－3 定量库存控制模型

例 2：一家全国性轮胎公司的地区分销商希望每个批次大约售出 9600 个钢带子午线轮胎。年持有成本是每个轮胎 16 元，订货成本是 75 元。分销商每年工作 288 天。

① 经济订货批量是多少？

② 库房每年订货几次？

③ 订货循环的时间长度为多少？

④ 如果以经济订货批量订货，年总成本是多少？

解：

① 经济订货批量 $EOQ=300$（个）

② 年订货次数 $=D/EOQ=32$（次）

③ 订货循环的时间长度（一年） = 288/32 = 9（工作日）

④ 经济订货批量年总成本 = （$EOQ/2$ ）K + （D/EOQ）$C=4800$（元）

（3）定期订货管理法

定期订货方式是指按预先确定的订货间隔期间进行订货、补充库存的一种库存管理方式。

① 订货周期（ T ）。

$$T=\sqrt{\frac{2S}{HD}}$$

其中，S ——单次订货费用（元/次）；

H ——单位货物单位时间的保管费用（元/件・年）；

D ——库存货物的年需求量（件/年）。

② 最高库存量（ Q_{max} ）。

$$Q_{max}=\overline{R}(T+\overline{T}_K)+SS$$

其中，Q_{max} ——最高库存量；

$\overline{R}(T+\overline{T}_K)$ ——期间的库存需求量平均值；

T ——订货周期；

$\overline{T}_K$ ——平均订货提前期；

SS ——安全库存。

③ 订货量（ Q_i ）。

$$Q_i=Q_{max}+Q_{Ni}-Q_{Ki}-Q_{Mi}$$

其中，Q_i ——第 i 次订货的订货量；

Q_{max} ——最高库存量；

Q_{Ni} ——第 i 次订货点的在途到货量；

Q_{Ki} ——第 i 次订货点的实际库存量；

Q_{Mi} ——第 i 次订货点的待出库货数量。

④ 适用范围。

a. 消费金额高、需要实施严格管理的重要货物，如 ABC 分类管理法中的 A 类货物。

b. 需要根据市场的状况和经营方针经常调整生产或采购数量的货物。

c. 需求量变动幅度大，但变动具有周期性，而且可以正确判断其周期的货物。

d. 建筑工程、出口等时间可以确定的货物。

e. 受交易习惯的影响，需要定期采购的货物。

f. 多种商品一起采购可以节省运输费用的。

g. 同一品种货物分散保管、向多家供货商订货、批量订货分期入库等订货、保管和入库不规则的货物。

h. 取得时间很长的货物，定期生产的货物。

i. 制造之前需要人员和物料的准备、只能定期制造的货物等。

⑤ 定期订货法与定量定货法的对比（见表 7-2）。

表 7-2 定期订货法与定量定货法的对比

订货方法名称	定期订货法	定量订货法
订货数量	每次订货数量变化	每次订货数量保持不变
订货时间	订货间隔期不变	订货间隔期变化
库存检查	在订货周期到来时检查库存	随时进行货物库存状况检查和记录
订货成本	较低	较高
订货种类	多品种统一进行订货	每个货物品种单独进行订货作业
订货对象	B 类及 C 类货物	A 类货物，有时 B 类货物亦可采用
缺货	在整个订货间隔内以及提前订货期间内均可能发生缺货	缺货情况只是发生在已经订货但货物还未收到的提前订货期间内

(4)“零库存”管理方式

① 委托保管方式。接受用户的委托，由受托方代存代管所有权属于用户的物资，从而使用户不再保有库存，甚至可不再保有保险储备库存，从而实现零库存。

② 协作分包方式。如美国的“SubCon”方式和日本的“下请”方式。主

要是制造企业的一种产业结构形式，这种结构形式可以以若干分包企业的柔性生产准时供应，使主企业的供应库存为零；同时主企业的集中销售库存使若干分包劳务及销售企业的销售库存为零。

在许多发达国家，制造企业都是以一家规模很大的主企业和数以千百计的小型分包企业组成一个金字塔形结构。主企业主要负责装配和产品开拓市场的指导，分包企业各自分包劳务、分包零部件制造、分包供应和分包销售。例如分包零部件制造的企业，可以采取各种生产形式和库存调节形式，以保证按主企业的生产速率按指定时间送货到主企业，从而使主企业不再设一级库存，达到零库存的目的。

③ 轮动方式。轮动方式也称为同步方式，是在对系统进行周密设计前提下，使各个环节速率完全协调，从而根本取消甚至是工位之间暂时停滞的一种零库存、零储备形式。

④ 准时供应系统。在生产工位之间或在供应与生产之间完全做到轮动，这不仅是一件难度很大的系统工程，而且需要很大的投资，同时有一些产业也不适合采用轮动的方式。

因此，广泛采用比轮动方式有更多灵活性、较容易实现的准时方式。准时方式不是采用类似于传送带的轮动系统，而是依靠有效的衔接和计划达到工位之间、供应与生产之间的协调，从而实现零库存。

7.5 供应链管理中的库存管理策略

7.5.1 供应链中的库存

(1) 供应链

供应链是围绕核心企业，通过对信息流、物流、资金流的控制，从采购原材料开始，制成中间品以及最终产品，最后由销售网络把产品送到消费者手中，并将供应商、制造商、分销商、零售商，直到最终用户连成一个整体的功能网络结构模式（见图 7－4）。

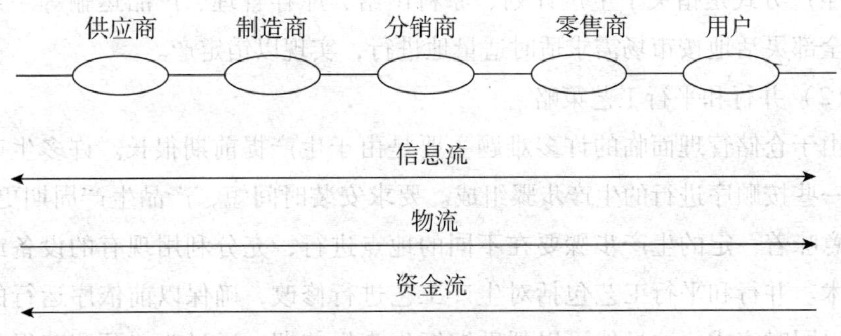

图 7－4 供应链示意图

供应链管理（SCM）是利用计算机网络技术全面规划供应链中的商流、物流、信息流、资金流等，并进行计划、组织、协调与控制。

（2）供应链中的库存

供应链中的库存是指供应链中的原材料、在制品和成品。从供应链的角度来管理库存，使库存管理的目的发生变化，即以物流控制为目的的传统库存管理转变为以过程控制为目的的库存管理。

（3）供应链中库存的作用

① 供应链中库存是因为供给和需求的不匹配。供给和需求的缓冲作用是通过调节库存储备来实现的，库存管理的根本目的是要保证供给和需求的平衡。

② 供应链中库存为了满足计划和需求，这时需要建立预期库存。

③ 供应链中库存是为了有效开发市场，这时需要建立预期库存。

④ 供应链中库存与生产和劳动力的稳定性以及资本设备的有效使用密切相关。

⑤ 供应链中库存还可以通过利用生产和销售过程中的经济规模来减少成本。

7.5.2 供应链库存管理策略

（1）JIT 零库存管理策略

JIT 管理，即“在需要的时候，按需要的多少，得到精确数量的材料和产品”。JIT 生产方式的核心部分就是“拉动式”的供应链思想。所谓“拉动式”生产方式是指关于生产计划、原料供给、库存管理、产品运输等一系列过程全部灵活地按市场需求适时适量地进行，实现以销定产。

（2）并行和平行工艺策略

由于仓储管理面临的许多难题主要是由于生产提前期很长。许多生产工艺由一些按顺序进行的生产步骤组成。要求安装时间短，产品生产周期更短。常常意味着一定的生产步骤要在不同的地点进行，充分利用现有的设备或专有技术。并行和平行工艺包括对生产工艺进行修改，确保以前依序运行的步骤可以同时完成。这显然可以帮助缩短生产提前期，通过改善预测获得降低库存成本、减少安全库存水平以及其他好处。

（3）延迟差异策略

通过设计产品和生产工艺，可以把制造何种产品和差异化的决策延迟到开始进行生产时。使一类或一系列产品延迟区分为专门的产成品，这种方法称为延迟差异策略。要采用这种方法，通常需要对产品具体重新设计。延迟差异可以用来纠正各种总体预测方法，有效地改善最终需求的不确定性，从而降低库存。

（4）VMI 策略

VMI，即供应商管理用户库存。

流通环节中的每一个部门都是各自管理自己的库存，零售商、批发商、供应商都有各自的库存，各个供应链环节都有自己的库存控制策略。供应商管理用户库存是供应商等上游企业基于其下游客户的生产经营、库存信息，对下游客户的库存进行管理与控制。

供应商管理用户库存主要的概念是供货商依据实际销售及安全库存的需求，替客户下订单或补货，而实际销售的需求则是供货商依据由客户提供每日的库存与销售资料并以统计等方式预估而来的，在整个运作上，供货商需具有一套管理的系统来做处理。

（5）联合库存管理

采用分销中心后的销售方式，各个销售商只需要少量的库存，大量的库存由地区分销中心储备，也就是各个销售商把其库存的一部分交给地区分销中心负责，从而减轻了各个销售商的库存压力。分销中心就起到了联合库存管理的功能，分销中心既是一个商品的联合库存中心，同时也是需求信息的交流与传递枢纽（见图 7－5）。

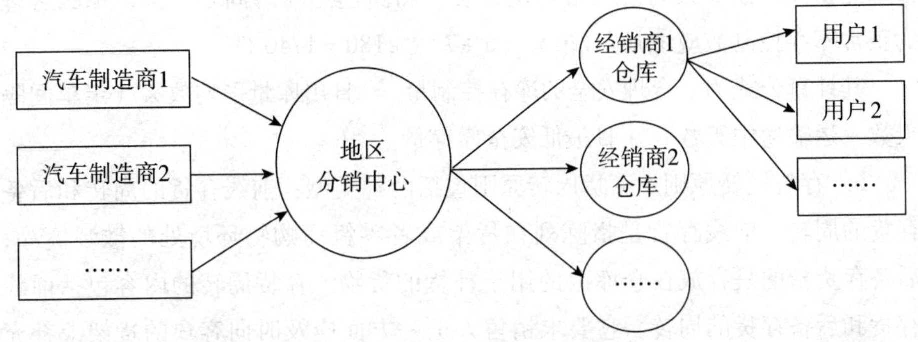

图 7－5 联合库存管理

联合库存管理是解决供应链系统中由于各个节点企业的独立库存运作模式导致的需求放大现象（牛鞭效应），提高供应链的同步化程度的一种有效方法。联合库存管理和供应商库存管理不同，它强调双方同时参与，共同制订库存计划，使供应链中的每个库存管理者对需求的预测保持一致，从而消除了需求变异放大现象。

（6）多级库存管理

对于那些在多个地方拥有上万种商品的企业，当这些商品处于企业分销网络的不同层级时，库存管理的挑战就更为突出了。因为，在这种多层级网络中，新产品出货后首先储存在地区或者中心机构中。这些中心机构是面对客户端的内部供应商。对于零售渠道和大型分销商和制造商而言，这是一种普遍的分销模式。

（7）分销型库存的市场管理策略

单纯地从仓储管理的角度考虑库存控制，无论仓储管理技术和手段多么先进，流程设计如何科学完美，如果货物在分销渠道卖不出去，库存控制将成为空谈。因此，分销渠道的市场策略与方法（市场营销）才是库存控制的最有效的方法。

① 把握分销型库存管理的两个基本原则。

a. 1.5 倍原则。1.5 倍原则是库存管理的主要内容之一，是经过很多公司的销售实践总结出来的安全存货原则，这里的 1.5 倍是指“日最低安全库存量”应是“日平均出库量”的 1.5 倍。

假定某产品每日正常出库量为 120 件，即日最低安全库存量为 180 件，如果经销商习惯 6 天向公司报一次订货，而路途运输时间是 7 天，那么合理的正常库存控制数应该是：120×（6+7）+180=1740 件。

其计算公式为：合理安全的库存控制量 = 日出库量平均数×（定单间隔天数+运输途中天数）+日最低安全库存量。

b. 存货周转原则。存货周转原则包括两种类型：前线存货的周转和后备存货的周转。前线存货是指陈列在货架或者零售商购物环境处的散装商品；后备存货指的是存放在仓库内的用于补货的货物。存货周转的内容包括前线存货和后备存货的周转。它要求销售人员一方面应及时向客户的货架上补充货物，保证货架里面的产品陈列符合生动化标准；另一方面应遵循先进先出的原则进行存货周转，目的是保证客户提供给消费者的产品永远是新鲜的。

② 分销型库存控制的市场方法。很多企业目前都在实行零库存管理方法，但现实往往不以人的意志为转移，仓库里面总是货如堆山，尤其是那些曾经的畅销品牌如今躺在仓库里成为滞销品更是让人颇为无奈。以下为销售公司处理库存的几种有效方法。

a. 单品低价买断。找一些经销商就仓库的某个品种进行底价买断销售。通常来说，仓库的库存产品也曾经是市场上的畅销产品，这个时候虽然滞销在仓库，但只要价格合理，消费者仍然会觉得物有所值。之所以由经销商买断销售主要是为了加快货物及资金周转速度，直接分流工作交由经销商来完成。

经销商拿到这种货后一般有两种操作方式：一是跟着直接降价或变相促销；二是先拉动一下市场，再变相促销掉；既然是处理货，渠道的库存一般不会特别大，再说根据产品的生命周期来说，衰退期的产品是不会对市场格局产生任何影响的，对渠道来说这也是谋求利润的机会。

b. 全部买断。对仓库的所有库存进行底价买断销售，全线打包。有些单个的经销商货物分销能力非常强，也比较喜欢经销一些边缘产品，如果库存不是特别大的时候，把所有库存全部移交给一个经销商去经销，既简化了库存处理方法，又规避了风险；作为买断的经销商来说则可以借此稳赚一笔。这就好像撤除危房一样，有人把它当做累赘，有人却愿意出钱承包去撤除危房。

c. 向三四级市场分流。曾经在一线城市非常畅销的产品因为设计或产品本身的技术落伍已经风光不再，在这些一线城市成为滞销品被压在仓库里，但这些产品在三四级市场却并不显得落伍，有可能还是这些市场领导潮流的产品呢。如果把这些库存拿出一定的政策向三四级市场分流，会有意想不到的收获。有些产品在推出初期都是不针对三四级市场的，或是在一二级市场推广时就已经未能运作成功，这个时候的库存向三四级市场分流就等于给了自己再次操作市场的机会，前期的一些致命错误就会得到改正，所推出的政策自然是符合市场需求的政策了。

d. 储备团购产品销售处理。比如，一些宾馆、招待所在配置彩电，一些网吧在配置电脑时，都是处理相应的库存产品的好渠道。相对来说，大部分的宾馆、招待所都喜欢采购二手货，价格是决定的因素。

e. 作为奖品处理。两种方法：一是作为抽奖奖品，每个市场都有一些难以协调的强制性赞助，这个时候用库存货进行处理就显得较为可行，既满足了对方的要求，又缓解了仓库压力。二是用于渠道激励，对那些做得好的经销商进行一些额外奖励时就可使用仓库的库存货。对渠道来说这是意料之外的奖励，他拿了这些货以后肯定会想办法卖掉，而不是滞留在仓库里，对公司来说，对渠道的激励本来就是应该的。

f. 作为竞争性策略产品处理。为了和竞争对手打价格战，企业里面每年都会不定期拿出一到两款产品进行大力度促销，这个时候库存产品就会优先摆上台面，可作为向竞争对手冲锋陷阵的尖刀。

g. 分品类向 K/A 卖场打特价。大多时候卖场就是这么强势。当然，前期卖不动的货，后期打特价又卖动了货，这在消费者这一块已屡见不鲜，卖场不可能不动心。更何况，前期在消费者心里头树立的高形象，这个时候消费者能够消费得起，自然会促进购买。卖场只要觉得自己的产品最便宜也会拿出来大做宣传，这广告效应对卖场也是颇具吸引力的。

h. 甲地向乙地调货。华南滞销的产品在西南可能还是新产品，合理的调配就能够把库存货变为畅销产品。像这种库存就不是可以通过促销手段能够改变得了的，最好的方式就是甲地向乙地调货。

i. 更换包装。仓库里面搁置久了就算是新货也会变成老货，外型的改观能够追上潮流自然就可以变废为宝。有时候追赶潮流的设计可能不需 3 个月就会变得落伍，当新潮的外观设计产品不小心成为库存时就得想办法更换包装或增加一些引导潮流的东西了，以便能找出新的卖点，成为市场的新宠。

j. 进行再生产。如果所有的方式用尽仍然不能把库存消化完那就只有分拆重新生产，多少还是能够挽回一些损失的。库存消化到这一步也真的是无奈之举了，当然在进行再生产的时候要尽可能利用原来的资源，以增加或削减等手段为主，应尽量避免完全推倒重来。

8 仓储保险

导 读

我国各保险公司目前为物流业提供的传统保险险种主要有三大类，分别是财产保险、货物运输保险、责任和信用保险。财产保险承保的标的物对应于物流系统中的财产，可以包括在线的产品、在库的成品、半成品和原材料（统称为“库存物”），也包括用于在厂内对物料进行生产加工、包装、仓储、搬运的设施和设备。

物流当中涉及财产保险的主要是仓储环节。我国财产保险中的基本险、综合险和一切险的保险费率又分为工业险、仓储险和普通险三类，每一类别又按照财产的种类、占用性质和危险程度，分为不同的档次。每一投保单位原则上适用一个费率，并且针对仓储财产经常变化的特点，专门制定了一定限额的附加投保仓储财产申报条款。

8.1 专业名词解释

8.1.1 企业财产保险

企业财产保险是指以投保人存放在固定地点的财产和物资作为保险标的的一种保险，保险标的的存放地点相对固定，处于相对静止状态。

企业财产保险是我国财产保险业务中的主要险种之一，其适用范围很广，一切工商、建筑、交通、服务企业、国家机关、社会团体等均可投保企业财产保险，即对一切独立核算的法人单位均适用。

8.1.2 仓储险

仓储险属于企业财产险的范畴。我国财产保险分为基本险、综合险和一切险。其保险费率分为工业险、仓储险和普通险三类，每一类别又按照财产的种类、占用性质和危险程度，分为不同的档次。每一投保单位原则上适用一个费率，并且针对仓储财产经常变化的特点，专门制定了一定限额的附加投保仓储财产申报条款。

8.2 企业财产

企业财产的分类

企业财产按是否可保的标准可以分为三类，即可保财产、特约可保财产和不保财产。

（1）可保财产

可保财产按企业财产项目类别包括房屋、建筑物及附属装修设备，机器及设备，工具、仪器及生产用具，交通运输工具及设备，管理用具及低值易耗品，原材料、半成品、在产品、产成品或库存商品、特种储备商品，建造中的房屋、建筑物和建筑材料，账外或已摊销的财产，代保管财产等。

（2）特约可保财产

特约可保财产（简称特保财产）是指经保险双方特别约定后，在保险单中载明的保险财产。特保财产又分为“不提高费率的特保财产”和“需要提高费率的特保财产”。

① 不提高费率的特保财产：是指市场价格变化较大或无固定价格的财产，如金、银、珠宝、玉器、首饰、古玩、古画、邮票、艺术品、稀有金属和其他珍贵财物；堤堰、水闸、铁路、涵洞、桥梁、码头等。

② 需要提高费率的特保财产：一般包括矿井、矿坑的地下建筑物、设备和矿下物资等。

（3）不保财产

不保财产包括土地、矿藏、矿井、矿坑、森林、水产资源以及未经收割或收割后尚未入库的农作物；货币、票证、有价证券、文件、账册、图表、技术资料以及无法鉴定价值的财产；违章建筑、危险建筑、非法占用的财产；在运输过程中的物资等。

8.3 企业财产保险险别（种）

以下内容以“人保”企业财产险为例。

8.3.1 财产保险综合险

（1）财产保险综合险

任何属于被保险人所有或与他人共有而由被保险人负责的财产、由被保险人经营管理或替他人保管的财产、其他具有法律上承认的与被保险人有经济利害关系的财产都可在保险标的范围内。投保金银珠宝等珍贵物品须事先与人保财险公司进行特别约定，但有价证券等不在本保险范围内。在本保险项下，人保财险对火灾、爆炸、雷击、暴雨等原因造成保险财产的损失承担赔偿责任，但对由于地震、被保险人故意行为等原因造成保险财产的损失不承担赔偿责任。被保险人需履行一定的义务，这是人保财险承担赔偿责任的前提条件。在投保了财产险综合险的基础上，可与人保财险协商加批若干附加条款。

（2）保险标的范围

① 属于保险标的范围以内的财产。

a. 属于被保险人所有或与他人共有而由被保险人负责的财产。

b. 由被保险人经营管理或替他人保管的财产。

c. 其他具有法律上承认的与被保险人有经济利害关系的财产。

② 可特别约定标的范围的财产。下列财产非经被保险人与保险人特别约定，并在保险单上载明，不在保险标的范围以内：

a. 金、银、珠宝、钻石、玉器、首饰、古币、古玩、古书、古画、邮票、艺术品、稀有金属等珍贵财物。

b. 堤堰、水闸、铁路、道路、涵洞、桥梁、码头。

c. 矿井、矿坑内的设备和物资。

③ 不在保险标的范围以内的财产。

a. 土地、矿藏、矿井、矿坑、森林、水产资源以及未经收割或收割后尚未入库的农作物。

b. 货币、票证、有价证券、文件、账册、图表、技术资料、电脑资料、枪支弹药以及无法鉴定价值的财产。

c. 违章建筑、危险建筑、非法占用的财产。

d. 在运输过程中的物资。

e. 领取执照并正常运行的机动车。

f. 牲畜、禽类和其他饲养动物。

(3) 保险责任

① 由于下列原因造成保险标的的损失，保险人依照本条款约定负责赔偿。

a. 火灾、爆炸。

b. 雷击、暴雨、洪水、台风、暴风、龙卷风、雪灾、雹灾、冰凌、泥石流、崖崩、突发性滑坡、地面突然塌陷。

c. 飞行物体及其他空中运行物体坠落。

② 保险标的的下列损失，保险人也负责赔偿。

a. 被保险人拥有财产所有权的自用的供电、供水、供气设备因保险事故遭受损坏，引起停电、停水、停气以致造成保险标的直接损失。

b. 在发生保险事故时，为抢救保险标的或防止灾害蔓延，采取合理的必要的措施而造成保险标的的损失。

③ 保险事故发生后，被保险人为防止或者减少保险标的的损失所支付的必要的、合理的费用，由保险人承担。

(4) 责任免除

① 由于下列原因造成保险标的的损失，保险人不负责赔偿。

a. 战争、敌对行为、军事行动、武装冲突、罢工、暴动。

b. 被保险人及其代表的故意行为或纵容所致。

c. 核反应、核子辐射和放射性污染。

② 保险人对下列损失也不负责赔偿。

a. 保险标的遭受保险事故引起的各种间接损失。

b. 地震所造成的一切损失。

c. 保险标的的本身缺陷、保管不善导致的损毁；保险标的的变质、霉烂、受潮、虫咬、自然磨损、自然损耗、自燃、烘焙所造成的损失。

d. 堆放在露天或罩棚下的保险标的以及罩棚，由于暴风、暴雨造成的损失。

e. 由于行政行为或执法行为所致的损失。

③ 其他不属于保险责任范围内的损失和费用。

（5）保险金额与保险价值

① 固定资产的保险金额。由被保险人按照账面原值或原值加成数确定，也可按照当时重置价值或其他方式确定。固定资产的保险价值是出险时重置价值。

② 流动资产（存货）的保险金额。由被保险人按最近 12 个月任意月份的账面余额确定或由被保险人自行确定。流动资产的保险价值是出险时的账面余额。

③ 账外财产和代保管财产可以由被保险人自行估价或按重置价值确定。账外财产和代保管财产的保险价值是出险时重置价值或账面余额。

（6）赔偿处理

保险标的发生保险责任范围内的损失，保险人按照保险金额与保险价值的比例承担赔偿责任，按以下方式计算赔偿金额：

① 全部损失。保险金额等于或高于保险价值时，其赔偿金额以不超过保险价值为限；保险金额低于保险价值时，按保险金额赔偿。

② 部分损失。保险金额等于或高于保险价值时，其赔偿金额按实际损失计算；保险金额低于保险价值时，其赔偿金额按保险金额与保险价值比例计算。

③ 若本保险单所载财产不止一项时，应分项按照本条款规定处理。

④ 发生保险事故时，被保险人所支付的必要、合理的施救费用的赔偿金额在保险标的损失以外另行计算，最高不超过保险金额的数额。若受损保险标的按比例赔偿时，则该项费用也按与财产损失赔款相同的比例赔偿。

⑤ 保险标的遭受损失后的残余部分，协议作价折归被保险人，在赔款中，作价折归被保险人的金额按第十四条所定比例扣除。

⑥ 被保险人向保险人申请赔偿时，应当提供保险单、财产损失清单、技

术鉴定证明、事故报告书、救护费用发票以及必要的账簿、单据和有关部门的证明，各项单证、证明必须真实、可靠，不得有任何欺诈。被保险人欺诈行为给保险人造成损失的，应当承担赔偿责任。保险人收到单证后应当迅速审定、核实。

⑦ 因第三者对保险标的的损害而造成保险事故的，保险人自向被保险人赔偿保险金之日起，在赔偿金额范围内代位行使被保险人对第三者请求赔偿的权利。

⑧ 保险标的遭受部分损失经保险人赔偿后，其保险金额应相应减少、被保险人需恢复保险金额时，应补交保险费，由保险人出具批单批注。保险当事人均可依法终止合同。

⑨ 若本保险单所保财产存在重复保险时，保险人仅负按照比例分摊损失的责任。

8.3.2 财产一切险

(1) 财产一切险

财产一切险的保险财产及费用一般可包括建筑物（包括装修）、机器设备、办公用品、仓储物品、清除残骸费用、灭火费用等。财产一切险的保障程度比较宽。被保险人遵守保险单中的各项约定，是人保财险公司承担赔偿责任的先决条件。在投保了财产一切险的基础上，经与人保财险公司协商一致，可由人保财险公司加批若干附加条款，以增加对被保险人的保障程度。

(2) 标的范围

保险财产指在本保险单明细表中列明的财产及费用。经被保险人特别申请，并经保险人书面同意。

① 下列物品及费用经专业人员或公估部门鉴定并确定价值后，亦可作为保险财产。

a. 金、银、珠宝、钻石、玉器。

b. 古玩、古币、古书、古画。

c. 艺术作品、邮票。

d. 建筑物上的广告、天线、霓虹灯、太阳能装置等。

e. 计算机资料及其制作、复制费用。

② 下列物品一律不得作为保险财产。

a. 枪支弹药、爆炸物品。

b. 现钞、有价证券、票据、文件、档案、账册、图纸。

c. 动物、植物、农作物。

d. 便携式通信装置、电脑设备、照相摄像器材及其他贵重物品。

e. 用于公共交通的车辆。

(3) 责任范围

① 保险人按照保险单的规定负责赔偿，在本保险期限内，若本保险单明细表中列明的被保险财产因自然灾害或意外事故造成的直接物质损坏或灭失(以下简称“损失”)，保险人按照本保险单的规定负责赔偿。

自然灾害指雷电、飓风、台风、龙卷风、风暴、暴雨、洪水、水灾、冻灾、冰雹、地崩、山崩、雪崩、火山爆发、地面下陷、下沉及其他人类不可抗拒的破坏力强大的自然现象。

意外事故指不可预料的以及被保险人无法控制并造成物质损失的突发性事件，包括火灾和爆炸。

② 保险人对下列各项不负责赔偿。

a. 设计错误、原材料缺陷或工艺不善引起的损失和费用。

b. 自然磨损、内在或潜在缺陷、物质本身变化、自燃、自热、氧化、锈蚀、渗漏、鼠咬、虫蛀、大气（气候或气温）变化、正常水位变化或其他渐变原因造成的损失和费用。

c. 非外力引起机械或电气装置本身的损坏。

d. 锅炉及压力容器爆炸引起其本身的损失。

e. 被保险人及其雇员的操作过失造成机械或电气设备损失。

f. 盘点时发现的短缺。

g. 贬值、丧失市场或使用价值等其他后果损失。

h. 存放在露天或使用芦席、蓬布、茅草、油毛毡、塑料膜或尼龙布等作罩棚或覆盖的保险财产因遭受风、霜、严寒、雨、雪、洪水、冰雹、尘土引起的损失。

i. 地震、海啸引起的损失和费用。

j. 固定在建筑物上的玻璃破碎。

k. 被保险人及其代表的故意行为或重大过失引起的任何损失、费用和责任，以及被保险人的亲友或雇员的偷窃。

l. 公共供电、供气及其他公共能源的中断引起的损失、但自然灾害或意外事故引起的中断不在此限制之内。

m. 战争、类似战争行为、敌对行为、武装冲突、恐怖活动、谋反、政变、罢工、暴动、民众骚乱引起的损失、费用和责任。

n. 政府命令或任何公共当局的没收、征用、销毁或毁坏。

o. 核裂变、核聚变、核武器、核材料、核幅射以及放射性污染引起的任何损失和费用。

p. 大气、土地、水污染及其他各种污染引起的任何损失、费用和责任；但不包括由于自然灾害或意外事故造成污染引起的损失。

q. 保险单明细表或有关条款中规定的应由被保险人自行负担的免赔额。

（4）赔偿处理

① 如果发生本保险责任范围内的损失，保险人选择下列方式赔偿。

a. 按受损财产的价值赔偿。

b. 赔付受损财产基本恢复原状的修理、修复费用。

c. 修理、恢复受损财产，使之达到与同类财产基本一致的状况。

② 受损财产的赔偿损失按当时的市价计算。市价低于保险金额时，赔偿按市价计算；市价高于保险金额时，赔偿按保险金额与市价的比例计算。如本保险所载项目不止一项时，赔款按本规定逐项计算。

③ 保险项目发生损失后，如保险人按全部损失赔付，其残值应在赔款中扣除，保险人有权不接受被保险人对受损财产的委付。

④ 任何属于成对或成套的项目，若发生损失，保险人的赔偿责任不超过该受损项目在所属整对或整套项目的保险金额中所占的比例。

⑤ 发生损失后，被保险人为减少损失而采取必要措施所产生的合理费用，保险人可予以赔偿，但本项费用与物质损失赔偿金额之和以受损的被保险财产的保险金额为限。

⑥ 保险人赔偿损失后，由保险人出具批单将保险金额从损失发生之日起相应减少，并且不退还保险金额减少部分的保险费。如被保险人要求恢复至原保险金额，应按约定的保险费率加缴恢复部分从损失发生之日起至保险期

限终止之日止按日比例计算的保险费。

⑦ 被保险人的索赔期限，从损失发生之日起，不得超过一年。

8.3.3 财产基本险、综合险和一切险的区别

财产基本险、财产综合险和财产一切险主要有以下区别：

（1）责任范围不同。财产基本险的保险责任范围最小，但保险费率相对较低，财产一切险的保险责任范围最大但保险费率较高，而财产综合险的保险责任范围与保险费率均处于前两者之间。综合险采用列明式风险，即保险单将保单所承保的保险责任须一一列明，只有在保险条款中列明的风险，保险公司才负责赔偿；一切险采用除外式风险，即风险只要不是在保单的除外条款中，保险公司都负责赔偿。总体而言，一切险条款的承保范围要广于综合险。

（2）承保范围不同。财产一切险的保障程度比财产保险综合险宽。

（3）费率不同。

8.4 企业财产保险的费率

（1）基本险与综合险费率

财产基本险和财产综合险的保险费率分为工业险、仓储险和普通险三类，每一类别又按照财产的种类、占用性质和危险程度，分为不同的档次。每一投保单位原则上适用一个费率。如果企业选择投保部分财产，其费率应根据其占用性质和危险程度确定，但如果部分保险财产与其他财产在同一处所，则所确定的费率应不低于该行业适用的费率；在单独一个处所的，按最高危险程度确定费率。

由于企业财产保险业务的保险期限通常为一年，则我国采用的企业财产保险业务的保险费率均按保险期限为一年，保险金额以千元计算。财产保险年费率又分为基本险和综合险两种，综合险年费率又分为费率 1 和费率 2，前者适用于华东、中南、西南地区，后者适用于华北、东北、西北地区。

凡储存大宗物资的仓库、露堆、罩棚、油槽、储气柜、地窖、趸船等，都适用仓储险费率。根据仓储商品和物资的性质以及危险程度，仓储险费率

可分为四个级：一般物资、危险品、特别危险品和金属材料、粮食专储（见表8－1）。

表8－1　　仓储类企业财产基本险、综合险的费率表

货物性质	基本险年费率（‰）	综合险年费率（‰）	
		费率1	费率2
一般物质	0.60	1.50	1.00
危险品	1.50	3.00	2.00
特别危险品	3.00	5.00	4.00
金属材料、粮食专储	0.35	1.00	0.50

（2）一切险费率

财产一切险的费率也分为工业类、仓储类和普通类三大类（见表8－2）。工业类根据投保单位的生产性质及主要产品又进一步分成6个等级。

① 附加风险费率。

a. 财产一切险附加机器损失险，视危险程度，可在原费率上增加10%加保。如在保额中机器设备占大部分，应按相应的机器损坏险费率的30%加收保费。

b. 财产一切险附加《恢复基础赔偿条款》、在原费率上增加10%。

c. 财产一切险附加《扩展罢工、暴动、民众骚动、恶意破坏损坏条款》，在原费率上增加10%。

d. 除上述之外的各种附加保险，应视条款规定及具体情况酌定是否加费。

② 免赔额。财产一切险必须规定免赔额。如就整体而言，每次事故免赔额折合美金可在1000～10000，免赔额可在5%～10%，具体视费率高低，风险程度及客户的情况而定。如有贵重财产或机器设备，也可针对每项标的物规定各自合理的免赔额。免赔额的高低应与客户协商制定。

③ 说明。

a. 保险财产占用的主要建筑物，如果是钢筋混凝土结构的优等建筑，或对投保金额特别大，历年损失较少，有自动喷淋及先进的消防设施的单位，可给5%～10%的优待折扣。

b. 在保单所载明的财产险保险期限内，若没有发生损失赔偿，续保时可

在原费率的基础上给予投保人10% ~15%的费率优惠。若年赔付率不超过30%时，可酌情考虑退还保费的3% ~5%。

表8-2 企业财产一切险费率表

类别	名称	费率（‰）
工业类	第一级工业	5
	第二级工业	6
	第三级工业	6.5
	第四级工业	8
	第五级工业	不保
	第六级工业	不保
仓储类	一般物资（不准有危险品和特别危险品）	5
	危险品	不保
	特别危险品	不保
	金属专储	5
	石油专储	
普通类	办公楼、住宅、公寓	4
	医院、展览馆、商店、娱乐场所	5
	旅馆、餐馆、酒店	4.5

8.5 一切险不等于“一切损失都由保险公司承担”

一些企业在选择投保时往往对这三个险种并不十分清楚，尤其是有些企业一直以为：“只要投保了财产一切险，那么什么损失就都应当由保险公司承担”。这是企业投保的一个误区。

(1) 一切险含有“除外责任”

从财产一切险的保险责任来看，虽然保险责任范围较大，但还是列明了一些除外责任。

如设计错误、原材料缺陷或工艺不善引起的损失和费用；自然磨损、内在或潜在缺陷、物质本身变化造成的损失和费用；存放在露天、罩棚或覆盖的保险财产因遭受风、霜、严寒、雨、雪、洪水、冰雹、尘土引起的损失；地震、海啸引起损失和费用；被保险人及其代表的故意行为或重大过失引起的任何损失；公共供电、供水、供气及其他公共能源的中断引起的损失；战争、类似战争行为等引起的损失、费用和责任；政府命令或任何公共当局的没收、征用、销毁或毁坏引起的损失；核裂变、核聚变、核武器、核材料、核辐射以及放射性污染引起的任何损失和费用；大气、土地、水污染及其他各种污染引起的任何损失等。以上列明的都是财产一切险的除外责任，也就是说，因上述除外责任造成的保险财产损失，保险人是不需要赔偿的。

比如，某企业通过走私进口了一套800万元的设备，并在企业投保了财产一切险时将设备一起投了保，后来公安机关破获走私案，将这套设备没收处理，被保险人向保险公司索赔，保险公司将会依据财产一切险的除外责任予以拒赔处理。

（2）一切险只能针对企业投保的财产损失按保险合同进行赔偿

企业在经营过程中不仅要面对财产损失的风险，同时还存在因发生意外事故造成停工停产期间的利润损失、员工在工作期间发生意外所需承担的雇主责任、企业存放的现金发生的被窃损失、产品责任风险、公众责任风险、雇员的不忠诚行为造成的损失等各类风险造成损失的可能性，而这些都是分别由其他险种加以承保的，即使企业投保了财产一切险，这些损失也是不能由保险公司来进行赔偿的。

比如，九江大桥坍塌事故，不仅造成了桥梁本身的财产损失，同时也造成大桥修复期间因大桥无法运营而带来的经营损失。虽然事前大桥的业主投保了财产一切险，但却并没有为大桥投保“利润损失险”，因此，保险公司是不能赔付的，这也就意味着九江大桥修复期间因中断经营的××××万元的过桥费损失要由业主自己承担。

（3）主要对企业可保财产进行承保

财产基本险、综合险与一切险主要是对企业的可保财产进行承保，保险公司只在保险责任范围内对这些财产因保险事故造成的直接损失进行赔偿。

但保险公司对于一些“间接损失如利润损失、各种责任损失”等均不能由财产一切险来赔偿。投保了财产一切险，并不意味着保险公司要对企业所有的损失都要承担责任。

在投保问题上，企业还是应当通过对自身存在的风险进行准确分析与评估，选择最适宜的险种进行投保。一切险的保障虽然会大些，但保费也较高，因此，这需要综合考量。

9　仓储成本、计费及绩效评价

导　读

2008 年，我国社会保管总费用为 18928 亿元，占社会物流总费用 54542 亿元的比例为 34.7%，这说明仓储业在物流业总的成本结构中占据着较大比例，仓储在物流业的重要地位不言而喻。

仓储与运输是构成物流的两大核心要素，也是构成物流成本的两大主要组成部分。因此，仓储成本是构成物流成本的重要内容，仓储成本核算是仓储企业经济核算的重要内容，仓储成本分析又是进行仓储企业绩效评价的重要手段。

做好仓储成本控制、合理计费和企业绩效评价，对于仓储企业加强现代化仓储管理，促进仓储企业的市场竞争力，提升仓储企业（或企业仓储管理部门）的经济效益都具有重要的现实意义。

9.1　专业名词解释

9.1.1　仓储成本

仓储成本是指仓储企业在储存物品过程中，包括装卸搬运、存储保管、货物分拣、流通加工、收发物品等各项环节和建造、购置仓库等设施和设备所消耗的人力、物力、财力及风险成本的总和。

9.1.2　仓储费

仓储费是仓储业为客户提供仓储服务而收取的费用。仓储费 = 仓储成本 + 仓储利润。

9.2　仓储成本分析

9.2.1　仓储成本分析的意义

仓储成本是物流成本的重要组成部分，对物流成本的高低有直接影响。仓储成本分析对于仓储及物流企业来说意义重大。

（1）为企业制订仓储经营管理计划提供依据

仓储经营管理计划是仓储企业为适应经营环境变化，通过决策程序和方案选择，对仓储经营活动的内容、方法和步骤明确化、具体化的设想和安排。在制订经营管理计划时，必须考虑自身的经营能力，仓储成本正是仓储经营能力的重要指标，因此通过仓储成本的分析，能帮助企业对不同经营方案进行比较，选择成本最低、收益最大的方案制订经营计划，开展经营。

（2）为仓储服务产品定价提供依据

仓储企业的根本目的依然是追求利润最大化。仓储企业在为社会提供仓储产品（服务）时，需要有明确的产品价格，即仓储费。从长远看，只有保证仓储费高于仓储成本，才能保证仓储企业的生存与发展。因此，仓储成本是仓储费制订的主要依据。

（3）有利于加速仓储企业的现代化建设

仓储成本分析有利于推动仓储技术革新，充分挖掘仓库的潜力，为仓储设施设备改造提供依据。仓储企业要提高仓储能力和仓储效率必然要进行技术革新，改造设施和设备，但是设施设备的投入必须获得相应的产出回报，这必须在准确的成本核算和预测的基础上才能提供保证。

（4）为仓储企业的劳动管理提供依据

劳动力成本本身就是仓储成本的重要组成部分，但是劳动力成本与其他成本之间可能存在着替代关系，也可能有互补关系，因而确定劳动量使用的决定性因素是收益，以能够获得总成本最低或者总收入增加为原则确定劳动力的使用量。同时，成本因素也是劳动考核、岗位设置的依据和决定劳动报酬的参考依据。

9.2.2 仓储成本的具体构成项目

与库存成本不同，货物的仓储成本主要是指货物保管的各种支出，其中一部分为仓储设施和设备的投资，另一部分则为仓储保管作业中的活劳动或者物化劳动的消耗，主要包括工资和能源消耗等。根据货物在保管过程中的支出，仓储成本由以下具体费用项目构成。

（1）保管费

为存储货物所开支的货物养护、保管等费用，它包括用于货物保管的货架、货柜的费用开支，仓库场地的房地产税等。

（2）仓库管理人员的工资和福利费

仓库管理人员的工资一般包括固定工资、奖金和各种生活补贴。福利费可按标准提取，一般包括住房公基金、医疗以及退休养老支出等。

（3）折旧费或租赁费

仓储企业有的是以自己拥有所有权的仓库以及设备对外承接仓储业务，有的是以向社会承包租赁的仓库及设备对外承接业务。自营仓库的固定资产每年需要提取折旧费，对外承包租赁的固定资产每年需要支付租赁费。

仓储费或租赁费是仓储企业的一项重要的固定成本，也构成了仓储企业的成本之一。对仓库固定资产按折旧期分年提取，主要包括库房、堆场等基础设施的折旧和机械设备的折旧等。

（4）修理费

修理费主要用于设备、设施和运输工具的定期大修理，每年可以按设备、设施和运输工具投资额的一定比率提取。

（5）装卸搬运费

装卸搬运费是指货物入库、堆码和出库等环节发生的装卸搬运费用，包括搬运设备的运行费用和搬运工人的成本。

（6）管理费用

管理费用指仓储企业或部门为管理仓储活动或开展仓储业务而发生的各种间接费用，主要包括仓库设备的保险费、办公费、人员培训费、差旅费、招待费、营销费、水电费等。

（7）仓储损失

这是指保管过程中货物损坏而需要仓储企业赔付的费用。造成货物损失的原因一般包括仓库本身的保管条件，管理人员的人为因素，货物本身的物理或化学性能，搬运过程中的机械损坏等。在实际中，应根据具体情况，按照企业的制度标准，分清责任合理计入成本。

9.3 生产型和销售型企业仓储成本的构成

9.3.1 仓储持有成本

（1）仓储持有成本

是指持有一定的库存所产生的成本。仓储持有成本的组成：

① 固定成本。设备折旧、维护，工人工资等。与仓储数量没有直接关系。

② 变动成本。与仓储数量相关的成本。变动成本包括：

a. 资金占有成本。仓储物资所占用的资金如果投资其他赢利项目，会给企业带来一定的赢利，所以也叫做机会成本。通常指占用资金所支付的银行利息。

b. 仓储维护成本。当租用其他企业的仓库时，有关仓储维护成本和数量直接相关。

c. 仓储运作成本。与仓储相关的装卸搬运等活动的机械和人工成本。

d. 仓储风险成本。仓储过程中可能发生的丢失、破损、变质、贬值等。

（2）仓储持有成本的计算项目

① 固定成本的计算项目。主要包括租赁费、取暖费、照明费、设备折旧费、保险费用和税金等。

② 单一库存商品变动成本的计算包括：

a. 确定库存商品的成本。

b. 估算每一项仓储成本占库存商品的比例。

c. 用全部存储成本占库存商品价值的比例乘以商品价值，得出保管一定数量商品的年库存成本。

③ 仓储持有成本与仓储水平的关系。同向变化关系。

9.3.2 订货成本或生产准备成本

(1) 订货成本

订货成本是指取得订单的成本。

① 订货的固定成本。与订货次数无关，如常设采购机构的基本开支。

② 订货的变动成本。与订货次数有关，如差旅费等。

具体包括检查存货费用、编制并提出订货申请费用，选择供应商的费用、填制订单费用、填写并核对收货单费用、验货费、筹集并支付货款。

(2) 生产准备成本

生产准备成本是指一批产品投产前需花费的准备成本。

① 固定部分。如调整机器设备，准备工卡模具等项工作面发生的成本，这类成本是固定的，不以每批产量的多少为转移。

② 变动部分。材料费、加工费、人工费等。

9.3.3 缺货成本

缺货成本是指失去销售机会带来的损失、信誉损失及影响生产造成的损失，导致缺货成本的产生有如下原因。

① 持有存货，可以缩短顾客等待供应的时间。在存货是标准化产品时，可以做到随到随买。由于需求预测很难完全精确，所以公司额外持有的存货，可以满足没有预见到的需求。顾客不愿意因为产品延期交付而等待，并且通常不能容忍违约而推迟交货。

② 在没有现成的存货时，顾客可以改变需求，也可以向公司的竞争者采购该项物料。作为结果，公司会因而失去这次销售机会，也同时失去了赚钱的机会。

③ 有时候，顾客会因为不满意，而从此不再与该公司有业务往来。这种由于失去商业信誉而引起的损害是非常可观的。

缺货成本由于商誉损失的不确定性而难于估计。由于缺货通常都是在一批存货告紧，而另一批存货尚未补充到位时发生。因此，批量增大，年度存货的补充次数因而减少，缺货的概率也会因而减小。

9.3.4 在途库存持有成本

这是指已经采购但是还没有入库的商品所占据的资金、保险费用。如果卖方承担运输，那么在商品运达买方之前，物权仍然属于卖方，所以算作是卖方的在途库存，而如果买方自运，则属于买方的在途库存。

9.4 专业的仓储企业仓储成本的构成

专业的仓储企业仓储成本构成包括：折旧费；职工薪酬；修理费；保管费；货物搬运费；流通加工费；电力、燃料费；货物仓储保险费；资金利息；营销费；外协费；营业税金。

9.5 仓储经营与服务定价

9.5.1 仓储经营方法

(1) 保管仓储

保管仓储是指保管人储存存货人交付的仓储物，存货人支付仓储费的一种仓储经营方法。保管仓储具有以下特点：保管对象是特定物；原物返还，所有权不转移；收入主要来自仓储费；仓储过程由保管人操作。

(2) 混藏仓储

混藏仓储是指存货人将一定品质、数量的种类物交付保管人储藏，而在储存保管期限届满时，保管人只需以相同种类、相同品质、相同数量的替代物返还的一种仓储经营方法。

其具有以下特点：保管对象是种类物；替代物返还，所有权不转移；收入主要来自仓储费；仓储过程由保管人操作。

(3) 消费仓储

消费仓储是指存货人不仅将一定数量、品质的种类物交付仓储管理人储存保管，而且与保管人相互约定，将储存物的所有权也转移给保管人，在合同期届满时，保管人以相同种类、相同品质、相同数量替代品返还的一种仓储方法。其特点为：保管对象是种类物品；替代物返还，所有权随交付转移；收入主要来自对仓储物的消费；仓储过程由保管人操作。

（4）仓库租赁经营

仓库租赁经营是通过出租仓库、场地，出租仓库设备，由存货人自行保管货物的仓库经营方式。其特点为：存货人自行保管货物；收入来自于租金；设备维修有仓储保管人负责。

（5）仓储多种经营

仓储多种经营是指仓储企业为了实现经营目标，采用多种经营的经营方式。如在开展仓储业务的同时，还开展运输中介、商品交易、配载与配送、仓储增值服务等。

① 仓储增值服务包括：托盘化；包装；贴标签；产品配套、组装、简单的加工生产、退货和调换服务订货决策支持。

② 运输中介。运输中介即运输服务中间商，他们通常不拥有运输设备，但向其他厂商提供间接服务。他们的职能类似营销渠道中的批发商。他们从各种托运人手中汇集一定数量的货源，然后购买运输。

a. 货运代理人。货运代理人是以赢利为目的，他们把来自各种顾客手中的小批量装运整合成大批量装载，然后利用专业承运人进行运输。

b. 经纪人。经纪人实际上是运输代办，以收取服务费为目的。

9.5.2 仓储服务计费

（1）仓储服务定价方法

① 平均成本定价。平均成本定价是以某时期内每单位仓储物分摊仓储总成本为基础，再加上一定的成本利润率而确定的仓储费率。仓储总成本指的是一定时期的固定资产折旧、资本占用费用（银行利息）、能源消耗费用、工资、管理费用、仓储经营的损耗、保险费、税费等构成。平均成本定价计算公式为：

$$\text{单位仓储成本} = \frac{\text{仓储总成本（元）}}{\text{库存总量（吨·天）}}$$

$$\text{仓储服务收费单价} = \text{单位仓储成本} \times （1 + \text{利润率}）$$

其中，如果库存总量采用吨·天计算单位仓储日成本，据此确定的仓储服务收费单价为日价；如果采用吨·月计算，就是月价。具体定价可视货物存期长短而定。

例：某火车南站附近一独立经营仓库，去年普通货物的仓储单位收费为16元/吨·天，根据对第2年储运市场的调研和预测，短途搬运费会上涨20%，燃料油费有上浮的趋势。经预测计算，计划期的单位仓储成本为17.1元/吨·天，仓储业社会平均利润率17%不变。计算第2年的收费单价如下：

仓储收费单价=17.1×（1+17%）≈20元/吨·天

② 分级定价。分级定价是一种按仓储货物的所需的条件、作业难易程度、货物价值、存期长短等进行分级而进行的定价。

通过合理的分级，将仓储成本高的货物划为一类并定价较，仓储成本低的货物划为一类并采用较低的定价，以使价格更加合理。

由于货物种类繁多，价格分级应适当简化，一般采用五级制、十级制等方法，专业型大宗货库也可直接采用这种方式定价。

③ 分类定价。分类定价是一种按仓储货物类别而进行的定价。仓储货物可按不同的储存保管设施条件、不同的劳动投入和不同价值等分类。

（2）其他服务价格

除了仓储保管费以外，仓储费还包括因仓库提供其他劳务而产生的费用。如，进出仓库的装卸费、搬运费、翻桩倒垛费、加工费、包装费、重型机械费等。

这些费用可一次一结，也可直接打入到仓储保管费中去。这要视存货人与保管人合同中的事先约定而定。

（3）仓储服务计费规定

① 仓储费的价格以“元/吨·天”为业务量基本计量单位，即每吨货物储存一天的收费为多少元。起点为1吨·天，不足1吨·天的按1吨·天计算。

② 计费吨可分为重量吨和体积吨，1重量吨为1000千克。体积吨是体积折算的吨位，1立方米为1体积吨。货物计算时，对重量吨和体积吨折大计算。即1000千克的货物的体积小于1立方米，按重量吨计费。若1000千克的货物的体积大于1立方米，为轻泡货，按体积吨计算。

③ 对于不可叠堆的货物，以占用仓库的面积计费。面积计费即可按仓库

地面负荷折算成吨位计费，也可以用“天·平方米”或“月·平方米”作为计费单位。

④ 以仓位出租开展仓储经营的企业，租赁价格通常以“月·平方米”或“年·平方米”作为计费单位。

9.5.3 仓储税费

按照《营业税暂行条例》的规定：仓储费是仓储业为客户提供仓储劳务而收取的费用，仓储业属于营业税的税目范围，收取的仓储费理应缴纳营业税。

仓储属于服务业，按照5%交纳营业税，加上城建费等合在一起为5.55%。

9.6 仓储企业绩效评价

仓储企业的各项生产经营活动与其经济效益有着密切的联系，所以，仓储绩效评价的各项技术经济考核指标是其经营成果的集中体现，是衡量仓储企业管理水平高低的尺度，是考核仓储企业各项工作的重要手段。

9.6.1 建立仓储企业绩效评价体系的原则

（1）系统性原则

仓储企业须针对内外的各种情况都设立相应的指标，系统科学地反映仓储企业的全貌，达到对企业整体的科学评价。

（2）层次性、全方位原则

指标应分出评价层次，在每一层次的指标选取中应突出重点，要对关键的绩效指标进行重点分析。同时，还要综合运用上级考核、同级评价、下级评价等多种形式。

（3）责权利相结合的原则

评价的目的是改进管理，不能为评价而评价，为奖惩而奖惩，为升迁而升迁。多大权利就应负多大的责任，要区分责任的归属，确定是否当事人责权范围内，并且是否为当事人可控事项，应体现公平与合理。

（4）制度化、标准化原则

建立科学合理的绩效评价制度，就要明确评价的原则、程序、方法、内容标准，将正式评价与非正式评价相结合，评价和考核的内容、核算的指标标准要规范，避免太多人为的因素对评价结果的干扰。

（5）目标与激励原则

绩效考核与评价的目的就是为了保证企业经营目标的达成与实现，而目标的实现就是重要的激励机制。以劳动报酬作为一种激励手段就是现代任何企业都不可或缺的重要手段。

（6）可比性原则

评价指标体系所涉及的经济内容、时空范围、计算口径和方法都应具有可比性，所以在建立体系的时候要参照国际和国内同行业的物流管理基准。

（7）定量与定性结合的原则

坚持定量与定性相结合，建立科学、适用、规范的评价指标体系及标准，避免主观臆断。以客观的立场评价优劣，公平的态度评价得失，合理的方法评价业绩，严密的计算评价效益。

（8）动态长期原则

任何企业的发展离开了战略，也就失去了方向，所以，对仓储企业的评价不应该只局限在目前的企业状况，还应考虑仓储企业的长远发展潜力和对企业的长期利益，要与企业的发展目标和战略规划相一致。

9.6.2 仓储企业绩效评价指标体系

仓储企业绩效评价指标，也有人称其为“仓储工作经济技术指标”，这一指标体系通常分为储存数量、储存质量、储存效率和经济性四大类。

（1）储存数量指标

储存数量指标是从总量上反映仓库容量、作业能力和储存能力，反映仓储企业经营效果的最基本指标。

① 货物吞吐量。它是指计划期内（通常以年为一个计划期）进出库货物的总量，常以吨或箱来表示。

年货物吞吐量 = 年货物总入库量 + 年货物总出库量 + 年越库货物作业量

其中，总入库量是指验收后入库的货物数量；总出库量是指按计划发出的货物数量；越库货物作业量是指港口、车站或配送中心未经入库而直接发给客户的货物数量。

② 库存量。有即时库存量和平均库存量。通常指平均库存量，它是反映储存能力及利用情况的指标。

$$月平均库存量 = （月初库存量 + 月末库存量）/2$$

$$年平均库存量 = 各月平均库存量之和/12$$

（2）储存质量指标

储存质量指标主要是反映货物储存的工作质量指标。其主要有：

① 账实相符率。货物账面数与实际库存数量的对比，要求在货物盘点时逐笔与保管账面数字核对。

$$账实相符率 = \frac{账实相符笔数}{进出库货物总笔数} \times 100\%$$

或

$$账实相符率 = \frac{账实相符件数（或重量）}{期间进出库货物总件数（或重量）} \times 100\%$$

② 收发货差错率。该指标是反映货物收发的准确程度的指标。

$$收发货差错率 = \frac{收发货差错累计笔数}{收发货累计总笔数} \times 100\%$$

或

$$收发货差错率 = \frac{账货差错累计件数（或重量）}{期内进出库总件数（或重量）} \times 100\%$$

③ 货物损耗率。对于易挥发、失重或破损的货物，需要制定一个相应的损耗比例。它是反映保管与保养质量的指标。

$$货物损耗率 = \frac{货物损耗额}{货物保管总额} \times 100\%$$

或

$$货物损耗率 = \frac{货物损耗量}{期间货物库存量} \times 100\%$$

④ 平均保管损失。货物保管损失是不可避免的，但通过核算平均保管损失，可进一步追查造成损失的原因，核实责任，将损失减少到最低。

$$平均保管损失（元/吨） = \frac{保管损失金额}{平均储存量} \times 100\%$$

其中，

$$平均储存量（月）=\frac{月初储存量+月末储存量}{2}\times 100\%$$

$$平均储存量（年）=\frac{月平均储存量之和}{12}\times 100\%$$

⑤ 平均收货时间。它是指仓库收发每笔货物平均所用的时间。制定该指标的目的就是为了缩短仓库收发货时间，加速货物和资金的周转。

$$平均收发货时间=\frac{收发货时间总和}{收发货总笔数}\times 100\%$$

其中，收发货时间总和包括收货时间和发货时间。收货时间是指自单证和货物到齐后开始直至将入库单送交保管会计登账为止所持续的时间；发货时间是指自仓库接到发货单开始至办妥出库手续为止持续的时间，不包括货物在库待运时间。

⑥ 货物及时验收率。该指标是用来反映指仓库按照规定的时限执行验收货物情况的指标。

$$货物及时验收率=\frac{期内及时验收笔数}{期内收货总笔数}\times 100\%$$

⑦ 设备完好率。

$$设备完好率=\frac{完好设备台日数}{设备总台日数}\times 100\%$$

其中，完好设备台日数是指设备处于良好状况的累计台日数，不包括正在维修和待维修设备的台日数。

（3）货物储存效率指标

① 仓库利用率。该指标是用来衡量和考核仓库利用情况的指标，通常以仓库面积利用率和库房容积率来表示，这两个指标都是正指标。

$$仓库面积利用率=\frac{仓库有效堆存面积}{仓库总面积}\times 100\%$$

$$库房容积利用率=\frac{报告期平均库存量}{库房总容量}\times 100\%$$

② 设备利用率。这一指标是综合反映仓库作业能力和作业效率，进而反映仓库服务水平的指标，它包括设备能力利用率和设备时间利用率。

$$设备能力利用率=\frac{报告期设备实际载荷量}{报告期设备额定载荷}\times 100\%$$

$$设备时间利用率=\frac{报告期设备实际作业时数}{报告期设备额定作业时数}\times 100\%$$

③ 劳动生产率。

$$全员劳动生产率（吨/工日）=\frac{全年货物出入库总量}{仓库全员年工日总数}\times 100\%$$

其中，出入库总量是指吞吐量减去越库作业量。

④ 资金使用效率指标。这是主要用于评价考核仓库资金的使用情况，反映资金利用水平、资金周转和资金使用效果的指标。

$$单位货物固定资产平均占用额（元/吨）=\frac{报告期固定资产平均占用额}{报告期平均货物储存量}\times 100\%$$

$$单位货物流动资金平均占用额（元/吨）=\frac{报告期流动资金平均占用额}{报告期平均货物储存量}\times 100\%$$

$$流动资金周转次数（次/年）=\frac{年仓储业务总收入}{全年流动资金平均占用}\times 100\%$$

$$流动资金周转天数（天/次）=\frac{360}{流动资金周转次数}\times 100\%$$

$$=\frac{全年流动资金平均占用量\times 360}{年仓储业务总收入}\times 100\%$$

⑤ 货物周转速度指标。周转速度指标是反映仓储工作的又一重要指标。在货物总的市场需求量一定的前提下，通过降低仓库的货物储备量，加快货物周转速度，进而降低流动资金占用。货物周转速度可以用周转次数和周转天数两个指标来衡量。

$$货物周转次数（次/年）=\frac{全年货物总出库量}{全年货物平均库存量}\times 100\%$$

$$货物周转天数（天/次）=\frac{360}{年货物周转次数}\times 100\%$$

（4）储存的经济指标

经济指标是指与储存成本和效益有关的指标，该指标可综合反映仓储企业的经济效益水平。

① 平均储存费用。该指标是指保管每一吨货物一个月平均所需要的费用。

$$平均储存费用（元/吨位/月）=\frac{每月储存费用总额}{月平均储存量}\times 100\%$$

② 利润总额。利润是任何一个企业追求的最终目标，利润总额是考核企

业经济效益的核心指标，也是一个具有综合性的经济效益指标。

$$利润总额 = 报告期仓储经营总收入 - 报告期仓储经营总支出$$

或 $$利润总额 = 仓储营业收入 - 仓储成本 - 税金 + 其他业务利润 \pm 营业外收支净额$$

③ 资金利用率。它是反映仓储企业资金利用效果的指标。

$$资金利润率 = \frac{利润总额}{固定资产平均占用额 + 流动资金平均占用额} \times 100\%$$

④ 收入利润率。它是反映单位收入的赢利水平的指标。

$$收入利润率 = \frac{利润总额}{营业总收入} \times 100\%$$

⑤ 吨保管货物利润。可用来反映单位储存量的赢利水平。

$$吨保管货物利润（元/吨） = \frac{报告期利润总额}{报告期货物储存总量} \times 100\%$$

10 仓储合同

导 读

仓储合同是保管人储存存货人交付的仓储货物，存货人支付仓储费的合同。

仓储是商品流通中的一个重要环节。在生产和消费之间，由于存在着集中生产、分散消费和季节生产、常年消费的矛盾，通过货物的储存保管来调节流通是十分必要的。

无论是哪种形式的商品储存保管部门，在他们与存货方发生商品储存保管关系时，都应当按照《经济合同法》及国务院批准，原商业部、原经贸部、原国家物资局发布的《仓储保管合同实施细则》的规定，签订仓储保管合同，明确相互权利义务。

10.1 专业名词解释

10.1.1 仓储合同

根据我国《合同法》第381条的规定，仓储合同是保管人储存存货人交付的仓储物，存货人支付仓储费的合同。

仓储合同，也称仓储保管合同。就仓储合同的性质而言，它仍然是保管合同的一种，但其又具有与一般保管合同相区别的显著特征。

10.1.2 仓单

所谓仓单，就是指仓储保管人在收到仓储物时向存货人签发的表示已经收到一定数量的仓储物，并以此来代表相应的财产所有权利的法律文书。

根据我国《合同法》第385条规定："存货人交付仓储物的，保管人应当给付仓单"。在仓储合同法律关系中，"出库单"即为"仓单"。

10.2 仓储合同的法律特征

(1) 标的物是特定的

仓储物必须是动产。仓储保管的对象是动产，不动产（如不能移动的建筑物、设备）不能成为仓储合同的标的物。

(2) 订立合同的目的

以保管人向他人提供仓储保管服务为合同标的。因此，储存义务是合同的主要内容。

(3) 合同主体的特殊性

仓储合同的保管人，须是经工商行政管理机关批准的，依法能从事仓储保管业务的法人或经济组织。

(4) 属于经济劳动合同

存货人将所需储存之物交给保管人，只转移了占有权，并没有丧失所有权。保管人在仓储期满或在约定期限内，必须把仓储物返还给存货人。

(5) 仓储合同是双务有偿合同

双方当事人互负给付义务；一方提供仓储服务，另一方给付报酬和其他费用。

(6) 仓储合同是诺成合同

与实践性的保管性合同不同，仓储合同从成立时即生效，而不是等到仓储物交付才生效，这一点在《合同法》上明确定义具有重要的实践意义。

在仓储合同中，保管人是具有专业性和赢利性的从事仓储营业的服务的民事主体，合同一旦成立，在仓储物交付之前其必然要耗费一定的人力、物力、财力为履行合同做必要准备，若存货人此时反悔不交付货物，必然会给对方带来损失。若仓储合同作为实践性合同，则合同从交付之日才成立，从订立合同到交付之间的这种损失只能依缔约过失责任而不是违约责任请求赔偿，作为诺成性合同则不同，只要双方达成一致协议、合同成立，则合同立即生效，双方当事人必须受合同效力的约束，上述损失就可依违约损失获得赔偿。

10.3 仓储合同双方的责任

10.3.1 存货方的义务与责任

(1) 存货方的主要义务

① 按照合同的规定交付储存货物入库的义务。

② 告知义务。

③ 负责及时处理临近失效期或有异状的货物的义务违反该义务造成的损失，由存货人自己负责。

④ 支付保管费的义务。

⑤ 偿付费用的义务。

⑥ 按照合同规定的期限及时提取货物的义务。

(2) 存货方违反仓储合同应当承担的责任

① 如存货方不能全部或部分按合同议定的品名（品类）时间数量将货物交付仓库营业人，入库时应当承担违约责任。

② 存货方没有按照合同规定提供有关验收资料，或所提供的验收资料不齐全、不及时，由此所造成的验收差错及贻误所赔期的由存货方负责。

③ 储存的货物在储存保管期间，保管方履行了合同规定的保管要求，而由于不可抗力，自然因素或者货物（包含包装）本身的性质所造成的损失，由存货人自己承担。

④ 对于易燃、易爆、易渗漏，有毒性等危险货物以及易腐、易变质、超限等特殊货物的保管，存货方应在签订合同时告知仓库营业人，并在合同中注明，同时还要提供必要的保管，运输资料。

⑤ 存货人提交的保管货物的包装不符合国家或合同的规定，造成货物损坏、变质时，由存货人自己负责。

⑥ 存货人在合同期限届满或仓库营业人已通知货物出库时，不及时提取货物，存货人应承担违约责任。

⑦ 存货人委托仓库营业人办理托运手续的，应当按照合同的规定及时向仓库营业人提供包装材料。

10.3.2 保管方的义务责任

仓库营业人违反仓储合同应承担的责任：

① 仓库营业人不能全部或者部分按合同议定的货物品名（品类）、时间、数量接收存货人提交的货物时，应承担违约责任。

② 仓库营业人没有按国家或合同规定的正常验收项目和方法验收储存的货物或者验收不准，由此造成的实际经济损失，仓库营业人应当承担赔偿责任。

③ 仓库营业人在合同或法律规定的验收期限内不予验收，超过验收期限所造成的实际损失，由仓库营业人承担。

④ 仓库营业人擅自将货物出库，转归第三人保管，应承担由此造成存货人的一切实际经济损失，同时承担违约责任。

⑤ 货物在储存期间，因仓库营业人未按合同规定的储存条件和保管要求保管货物而发生货物的灭失、短少、变质、损坏等时，仓库营业人应当赔偿存货人的损失。

⑥ 仓储合同生效之后，由于保管人的原因，造成返仓或不能入库时，应当按照合同规定赔偿存货方的运费和支付违约金。

⑦ 货物的储存期限届满后，仓库保管人没有按照合同规定的时间，数量交货的，仓库保管人应当承担违约责任。

⑧ 根据合同的规定，由仓库营业人负责发运的货物，如不能按期发货，仓库营业人应向存货人赔偿逾期交货的损失。

⑨ 其他法律规定下面几种情况，当事人应承担支付违约金的责任，合同另有规定者除外。

10.4 保管合同与仓储合同的区别

《合同法》第十九章和第二十章对保管合同与仓储合同分别作了规定。由于保管合同与仓储合同都是由保管人保管物品的合同，两者的标的都是保管人的保管行为。保管合同和仓储合同虽然都是保管人为他人保管存放物品的合同，但二者在法律意义上有着重要的不同之处，主要区别在于：

（1）合同成立的条件不同

除了当事人对合同的成立有明确约定的情况之外，一般来说，保管合同的成立，不仅须有当事人双方的意思表示一致，而且须有寄托人将保管物交付于保管人、保管人接受寄托人交付的保管物的行为。也就是说，保管合同是实践合同，寄托人向保管人交付保管物是合同成立的要件，保管合同自保管物交付时成立。在保管物没有交付之前，虽然双方当事人达成了保管物品的一致意思表示，但保管合同还不能算是成立。而仓储合同是诺成合同，当事人双方依法就合同的主要条款协商一致，合同即成立，存货人将货物交付给保管人属于仓储合同成立后对合同的履行行为，而不是合同的成立要件。

（2）合同是否有偿不同

保管合同以无偿为原则，以有偿为补充。也就是说保管合同一般是无偿的，但如果当事人明确约定支付保管费的，也可以是有偿的。当事人对保管费没有约定或者约定不明确的，由当事人协议补充，不能达成补充协议的，法律则推定为无偿。而仓储合同是有偿合同，保管人提供仓储服务，具有营利性质。仓储合同的当事人在合同成立后互相给付义务，保管人须为存货人提供仓储服务，存货人须向保管人给付报酬和其他费用。

（3）保管人的资质要求不同

保管合同对保管人的资格无特别的要求，一般自然人和法人均可以作为保管人。而仓储合同对保管人的资格有特殊要求，保管人即仓库营业人，必须是具有仓储设备和专门从事仓储保管业务的人，只有经过仓储营业登记专营或兼营仓储保管业务的人，才能成为仓储合同合格的保管人。

（4）保管物数量是否大宗不同

保管合同是社会成员相互提供帮助或服务部门为公民提供服务的一种形式，因此，保管合同一般是单件或小宗物品的寄存。而仓储合同一般是大宗数量物品的储存。

（5）不交付保管物是否构成违约不同

由于保管合同是实践合同，寄存人将保管物交付给保管人时，合同才成立。因此，当事人虽然就保管物品达成一致，但此后寄存人没有将物品交给保管人保管或者保管人对寄存人交来寄存的物品不接受的，委托人就不能追究保管人没有交付保管物的违约责任，同样，保管人也不能追究寄存人拒绝接受保管物的违约责任。而由于仓储合同是诺成合同，双方当事人达成合意，合同即告成立。如果此后存货人不将货物交付给保管人即构成违约，保管人无正当理由拒绝接收保管货物的也构成违约，一方可以追究另一方的违约责任。

（6）保管人对保管物的验收和赔偿责任不同

保管合同的寄存人，对交付的保管物有瑕疵或者按照保管物的性质需要采取特殊保管措施的，应当将有关情况告知保管人。如果寄存人没有履行告知义务，致使保管物受损的，保管人不承担损害赔偿责任。而仓储合同中保管人应当按照约定对入库仓储物进行验收，保管人在验收时发现仓储物与约定不符的，就应当及时通知存货人。如果因保管人未认真验收，致使入库仓储物的品种、数量、质量不符合约定的，保管人应当承担赔偿责任。

（7）保管人对保管物的毁损、灭失的责任不同

保管期间，保管合同的保管人因保管不善造成保管物毁损、灭失的赔偿责任，根据有偿保管和无偿保管有所不同。有偿保管的，保管人应承担损害赔偿责任；无偿保管的，保管人能证明自己没有重大过失的，就可以不承担损害赔偿责任。而仓储合同，造成仓储货物毁损、灭失，除了仓储物品的性质、包装不符合约定或者超过有效储存期而造成仓储物变质、损坏的之外，保管人均应对保管不善承担损害赔偿责任。

10.5 仓储合同中的两种特殊权利

仓储合同当事人根据合同约定各自具有特定的权利义务，但在这些权利义务中有两项特殊权利值得注意。

（1）存货人对仓储物的检查权

根据《合同法》有关规定：保管人在仓储物的占有期间，仓储物的所有权仍然属于存货人。存货人为了防止货物在储存期间变质或有其他损坏，有权随时检查仓储物或者提取样品，但检查仓储物或提取样品的行为，不得妨碍保管人的正常工作。

如果保管人无正当理由拒绝存货人检查仓储物并提取样品，仓储物发生变质或有其他损害的，保管人应当承担赔偿责任。

（2）保管人对仓储物的提存权

《合同法》第 393 条规定："储存期间届满，存货人或者仓单持有人不提取仓储物的，保管人可以催告其在合同期限内提取，逾期不提取的，保管人可以提存仓储物。"所谓提存，是指债权人无正当理由拒绝接受履行或其下落不明，或数人就同一债权主张权利，债权人一时无法确定，致使债务人难于履行债务，经公证机关证明或法院的裁决，债务人可将履行的标的物提交有关部门保存。一经提存即认为债务人已经履行了其义务，债权债务关系即行终止。债权人享有向提存物的保管机关要求提取标的物及其利息的请求权，但须承担提存期间标的物损毁灭失的风险并支付因提存所需要的保管或拍卖等费用，且提取请求权自提存之日起 5 年内不行使而消灭。

10.6 仓储合同的订立及主要条款

无论是哪种形式的商品储存保管部门，在它们与存货方发生商品储存保管关系时，都应当按照《经济合同法》及国务院批准，原商业部、原经贸部、原国家物资局发布的《仓储保管合同实施细则》的规定，签订仓储保管合同，明确相互权利义务。

10.6.1 仓储保管合同的订立情况

（1）按照国家物资储存计划必须储存的物资，存货方和保管方必须按国家下达的计划签订仓储保管合同，以保障国家物资储存计划的执行。如果双方不能达成一致意见，由双方下达计划的上级主管机关处理。

（2）大宗货物的储存，由存货方提出委托储存保管的要求，保管方根据自己的仓储容量等条件，经双方协商签订仓储保管合同。

（3）零星货物的储存，存货方和保管方根据有关规定签订仓储保管合同。

10.6.2 签订仓储保管合同的基本要求

（1）签订仓储保管合同必须选择保管条件优、保管水平高、信守合同、收费合理的保管方，特别是要根据储存货物自身的质量、性质和对储存的技术要求来选择，如仓库的结构设施、温度湿度控制、库房货场状况、起重搬运设备条件和距离车站、码头远近、保管质量、服务水平都是签订合同时需要慎重考虑的。

（2）签订仓储保管合同的核心要求是安全、稳妥、保质、保量储存货物，因此签约时应重点把握住货物入库、验收和出库、验收环节，要把验收方法、标准以及交接手续条款定清、定准。

（3）由保管方代办运输的条款中，应明确规定保管方有按期作好进站准备、向车站港口申报车船的托运的责任。

10.6.3 仓储保管合同的主要条款

根据《仓储保管合同实施细则》的要求，签订仓储保管合同，一般应具备以下主要条款：

（1）货物的品名和品种

仓储保管合同中储存保管的货物是特定物或特定化的种类物，是保管方接受存货方以委托代为保管的，其所有权属于存货方，在合同有效期届满时，保管方必须将原货物完好无损地归还存货方，因此合同中对货物的品名和品种，应做出明确的规定。同时，仓储保管合同的标的物以动产为限。

（2）货物的数量、质量、包装

货物的包装由存货方负责。其标准，有国家的或专业的标准的，按国家和专业标准执行；没有国家的或专业标准的，在保证运输和储存安全的前提下，由合同当事人议定。

（3）货物验收的内容、标准、方法、时间

保管方的正当验收项目为货物的品名、规格、数量、外包装状况，以及无须开箱拆捆直观可见可辨的质量情况。包装内的货物品名、规格、数量，以外包装或货物上的标记为准；外包装或货物上无标记的，以供货方提供的验收资料为准。散装货物按国家有关规定或合同规定验收。验收期限，国内货物不超过 10 天，国外到货不超过 30 天，法律或合同另有规定都除外。货物验收期限，是指自货物和验收资料全部送达保管方之日起，至验收报告送出之日止。

(4) 货物保管条件和保管要求

仓储保管合同中的货物种类繁多，不少货物由于本身的性质需要特殊的保管条件或保管方法，所以在合同中必须明确规定保管条件和保管要求。

(5) 货物进出库手续、时间、地点、运输方式

入库是指货物进入仓库时所进行的清点检验和接收工作。它是仓储保管合同业务的第一道环节，是履行储存保管合同的基础。仓库输储存业务，要根据合同规定的数量、质量、品种、规格等进行安排。对大宗物资和危险物品的新品种入库，存货方应当将其数量和特性提前告知保管方，以便做好接收准备。货物入库的基本要求是：必须有业务部门的正式入库凭证或合同副本；凡是入库货物都要进行认真检修，一般商品要验收品种、规格、数量、质量、包装等，技术性强、感官不易识别和分等论价的货物，要由有关业务部门专门验收货物质量，入库时仓库只验数量和包装；验收中发现问题要公同交付入库的有关人员详细记录，分清责任，并通知存货方及时处理。货物经检验无误后入库。

货物出库须按照先进先出或易坏先出（易坏只限合同中申明的或货物外部显露出来的）原则发货，否则由此造成的损失由保管方负责。

货物出库有存货方自提、用户自提或保管方送货上门三种方式，都须当面交接手续。保管方没有按合同规定的时间、数量交货，应承担违约责任；存货方已通知货物出库或合同期已到，由于存货方（含用户）的原因不能如期出库，应承担违约责任；由于存货方调拨凭证上的差错所造成的实际损失，由存货方负责。

运输方式，由保管方代办运输的，由保管方负责向运输部门申报运输计划，办理托运费用和发运手续。

(6) 货物损耗标准和损耗的处理

损耗标准是指货物在储存、运输过程中，由于自然因素（如干燥、风化、散失、挥发、黏结等）和货物本身的性质和度量衡的误差等原因，不可避免地要发生一定数量的减少、破损或计量误差。有关主管部门对此做出规定或者由合同当事人商定货物自然减量标准和合理磅差（一般以百分比或千分比表示），统称为损耗标准。

损耗的处理是指实际发生的损耗，超过标准或者没有超过标准规定时，

如何划分经济责任，以及对实物如何进行处理。比如，在货物验收过程中，如在途损耗不超过货物自然减量标准和损耗在规定磅差范围内的，仓库可按实际验收数验收入库，如果超过规定的，应核实并做出验收记录，按照规定处理。

(7) 计费项目、标准和结算方式，银行、账号、时间

货物储存和运输过程中的计费项目，应按仓储保管部门制定的标准执行，也可由当事人双方协商确定。存货方一般应按月支付保管费用。

(8) 违约责任

《仓储保管合同实施细则》的规定：保管人不能全部或部分按合同议定的品名、时间、数量接货的；存货方不能全部或部分按合同议定的品名、时间、数量入库（含超议定储存量储存）的；保管方没有按合同规定时间、数量交货的，存货方已通知货物出库或合同期已到，由于存货方（含用户）的原因不能如期出库的，均应承担违约责任，当事人必须向对方支付违约金，合同另有规定的除外。违约金的数额为违约所涉及的那一部分货物的3个月保管费（或租金）或3倍的劳务费，合同另有规定的除外。因违约使对方遭受经济损失的，如违约金不足以抵偿实际损失，还应以赔偿金的形式补偿其差额部分。

其他违约行为给对方造成经济损失的，一律赔偿实际损失。赔偿货物的损失，一律按进货价或国家批准调整后的价格计算；有残值的，应扣除残值部分或残值归赔偿方；不负责赔偿实物。

(9) 合同的有效期限

它是指货物的保管期限，存货方过期不取走货物，应承担违约责任。但有的存储保管合同也可以不规定期限，双方约定只要存货方按日或按月支付保管费用，即可继续存放。

(10) 变更和解除合同期限

保管方或存货方如需要对合同进行变更或解除，必须事先通知对方，以便做好相应的准备工作。因此，仓储保管合同中应当明确规定提出变更或解除合同的期限。

(11) 争议的解决方式。

10.7 仓单

10.7.1 仓单的性质

① 仓单是保管人向存货人出具的货物收据。当存货人交付的仓储货物经保管人验收后，保管人需向存货人填发仓单。仓单就是保管人已经按照仓单所载状况收到货物的凭证。

② 仓单是存货人与保管人双方订立的仓储合同存在的一种证明，只要签发了仓单，就已证明了合同的存在。

③ 仓单是物权凭证。《合同法》第 387 条规定："仓单是提取仓储物的凭证。存货人或者仓单持有人在仓单上背书并经保管人签字或者盖章的，可以转让提取仓储物的权利。"可见，它代表仓单上的货物，谁持有仓单就等于拥有该单货物，仓单持有人有权要求保管人返还货物，有权处理仓单所列货物。仓单的转移也就是仓储货物所有权的转移。仓单作为一种有价证券，也可以按照《担保法》的规定设定权利质押担保。

④ 仓单是提取货物的凭证。当仓单持有人向保管人提取仓储货物时，应当出示仓单。与此同时，保管人在交付货物后还应收回仓单。仓单还是处理保管人与存货人或仓单持有人之间关于仓储合同纠纷的依据。

10.7.2 仓单的物权效力

(1) 仓单交付的物权效力

根据我国《合同法》第 387 条的规定，存货人或仓单持有人在仓单上背书并经保管人签字或盖章之后，仓单上所具有的提取货物的权利随之转让于新的仓单持有人。民事主体占有仓单与其对仓储物本身的占有具有同样的法律意义，这是仓单交付的首要效力。

(2) 仓单交付的后果

① 仓储物风险承担随仓单而移转。依照《合同法》基本理论，风险自交付时转移，尽管仓单的交付不是货物的直接交付，但具有了法律上交付的意义，所有权的转移得到了实现，风险的转移也随之完成。

② 仓单仅具有单纯的物权效力。仓单毕竟只是低层次的有价证券，它远不及票据，仓单的交付只对那些由仓单而发生的权利以及对仓储物上的权利而具有物权转移的效力，而不涉及其他方面的权利关系，比如票据上对前手背书人的追索权。

(3) 仓单具有物权的排他性

在同一仓储物上，不能存在两份或多份内容相同的仓单。这是一物一权主义所决定的，即使在混藏仓储合同的情况下，也只能理解为各仓单持有人为共同所有人。如果出现两份或多份仓单请求给付，则应当以最先签发的仓单为准。

(4) 仓储物的非所有人取得的仓单仍然具有物权效力

除盗窃、抢夺、拾得遗失物等违背所有权人本意占有他人之物外，只要是基于合法的占有而将物储存、保管于保管人，则据此取得的仓单同样具有物权效力，即在仓单交付时，被背书人基于仓储物已经交付储存与保管的事实，相信背书人即为仓储物的所有人，则在此情形下，被背书人取得仓储物的所有权。

10.7.3 仓单的主要事项

根据《合同法》第 386 条规定，仓单包括下列事项（见表 10－1、表 10－2）：

① 存货人的名称或者姓名和住所。

② 仓储物的品种、数量、质量、包装、件数和标记。

③ 仓储物的损耗标准。

④ 储存场所。

⑤ 储存期间。

⑥ 仓储费。

⑦ 仓储物已经办理保险的，其保险金额、期间以及保险人的名称。

⑧ 填发人、填发地和填发日期。

在仓储合同法律关系中，“出库单”即为仓单，而仓单是一种指示式物权证券，可以流通转让，谁持有仓单，仓储保管人就应当向其交付仓储货物。

表 10 – 1　　　　　　　　　　　　仓单格式（正面）

<table>
<tr><td colspan="7">仓单（正面）
公司名称：
公司地址：</td></tr>
<tr><td colspan="3" rowspan="2">电话：
账号：
储货人：
银主名称：</td><td colspan="4">传真：</td></tr>
<tr><td colspan="4">批号：
发单日期：
起租日期：</td></tr>
<tr><td colspan="7">兹收到下列货物依本公司条款（见后页）储仓</td></tr>
<tr><td>唛头及号码</td><td>数量</td><td>所报货物</td><td>每件收费</td><td>每月仓租</td><td>进仓费</td><td>出仓费</td></tr>
<tr><td></td><td></td><td></td><td></td><td></td><td></td><td></td></tr>
<tr><td></td><td></td><td></td><td></td><td></td><td></td><td></td></tr>
<tr><td colspan="3">总件数：</td><td colspan="4">经手人：</td></tr>
<tr><td colspan="7">总件数（大写）：</td></tr>
<tr><td colspan="7">备注：
核对人：</td></tr>
</table>

表 10 – 2　　　　　　　　　　　　仓单格式（背面）

<table>
<tr><td colspan="6">仓单（背面）
存货记录</td></tr>
<tr><td>日　期</td><td>提单号码</td><td>提货单位</td><td>数　量</td><td>结　余</td><td>备　注</td></tr>
<tr><td></td><td></td><td></td><td></td><td></td><td></td></tr>
<tr><td></td><td></td><td></td><td></td><td></td><td></td></tr>
<tr><td colspan="6">储货条款
一、本仓库所载之货物种类、唛头、箱号等，均系按照储货人所称填理，本公司对货物内容、规格等概不负责。
二、货物在入仓交接过程中，若发现与储货方填列内容不符，我公司有权拒收。
三、本仓库不储存危险物品，客户保证入库货物绝非为危险品，如果因储货人的货物品质危及我公司其他货物造成损失时，储货方必须承担因此而产生的一切经济赔偿责任。
四、本仓单有效期一年，过期自动失效。已提货之分仓单和提单档案保留期亦为一年。期满尚未提清者，储货人须向本公司换领新仓单。本仓单须经我公司加印硬印方为有效。
五、客户（储货人）凭背书之仓单或提货单出货。本公司收回仓单和分提单，证明本公司已将该项货物交付无误，本公司不再承担责任。</td></tr>
</table>

10.7.4 仓单的签发

仓单生效必须具备三个条件：

(1) 保管人须在仓单上签字或者盖章

保管人在仓单上签字或者盖章表明保管人对收到存货人交付仓储物的事实进行确认。保管人未签字或者盖章的仓单说明保管人还没有收到存货人交付的仓储物，故该仓单不发生法律效力。当保管人为法人时，由其法定代表人或其授权的代理人及雇员签字；当保管人为其他经济组织时，由其主要负责人签字；当保管人为个体工商户时，由其经营者签字。盖章指加盖保管人单位公章。签字或者盖章由保管人选择其一即可。

(2) 仓单须包括一定的法定必要记载事项

依《合同法》第386条的规定，仓单的法定必要记载事项共有八项：其中，存货人的名称或者姓名和住所，仓储物的品种、数量、质量、包装、件数和标记，储存场所，填发人、填发地和填发日期四项为绝对必要记载事项，不记载则不发生相应的证券效力。其余四项属于相对必要记载事项，如当事人不记载则按法律的规定来处理。

(3) 仓单的转让与分割

根据《合同法》第387条规定，存货人或仓单持有人在仓单上背书并经保管人签字或盖章后，可以转让提取仓储物的权利。

① 仓单转让。仓单可以进行多次背书转让，第一次背书的存货人为第一背书人；当进行第二次转让时，第一背书人就成为第二背书人。因此，背书过程是个衔接的完整过程，任何参与该仓单转让的人都在仓单上有所记载。

② 仓单的分割。仓单持有人可以请求保管人将保管的大宗货物分割为数个部分，再由保管人分别填发仓单，但仓单持有人须交回持有仓单，这种行为称为仓单分割。仓单分割的目的是为了便于存货人处置仓储货物。但由仓单分割所产生的费用，须由仓单持有人支付。

10.7.5 银行“仓单质押”担保信贷业务

仓单质押担保信贷业务是指业务申请人以其自有或第三方持有的仓单作为质押物向银行申请信贷业务。

（1）质押仓单必须具备下列条件

① 必须是出质人拥有完全所有权的货物的仓单，且记载内容完整。

② 出具仓单的仓储方，原则上必须是银行认可的具有一定资质的专业仓储公司。

（2）质押仓单项下的货物必须具备下列条件

① 所有权明确。

② 无形损耗小，不易变质，易于长期保管。

③ 市场价格稳定，波动小，不易过时。

④ 适应用途广，易变现。

⑤ 规格明确，便于计量。

⑥ 产品合格并符合国家有关标准。

11　仓储信息管理

导　读

仓储管理信息化是整个物流过程中信息化的核心一环，由于其可以起到大脑或中枢神经的作用。从传统仓储向现代化仓储的转变，以信息技术为代表的高新技术同现代管理技术的集成创新和应用是关键。

物流供应链信息化可以有效提高供应链运作效率，能有效推进我国仓储企业和跨国公司的合作，并带来物流服务的创新，帮助仓储企业在新的业务和增值服务中实现更简单、更快捷、更稳定的利润增长。

当前，我国仓储行业的工作重心应落实在加快仓储信息化发展、推进物流供应链信息化发展上来，只有这样，中国的供应链才能更加通畅。

11.1　专业名词解释

11.1.1　条码

条码是由一组按一定编码规则排列的条、空符号，用以表示一定的字符、数字及符号组成的信息。条码系统则是由条码符号设计、制作及扫描阅读组成的自动识别系统。

条码技术是在计算机的应用实践中产生和发展起来的一种自动识别技术。它是为实现对信息的自动扫描而设计的，是一种实现快速、准确而可靠的采集数据的有效手段。条码技术的应用解决了数据录入和数据采集的“瓶颈”问题，为现代物流及供应链管理提供了有效的技术支持。

11.1.2 RFID 技术

RFID 是 Radio Frequency Identification 的英文缩写，即射频识别，俗称电子标签。RFID 是一种非接触式的自动识别技术，它通过射频信号自动识别目标对象并获取相关数据，识别工作无须人工干预，可工作于各种恶劣环境。RFID 技术可识别高速运动物体并可同时识别多个标签，操作快捷方便。

11.1.3 EDI 技术

EDI 是 Electronic Data Interchange 的英文缩写，即电子数据交换，它是一种利用计算机进行商务处理的方式。在基于 Internet 的电子商务普及应用之前，EDI 曾是一种主要的电子商务模式。

EDI 是将贸易、运输、保险、银行和海关等行业的信息，用一种国际公认的标准格式，形成结构化的事务处理的报文数据格式，通过计算机通信网络，使各有关部门、公司与企业之间进行数据交换与处理，并完成以贸易为中心的全部业务过程。EDI 包括买卖双方数据交换、企业内部数据交换等。

通俗地说，EDI 就是企业的内部应用系统之间，通过计算机和公共信息网络，以电子化的方式传递商业文件的过程。换言之，EDI 就是供应商、零售商、制造商和客户等在其各自的应用系统之间利用 EDI 技术，通过公共 EDI 网络，自动交换和处理商业单证的过程。

Internet 替代不了 EDI，但 EDI 可以与 Internet 实现融合。

11.1.4 WMS

WMS 是 Warehouse Management System 的缩写，即仓储管理系统。

WMS 是一个实时的计算机软件系统，它能够按照运作的业务规则和运算法则，对信息、资源、行为、存货和分销运作进行更完美地管理，使其最大化满足有效产出和精确性的要求。这里所称的“仓储”包括生产和供应领域中各种类型的储存仓库和配送中心。

在当前的竞争环境下，企业必须不断改进流程以适应供应链竞争的需要。现代仓储管理已经转变成履行中心，它的功能包括：传统的仓储管理、交叉转运或在途合并、增值服务流程（组合或装配；包装或贴标；一对一营销等)、退货、质量保证和动态客户服务等。

11.2 条码技术

11.2.1 条码标识

条码标识简称条码，是由一组黑白相间、粗细不同的条状符号组成，条码隐含着数字信息、字母信息、标志信息、符号信息，主要用以表示商品的名称、产地、价格、种类等，是全世界通用的商品代码的表示方法。

11.2.2 条码的构成

条码是一组黑白相间的条纹，这种条纹由若干个黑色的“条”和白色的“空”的单元所组成，其中，黑色的条对光的反射率低而白色的空对光的反射率高，再加上条与空的宽度不同，就能使扫描光线产生不同的反射接收效果，在光电转换设备上转换成不同的电脉冲，形成了可以传输的电子信息。由于光的运动速度极快，所以，可以准确无误地对运动中的商品条码予以识别。

11.2.3 条码的种类

① 按条码的不同载体可分为纸制条码、金属条码、塑料条码等。

② 按连续性可分为连续性条码和非连续性条码。

③ 按信息的储存方式可分为一维条码、二维条码和复合条码。

目前市场上大多数使用的是一维条码，如 EAN 条码、UPC 条码、Code39 码、Code bar（库德巴码）、交替二五码等，大约有 100 种编码形式。

11.2.4 国际常用的几种码制

(1) EAN 条码（European Article Numbering)

EAN 条码是当今世界上广为使用的商品条码，已成为电子数据交换（EDI）的基础。EAN 条码是“国际通用商品条码”。它是由“国际物品编码委员”编制，主要应用于全球超市的标准条码。EAN 条码编码紧凑，信息丰富，易识读，但它仅能包含“数字信息”及“固定的字符数”。EAN 条码又分13位标准码（EAN－13位码）、8位缩短码（EAN－8位码）。大多数单件商品包装物上印制的是13位码，只有特别小的商品包装（由于位置限制）上才会印8位码。

EAN条码是国际通用商品条码，由国际物品编码委员编制，主要用于世界各国的零售超市。其具有编码紧凑、信息丰富、易于识别、只包含数字信息和固定的字符数等特点。

13位码（见图11－1）前3位是国家代码（见表11－1），第4～7位是厂商代码，第8～12位是产品代码，第13位是校对码。与13位码相比，8位码（见图11－2）没有制造厂商代码，仅有前缀码（国家或地区）、产品代码和校对码。

图11－1　EAN－13位码

6 9 0 1 0 0 0 2

图11－2　EAN－8位码

表11－1　国际编码协会：部分成员国或地区代码

代码	国家（或地区）	代码	国家（或地区）
00～13	美国和加拿大	50	英国、爱尔兰
30～37	法国	690～695	中国
40～44	德国	880	韩国
460～469	前苏联	885	泰国
471	中国台湾	888	新加坡
49	日本	955	马来西亚

（2）UPC条码（Universal Product Code）

这种条码是美国统一代码委员会制定的一种商品条码，有UPC－A（标准码）和UPC－E（缩短码），主要用于美国和加拿大地区，从美国进口的商品上就可以看到（见图11－3）。

图 11-3 UPC-A（标准码）和 UPC-E（缩短码）

（3）Code39 码（三九条形码）

Code39 码是一种可表示数字、字母（0~9，A~Z，-，$，空格，/，+，%，*，.）等信息的条码，主要用于工业、图书及票证的自动化管理，目前使用极为广泛（见图 11-4）。

图 11-4 Code39 码

（4）库德巴码（Code Bar）

库德巴码也可表示数字和字母（0~9，A~D，$，+，-，/，.）信息的条码，主要用于医疗卫生、图书情报、物资等领域的自动识别（见图 11-5）。

图 11-5 库德巴码

（5）二维条码

一维条码所携带的信息量有限，如商品上的条码仅能容纳 13 位（EAN-13 位码）阿拉伯数字，更多的信息只能依赖商品数据库的支持，离开了预先建立的数据库，这种条码就没有意义了，因此在一定程度上也限制了条码的应用范围。基于这个原因，在 20 世纪 90 年代发明了二维条码。二维条码除了具有一维条码的优点外，同时还有信息量大、可靠性高，保密、防伪性强等优点。

目前二维条码主要有 PDF417 码、Code49 码、Code 16K 码、Data Matrix 码、MaxiCode 码等，主要分为堆积或层排式和棋盘或矩阵式两大类。

二维条码作为一种新的信息存储和传递技术，现已应用在国防、公共安全、交通运输、医疗保健、工业、商业、金融、海关及政府管理等多个领域。

二维条码依靠其庞大的信息携带量，能够把过去使用一维条码时存储于后台数据库中的信息包含在条码中，可以直接通过阅读条码得到相应的信息，并且二维条码还有错误修正技术及防伪功能，增加了数据的安全性。

二维条码可把照片、指纹编制于其中，可有效地解决证件的可机读和防伪问题。因此，可广泛应用于护照、身份证、行车证、军人证、健康证、保险卡等。

11.2.5 条码的编码规则

① 唯一性。同种规格同种产品对应同一个产品代码，同种产品不同规格应对应不同的产品代码。根据产品的不同性质，如：重量、包装、规格、气味、颜色、形状等，赋予不同的商品代码。

② 永久性。产品代码一经分配，就不再更改，并且是终生的。当此种产品不再生产时，其对应的产品代码只能搁置起来，不得重复起用再分配给其他的商品。

③ 无含义。为了保证代码有足够的容量以适应产品频繁的更新换代的需要，最好采用无含义的顺序码。

11.2.6 条码应用流程和产品图（见图 11－6）

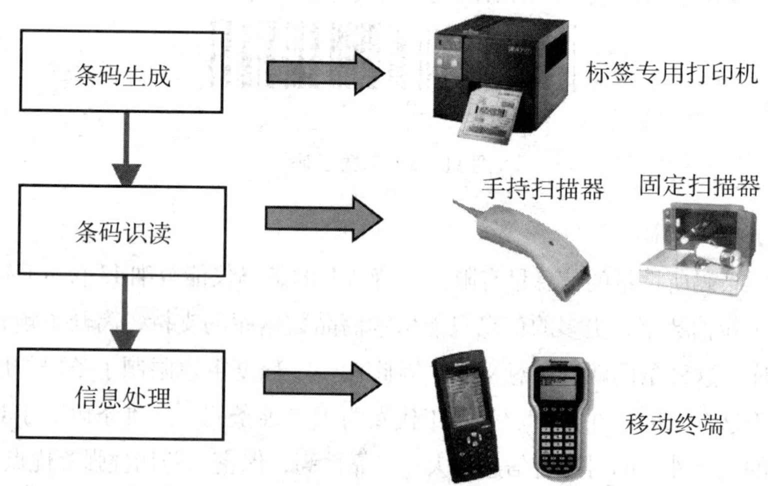

图 11－6 条码应用流程和产品示意图

11.2.7 条码技术的应用

① 商业自动化系统。POS 是一个商业销售点实时系统。该系统由计算机、条码输入设备组成，利用条码实现对商店的进、销、存的管理。

② 仓储管理。现代物流管理，利用条码技术，可以完成仓库货物的导向、定位、入格操作，提高识别速度，减少人为差错，从而提高仓储管理水平。

11.3 RFID 技术

自 2004 年以来，与 RFID 技术相关的文章在各个媒体上不断涌现，相关的报道让这个历史其实并不短的技术在短时间内成为国际追逐的焦点。从全球巨型商业帝国沃尔玛，到国际 IT 巨头 IBM、HP、微软等，从美国国防部到中国国家标准委，全都在 RFID 魔棒的指挥下舞蹈起来。

埃森哲实验室首席科学家弗格森认为 RFID 是一种突破性的技术：第一，可以识别单个的非常具体的物体，而不是像条码那样只能识别一类物体；第二，其采用无线电射频，可以透过外部材料读取数据，而条码必须靠激光来读取信息；第三，可以同时对多个物体进行识读，而条码只能一个一个地读。此外，储存的信息量也非常大。

11.3.1 RFID 的基本组成部分

最基本的 RFID 系统由三部分组成：

① 标签（Tag）。由耦合元件及芯片组成，每个标签具有唯一的电子编码，附着在物体上标识目标对象。

② 阅读器（Reader）。读取（有时还可以写入）标签信息的设备，可设计为手持式或固定式。

③ 天线（Antenna）。在标签和阅读器间传递射频信号。

11.3.2 RFID 技术的基本工作原理

RFID 技术的基本工作原理并不复杂：标签进入磁场后，接收阅读器发出的射频信号，凭借感应电流所获得的能量发送出存储在芯片中的产品信息

（无源标签或被动标签），或者主动发送某一频率的信号（有源标签或主动标签）；阅读器读取信息并解码后，送至中央信息系统进行有关数据处理。

11.3.3 RFID 技术与条码技术的对比（见表 11－2）

表 11－2　　RFID 技术与条码技术对比

	信息载体	信息量	读或写性	读取方式	保密性	智能化	抗干扰能力	寿命	成本
条码	纸，塑料薄膜，金属表面	小	只读	激光束扫描	差	无	差	较短	低
RFID	EEPROM（电可擦除 ROM）	大	读或写	无线通信	好	有	很好	最长	较高

11.3.4 案例：清华同方 RFID 仓储管理系统解决方案

（1）RFID 仓储管理系统

本系统应用中，将电子标签封成卡状，贴在每个货物的包装上或托盘上，在标签中写入货物的具体资料、存放位置等信息。同时在货物进出仓库时可写入送达方的详细资料，在仓库和各经销管道设置固定式或手提式卡片阅读机，以辨识、侦测货物流通。

RFID 仓储管理系统由“后台数据库管理系统”“RFID 标签发行系统”和“RFID 标签识别采集系统”组成，这几个系统互相联系，共同完成物品管理的各个流程。“后台数据库管理系统”是整个系统的核心，“RFID 标签系统”识别采集是实现管理功能的基础和手段。

后台数据库管理系统。由中心数据服务器和管理终端组成，是系统的数据中心。负责与手持机通信，将手持机上传的数据转换并插入到后台业务仓储管理系统的数据库中，对标签管理信息、发行标签和采集的标签信息集中进行储存和处理。

RFID 标签发行系统。由电子标签专用打印机和标签制作管理软件组成，负责完成库位标签、物品标签、箱标签的信息写入和标签表面信息打印工作。电子标签专用打印机采用内嵌非接触读写器的工业级热转印打印机，能够在标签芯片写入信息的同时在标签表面打印预先设定的内容信息。标签制作管理软件的核心是标签制作函数动态连接库，它嵌入在后台系统内，为后台仓储管理系统提供操作打印机制作标签的开发接口函数。基于该动态库还提供了一个独立的标签制作软件，可以手工输入标签数据，便于临时制作标签。

RFID 标签识别采集系统。可通过手持机或固定位置终端采集标签信息，完成标签数据的存储，并通过 RFID 中间件与管理中心进行数据的交换。

(2) 系统功能

本系统利用电子标签对每一个需要管理的对象在其管理周期内进行标记管理。管理人员利用本系统可以实时了解掌控每个被管理对象（物品）的性质、状态、位置、历史变化等信息，并根据这些信息采取相应的管理对策和措施，达到提高使用单位的运营水平和管理质量的目的。可以广泛用于军队、铁路、医疗卫生、烟草、电信等行业企事业单位的仓储管理。

根据需求，系统包含了若干模块：系统管理、标签制作、入库管理、出库管理、盘点管理、调拨管理、退换管理、报表分析、终端数据采集程序（见图 11－7）。

① 系统管理。系统设置以及系统用户信息和权限。

② 标签制作。依据入库单及标签制作申请单录入的货物信息生成每个物品的电子标签，在标签表面上打印标签序号及产品名称、型号规格，在芯片内记录产品的详细信息。

③ 入库管理。入库时，仓库管理员根据订货清单清点检查每一件货品，检查合格后交给仓库保管员送入库房。仓库保管员持手持机扫描货架库位标签和入库物品上的标签并输入物品数量进行入库登记，数据记入手持机内的入库操作数据表，然后将物品放置到指定库位上。如果需要将物品装入包装箱内存放，还需要扫描箱标签以更新手持机内箱明细表。

全部物品入库完毕后，将手持机交给管理员，由管理员将入库数据导入后台管理数据库内，完成入库操作。经过这一流程后，仓库中每一种物品的位置、数量、规格型号等都可以在仓储管理软件中一目了然的查找出来，实现了仓储状态的可视化。

④ 出库管理。出库时，仓库管理员根据领料申请查询仓储状态，然后做出预出库单；保管员根据预出库单将指定库位的物品取出，使用手持机扫描库位标签和物品标签将出库信息进行登记，数据记入手持机出库数据表；全

部出库物品取出后将出库信息上传到主机，与预出库单作比较，并根据实出数量进行登账。

⑤ 盘点管理。使用手持数据采集终端进行数据的采集，如物品标签、摆放货架、物品数量等。系统可根据事先设定的产品分类，自动产生或人工选择产生盘点任务表，进行盘点作业，盘点作业主要扫描产品标签和相应的库位信息。数据上传后，系统会自动列出已盘产品与未盘产品，并根据需求进行盘盈、盘亏等操作。

⑥ 调拨管理。出现调拨情况时，根据调拨情况选择不同的调拨流程。

⑦ 退换管理。客户退货的时候，通过读取产品标签可以查询的该产品是否属于此客户，销售时间等信息，并且方便查询当时的销售信息，进行有效的监督和管理。对于确认需要退货的产品，手持机在读取标签时会将当前时间写入标签中的退货时间字段。

⑧ 报表分析。对系统的数据进行统计分析，生成相关报表。

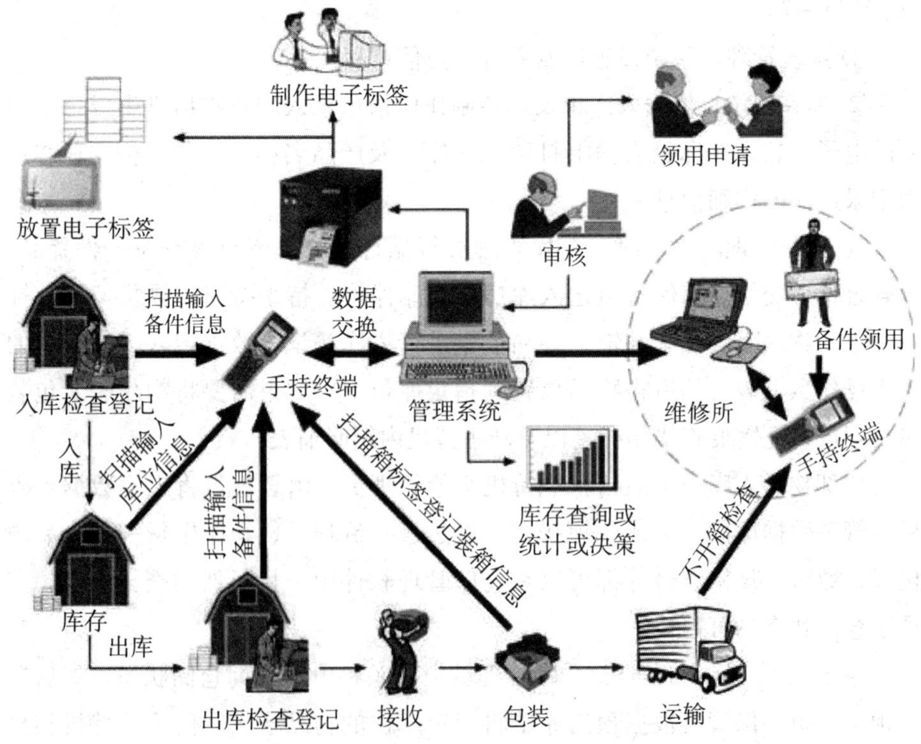

图 11－7　RFID 仓储管理系统功能示意图

（3）系统特点

① 将整个仓库管理与射频识别技术相结合，能够高效地完成各种业务操作，改进仓储管理，提升效率及价值。

② 提高物品出入库过程中的识别率，可不开箱检查，并同时识别多个物品，提高出入库效率。

③ 缩减盘点周期，提高数据实时性，实时动态掌握库存情况，实现对库存物品的可视化管理。

④ 采用射频技术能大大提高拣选与分发过程的效率与准确率，并加快配送的速度，减少劳动力，降低配送成本。

⑤ 精确掌握物资情况，优化合理库存。

11.4 EDI 技术

11.4.1 EDI 的特点

（1）EDI 的使用对象是不同的组织之间，EDI 传输的企业间的报文，是企业间信息交流的一种方式。

（2）EDI 所传送的资料是一般业务资料，如发票、订单等，而不是指一般性的通知。

（3）EDI 传输的报文是格式化的，是符合国际标准的，这是计算机能够自动处理报文的基本前提。

（4）EDI 使用的数据通信网络一般是增值网、专用网。

（5）数据传输由收送双方的计算机系统直接传送、交换资料，不需要人工介入。

（6）EDI 与传真或电子邮件的区别是：传真与电子邮件，需要人工的阅读判断处理才能进入计算机系统。工人将资料重复输入计算机系统中，既浪费人力资源，也容易发生错误，而 EDI 不需要再将有关资料人工重复输入系统。

11.4.2 EDI 系统的构成要素

构成 EDI 系统构成的三个要素是：EDI 软件和硬件、通信网络、数据标准化。EDI 系统模型（见图 11－8）。

一个部门或企业要实现 EDI，首先，必须有一套计算机数据处理系统；其次，为使本企业内部数据比较容易地转换为 EDI 标准格式，须采用 EDI 标准；最后，通信环境的优劣也是关系到 EDI 成败的重要因素之一。

EDI 标准是整个 EDI 最关键的部分，由于 EDI 是以实现商定的报文格式形式进行数据传输和信息交换，一次制定统一的 EDI 标准至关重要。

EDI 标准主要分为以下几个方面：基础标准、代码标准、报文标准、管理标准、应用标准、通信标准、安全保密标准等。

图 11－8 EDI 统系模型图

11.4.3 EDI 标准体系

EDI 是目前为止最为成熟和使用范围最广泛的电子商务应用系统。其根本特征在于标准的国际化，标准化是实现 EDI 的关键环节。

EDI 标准体系是在 EDI 应用领域范围内的、具有内在联系的标准组成的科学有机整体，它由若干个分体系构成，各分体系之间又存在着相互制约、相互作用、相互依赖和相互补充的内在联系。我国根据国际标准体系和我国 EDI 应用的实际以及未来一段时期的发展情况，制定了 EDI 标准体系，以《EDI 系统标准化总体规范》作为总体技术文件。根据该规范，EDI 标准体系分基础、单证、报文、代码、通信、安全、管理应用七个部分。

11.4.4 EDI 的局限性及与 Internet 间的互补

EDI 最大的技术特点主要体现在：EDI 单证是通过专用的 EDI 增值网络进行交换的。由于 EDI 单证大多是具有一定商业价值的商业单证，通过有专门机构管理的 EDI 增值网络进行交换具有较高的安全性和可靠性。这一点是目前 Internet 技术还不能解决的问题。

随着现代科技的迅猛发展，EDI 技术也在与包括 Internet 技术在内的其他先进技术不断融合，为用户提供更灵活、多样、简便的使用方式，使其自身拥有更广阔的电子商务服务领域。EDI 将新的电子信息技术与商业活动较好的结合起来，尤其对于那些信息吞吐量大，复杂度高，安全性、可靠性、完整性、及时性要求很强的高端 B2B 应用有着独特的优势。

经过几十年的发展，EDI 虽然在技术上日趋成熟，但始终无法得到广泛的商业应用，这说明其 EDI 较大的局限性，具体而言有如下几点：

① 费用高昂。需租用专用的 VAN，定制一对一转换系统，增加了企业信息处理成本。

② 覆盖面低。采用封闭的专用增值网络，因此只能与有限的贸易伙伴连接。

③ EDI 标准的结构灵活性差。不能随着与其对应的业务环境的变化相同步。

④ EDI 报文的传输有较多限制。只能使用指定的网络协议和安全保密协议。

⑤ 现行单证、报文、EDIFACT/X. 12 等标准无法满足实际需求时，无计可施。

⑥ EDI 标准基于传统商业事务规则，由于社会发展，规则的进步，有许多商务应用已无法用早期的 EDI 标准去规范化表示。

11. 4. 5　EDI 在物流业的应用

（1）企业仓储管理系统

将 EDI 技术与企业内部的仓储管理系统、自动补货系统、订单处理系统等企业 MIS 系统集成使用之后，可以实现商业单证快速交换和自动处理，简化采购程序、减低营运资金及存货量、改善现金流动情况等。

（2）货运业

在运输行业，通过采用集装箱运输电子数据交换业务，可以将船运、空运、陆路运输、外轮代理公司、港口码头、仓库、保险公司等企业之间各自的应用系统联系在一起，从而解决传统单证传输过程中的处理时间长、效率低等问题。可以有效提高货物运输能力，实现物流控制电子化。

（3）自动化通关

在外贸的自动化通关方面，通过采用 EDI 技术，可以将海关、商检、卫检等口岸监管部门与外贸公司、来料加工企业、报关公司等相关部门和企业紧密地联系起来，从而可以避免企业多次往返多个外贸管理部门进行申报、审批等。大大了简化了进出口贸易程序，提高了货物通关的速度。

（4）其他领域

如税务、银行、保险等贸易链路等多个环节之中，EDI 技术同样也有着具有广泛的应用前景。通过 EDI 和电子商务技术，可以实现电子报税、电子资金划拨等多种自动化方面的应用。

11.5 仓储管理系统（WMS）

11.5.1 WMS

（1）WMS 的构成

WMS 按照常规和用户自行确定的优先原则，来优化仓库的空间利用和全部仓储作业。对上，它通过电子数据交换（EDI）等电子媒介，与企业的计算机主机联网，由主机下达收货和定单的原始数据。对下它通过无线网络、手提终端、条码系统和 RFID 等信息技术与仓库的员工联系。上下相互作用，传达指令、反馈信息并更新数据库，同时，生成所需的条码标签和单据文件。

（2）WMS 的功能

一个 WMS 的基本软件包支持仓储作业中的全部功能，从进货站台直到发货站台。

① 收货。货到站台，收货员将到货数据由射频终端（RF Terminal）传到 WMS，WMS 随即生成相应的条码标签，粘贴（或喷印）在收货托盘（或货箱），经扫描，这批货物即被确认收到，由 WMS 指挥进库储存。

② 储存。WMS 按最佳的储存方式，选择空货位，通过叉车上的射频终端，通知叉车司机，并指引最佳途径，抵达空货位，扫描货位条码，使货物接收正确无误。货物就位后，再扫描货物条码，WMS 即确认货物已储存在这一货位，可供以后定单发货。

③ 定单处理。定单到达仓库，WMS 按预定规则分组，区分先后，合理安排。例如，交由 UPS 公司快运的，要下午 2 点前发货；需由公路长途运输的，要上午 5 点前发货；有些货物需特别护送，等等。WMS 按这些需要，确定安排如何最佳、及时地交付定单的货物。

④ 拣选。WMS 确定最佳的拣选方案，安排定单拣选任务。拣选人由射频终端指引到货位，显示拣选数量。经扫描货物和货位的条码，WMS 确认拣选正确，货物的存货量也同时减除。

⑤ 发货。WMS 制作包装清单和发货单，交付发运。称重设备和其他发货系统也能同时与 WMS 联合工作。

⑥ 站台直调。货到收货站台，如已有定单需要这批货，WMS 会指令叉车司机直送发货站台，不再入库。

除此之外，WMS 还能提供更多的附加支持，包括存货补充，循环盘存，班组工作实时监管等。更先进的 WMS 还能连接自动导向车、输送带、回转货架和高架自动储存系统（AS/RS）等，而最近的新趋势则是与企业的其他管理系统相结合，例如：运输管理系统、定单管理系统和企业资源规划调度系统等，使之融入企业的整体管理系统之内。

11.5.2 WMS 在我国的应用

WMS 是仓储管理信息化的具体形式，它在我国的应用还处于起步阶段。目前，国内仓储企业 WMS 的应用有以下几种类型。

(1) 基于典型的配送中心业务的应用系统

在销售物流中如连锁超市的配送中心，在供应物流中如生产企业的零配件配送中心，都能见到这样的案例。北京医药股份有限公司的现代物流中心就是这样的一个典型。该系统的目标，一是落实国家有关医药物流的管理和控制标准等；二是优化流程，提高效率。系统功能包括进货管理、库存管理、订单管理、拣选、复核、配送、终端管理、商品与货位基本信息管理等功能模块；通过网络化和数字化方式，提高库内作业控制水平和任务编排。该系统把配送时间缩短了 50%，订单处理能力提高了一倍以上，还取得了显著的社会效益，成为医药物流的一个样板。此类系统多用于制造业或分销业的供应链管理中，也是 WMS 中最常见的一类。

（2）以仓储作业技术的整合为主要目标的系统

解决各种自动化设备的信息系统之间整合与优化的问题。该系统的难点在于物流系统与流水线的各自动化设备系统要无缝连接，使库存成为流水线的一个流动环节，也使流水线成为库存操作的一个组成部分。各种专用设备均有自己的信息系统，WMS 不仅要整合设备系统，也要整合工艺流程系统，还要融入更大范围的企业整体信息化系统中去。此类系统涉及的流程相对规范化、专业化，多出现在大型 ERP 系统之中，成为一个重要组成部分。

（3）以仓储业的经营决策为重点的应用系统

其鲜明的特点是具有非常灵活的计费系统、准确及时的核算系统和功能完善的客户管理系统，为仓储业经营提供决策支持信息。华润物流有限公司的润发仓库管理系统就是这样的一个案例。此类系统多用于一些提供公共仓储服务的企业中，其流程管理、仓储作业的技术共性多、特性少，所以要求不高，适合对多数客户提供通用的服务。该公司采用了一套适合自身特点的 WMS 以后，减少了人工成本，提高了仓库利用率，明显增加了经济效益。

由上述对比，第一类 WMS 比较标准，但并非所有企业就能一步到位。第二类是企业内部物流发展进程中经常会用到的，当生产企业或商贸企业在推进其信息化的时候，物流部分往往先从自动化开始，然后与企业的其他信息系统整合起来。第三类则是传统仓储企业向现代物流业过渡的进程中经常会见到的情况。WMS 的这些分类反映了我国物流需求还不是很成熟的现状，发展不平衡的特点。

11.5.3 WMS 的发展动向

从中外物流发展的动向来看，仓储管理和 WMS 发展变化呈现如下动向。

（1）仓储管理的集中模式与分散模式

随着物流资源的整合，在网络建设过程中，提出了在大型物流网络中，仓储管理的集中模式与分散模式的关系问题。在现实应用中既有集中管理的仓库，也有分散管理的仓库。前者如国家储备粮系统，后者如连锁超市的配送中心。分散与集中各有其市场需求，似乎并不会有孰优孰劣的问题。

集中总是相对的，分散却是绝对的。当我们构造一个大系统模型时，分散式系统才是基础。技术方案的思路也就变成了如何在分散式仓库网络基础上，解决那些需要集中管理的困难。IBM 推出的 SOA（Service Oriented Architecture）构架就是此类研究的一个典型代表。在此基础上 WMS 的基本结构、标准模块和数据交换接口标准等方面的研究正在深入。

（2）以 RFID 为代表的新技术的影响在加深

以 RFID 为代表的新技术正在深刻地影响着仓储管理和 WMS，甚至孕育着一场“物流革命”。由于种种原因，RFID 还不可能马上普及应用到所有的商品上，全世界也不会很快就采用统一的物品编码标准。但是在物流环节可以通过车辆、集装箱、托盘、货架等设备应用 RFID 技术，提高物流管理水平。事实上我们已经看到在不少 WMS 案例中采用了 RFID 技术。因此我们预期物流设备的 RFID 加上商品的条形码可能是未来一个时期在 WMS 中探索 RFID 应用推广的一条实用之路。

（3）JIT 配送模式将越来越成为 WMS 服务的主要市场需求

随着市场逐步成熟，仓储管理在流程中的整合作用越来越明显，传统仓库将向配送中心转化。JIT 生产方式的普遍化也将导致 JIT 配送需求的增长。WMS 的发展要基于需求的这个变化趋势。与此同时，配送需求的专业化市场细分也在深入，要求 WMS 更加支持 JIT 配送的专业化。

（4）商业智能技术在 WMS 中的应用将越来越多

商业智能就是利用数据挖掘技术开发积累的数据信息，使之变成可以利用的知识。例如，利用库存数据分析市场变化规律，发现市场异常现象，研究仓库作业的优化方案等。

信息的作用关键在于应用，在于支持决策。在低水平的应用中，往往是系统采集数据，人工进行决策。经过一定的积累，应该过渡到系统具有决策的功能，这标志着系统上了一个新的台阶。因此，WMS 中商业智能技术模块将成为一个越来越重要的组成部分，促进了 WMS 的建模理论和方法的研究，以及优化方法和算法的研究。

11.6　ERP

11.6.1　ERP

ERP 是 Enterprise Resource Planning 的英文缩写，即企业资源计划。

ERP由国际著名咨询公司Gartner Group于1990年年初提出的概念，它由企业制造资源管理（MRPII）发展而来。它包含客户端或服务器架构，使用图形用户界面，采用开放式的系统设计，并随着因特网的出现与发展，ERP也可以支持浏览器或服务器架构。除了MRPII已有的标准功能，它还包括其他特性，如品质、过程运作管理以及均衡报告等。此外，ERP采用的基础技术将带给用户软件和硬件的独立性，从而使升级更加容易。ERP的关键在于用户能够裁剪其应用，因而具有内在的易用性。

ERP是从物料资源计划（MRP）发展而来的新一代集成化管理信息系统，它扩展了MRP的功能，其核心思想是供应链管理，它跳出了传统企业边界，从供应链范围去优化企业的资源，是基于网络经济时代的新一代信息系统。它对于改善企业业务流程、提高企业核心竞争力的作用是显而易见的。

11.6.2 MES、WMS与ERP之间的区别与联系

（1）MES

制造执行系统（Manufacturing Execution System，MES）是处于计划层和车间层操作控制系统SFC之间的执行层，主要负责生产管理和调度执行。它通过控制包括物料、设备、人员、流程指令和设施在内的所有工厂资源来提高制造竞争力，提供了一种系统地在统一平台上集成诸如质量控制、文档管理、生产调度等功能的方式。

（2）WMS

仓库管理系统（Warehouse Manage System，WMS）则是一套位于上层计划管理系统之下、面向仓库现场业务的管理信息系统。它为操作人员、管理人员提供仓库库存情况、库存占用资金状况和货物的跟踪追溯等。

目前很多企业一般的方式是采用WMS系统来进行仓库事务的操作，而将数据库与ERP系统进行对接，ERP只需要最终的结果就行了，这样就可以进行规划及其他数据处理。

（3）从企业信息系统架构看WMS、MES和ERP之间的区别与联系

企业信息系统总体架构（见图11－9），包括计划层应用系统——ERP，包括财务管理、销售管理、采购管理、物料管理等模块；执行层应用系统——MES和WMS；控制层应用系统——车间控制系统（SFC）。

由企业信息系统架构图可以看出，MES 和 WMS 同为执行层信息系统，但也存在着大量的信息交互。

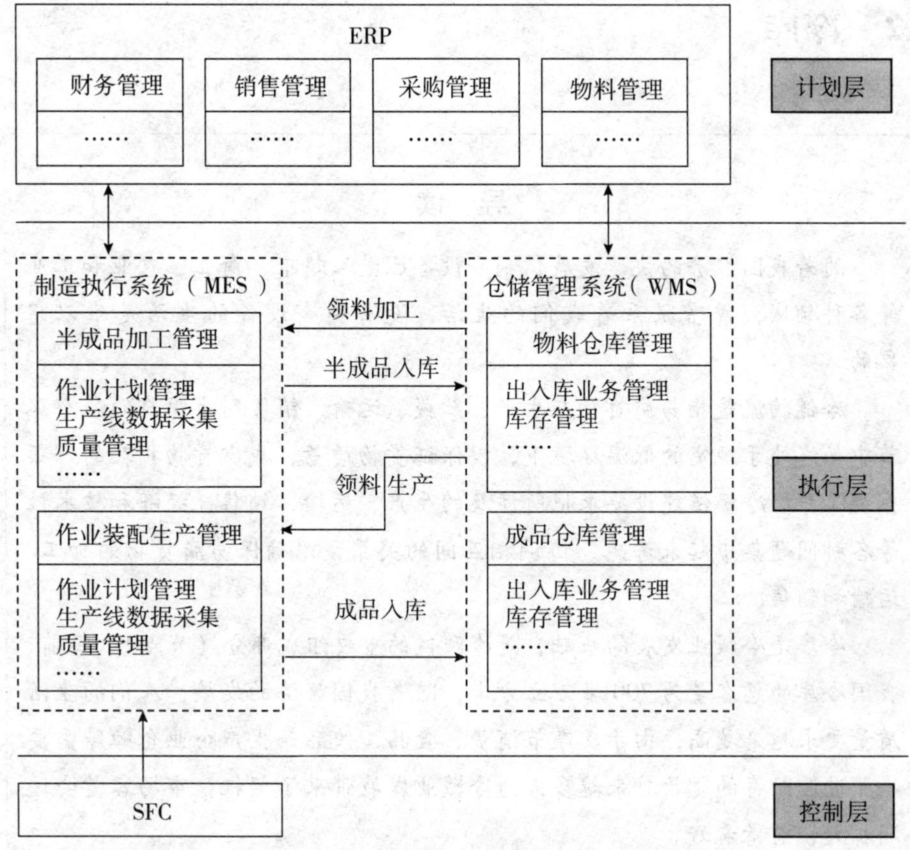

图 11－9 企业信息系统总架构图

12 冷库

导 读

随着我国经济的快速发展，制冷设备已进入超市、商业、农业和工业等各种领域，紧密联系着我们的生活，没有制冷设备的生活是难以想象的。

冷链物流是指易腐货物在生产、贮藏、运输、销售到消费前的各个环节中始终处于规定的低温环境下，以保证货物质量、减少货物损耗的一项系统工程。冷藏链建设要求把所涉及的生产、运输、销售、经济和技术性等各种问题集中起来考虑，协调相互间的关系，以确保易腐货物的加工、运输和销售。

冷库是冷藏业发展的基础，是冷藏链的重要组成部分（节点）。目前，我国冷库的总容量为700多万立方米，随着我国经济的发展，人们的生活质量要求越来越高，由于反季节消费，食品、饮品等生产企业仓贮等需要冷藏过渡贮存的货物越来越多，为冷藏业发展带来了契机，市场容量会逐渐扩大，前景看好。

12.1 专业名词解释

12.1.1 冷链物流

冷链物流泛指冷藏、冷冻类货物在生产、贮藏运输、销售，到消费前的各个环节中始终处于规定的低温环境下，以保证食品质量，减少货物损耗的一项系统工程。

它是随着科学技术的进步、制冷技术的发展而建立起来的，是以冷冻工艺学为基础、以制冷技术为手段的低温物流过程。冷链物流的适用范围包括：①初级农产品：蔬菜、水果；肉、禽、蛋；水产品、花卉产品。②加工食品：速冻食品、禽、肉、水产等包装熟食；冰淇淋和奶制品。③快餐原料。④特殊商品：药品等。

12.1.2 冷库

冷库，一般是指用各种设备制冷、可人为控制和保持稳定低温的设施。它的基本组成部分是：制冷系统、电控装置、有一定隔热性能的库房、附属性建筑物等。

冷库从本质上来讲是属于物流产业范畴，也是低温物流的一部分。冷库的物流属性体现为经营者按用户（商品的购买者，需求者，货主等）的要求，将冷冻货物从供给地到需要地的转移过程。是以消费者的需求为目标，把冷冻货物在制造、运输、销售的全过程系统地加以综合和组织的一种经济行为。这与传统物流把它看作是“后勤保障系统”的概念相比，在含义及概念上向前迈进了一大步。冷库即冷链物流的核心节点。

12.1.3 冷藏保管

根据控制温度的不同，冷藏保管通常分为冷藏和冷冻两种方式。

（1）冷藏

冷藏是指把食品的温度降到不致细胞膜结冰的程度，一般是将温度控制在0℃～5℃之内。冷藏处理不影响食品组织，其微生物仍有一定的繁殖能力，故冷却的食品不能久藏。冷藏适用于鲜蛋、乳品、水果、蔬菜等食品的储藏与运输。

（2）冷冻

冷冻一般又分为冷冻和速冻。

① 冷冻。冷冻采用的是逐步降温的方式，一般是把食品的温度降到0℃以下使其冻结。冷冻会致食品失去或减少原有的鲜味和营养价值，通常情况下，食品的冷冻温度不低于－20℃。冷冻适用于冻肉、冻鸡、冻鱼等食品的储藏与运输。

② 速冻。速冻则是在很短的时间内将温度降到所要控制的温度以下，即

在较短的时间内将食品冻结。速冻过程中形成的冰晶比较均匀细小，不致造成细胞膜的破裂，因而能保持食品原有的鲜味和营养价值。因此，速冻适用于鲜肉及制品、水饺、包子、汤圆、馒头等食品的储藏和运输。

12.2 冷库的分类

(1) 按结构形式分

① 土建冷库。这是目前建造较多的一种冷库，可建成单层或多层。建筑物的主体一般为钢筋混凝土框架结构或者砖混结构。土建冷库的维护结构属重体性结构，热惰性较大，室外空气温度的昼夜波动和维护结构外表面受太阳辐射引起的昼夜温度波动，在维护结构中衰减较大，故维护结构内表面温度波动就较小，库温也就易于稳定。

② 组合板式冷库。这种冷库为单层形式，库板为钢框架轻质预制隔热板装配结构，其承重构件多采用薄壁型钢材制作。库板的内、外面板均用彩色钢板，库板的芯材为发泡硬质聚氨酯或粘贴聚苯乙烯泡沫板。由于除地面外，所有构件均是按统一标准在专业工厂成套预制，在工地现场组装，所以施工进度快，建设周期短。

③ 覆土冷库。它又称土窑洞冷库，洞体多为拱形结构，有单洞体式，也有连续拱形式。一般为砖石砌体，并以一定厚度的黄土覆盖层作为隔热层。用作低温的覆土冷库，洞体的基础应处在不易冻胀的砂石层或者基岩上。由于它具有因地制宜、就地取材、施工简单、造价较低、坚固耐用等优点，在我国西北地区得到较大的发展。

④ 山洞冷库。这类仓库一般建造在石质较为坚硬、整体性较好的岩层内，洞体内侧通常经过衬砌或喷涂处理，洞体的岩层覆盖一般不小于 20 米。山洞仓库具有连续使用时间愈长，隔热效果愈好，热稳定性也越好的特点。

(2) 按使用性质分

① 生产性冷库。它们主要建在食品产地附近、货源较集中的地区和渔业基地，通常是作为鱼类加工厂、肉类加工厂、禽蛋加工厂、蔬菜加工厂，各类食品加工厂等企业的一个重要组成部分。这些冷库配有相应的屠宰间、理货间、整理间，具有较大的冷却、冻结能力和一定的冷藏容量，食品在此进

行冷加工后经过短期储存即运往销售地区，直接出口或运至分配性冷藏库作长期的储藏。

② 分配性冷库。它们主要建在大中城市、人口较多的工矿区和水陆交通枢纽，专门储藏经过冷加工的食品，以供调节淡旺季节、提供外贸出口和作长期储备之用。它的特点是冷藏容量大并考虑多品种食品的储藏，其冻结能力较小，仅用开长距离调入冻结食品在运输过程中软化部分的再冻及当地小批量生鲜食品的冻结。

③ 零售性冷库。这类冷库一般建在工矿企业或城市大型副食品店、菜场内，供临时储存零售食品之用，其特点是库容量小、储存期短，其库温则随使用要求不同而异。在库体结构上，大多采用装配式组合冷库。

（3）按规模大小分

① 大型冷库。此类冷库冷藏容量在10000吨以上，生产性冷库的冻结能力在120~160吨/日范围内，分配性冷库的冻结能力在40~80吨/日范围内。

② 中型冷库。此类冷库冷藏容量在1000~10000吨范围内，生产性冷库的冻结能力在40~120吨/日范围内，分配性冷库的冻结能力在20~60吨/日范围内。

③ 小型冷库（小冷库）。此类冷库的冻结能力在1000吨以下，生产性冷库的冻结能力在20~40吨/日范围内，分配性冷库的冻结能力在20吨/日以下。

（4）按冷库制冷设备选用工质分

① 氨冷库。此类冷库制冷系统使用氨作为制冷剂。

② 氟利昂冷库。此类冷库制冷系统使用氟利昂作为制冷剂。

（5）按使用库温要求分

① 高温冷库。L级，-5℃~5℃，主要用来储藏果蔬、蛋类、药材、木材保鲜、干燥等。又称冷却库，库温一般控制在不低于食品汁液的冻结温度。冷却库或冷却间的保持温度通常在0℃左右，并以冷风机进行吹风冷却。

② 中温冷库。D级，-10℃~18℃，主要用来储藏肉类、水产品及适合该温度范围的产品。

③ 低温冷库。J级，-28℃~-23℃。又称冻结库、冷冻冷库，一般库温在-30℃~-20℃，通过冷风机或专用冻结装置来实现对食品的冻结。

④ 超低温冷库。温度≤－30℃，主要用来速冻食品及工业试验、医疗等特殊用途。

⑤ 冷藏冷库。即冷却或冻结后食品的储藏库。它把不同温度的冷却食品和冻结食品在不同温度的冷藏间和冻结间内作短期或长期的储存，通常冷却食品的冷藏间保持库温2℃～4℃，主要用于储存果、蔬和乳、蛋等食品；冻结食品的冷藏间的保持库温为－25℃～－18℃，用于储存肉、鱼及家禽肉等。

⑥ 速冻冷库。又叫隧道冷库、速冻隧道冷库。用于食品快速冻结。

（6）按使用结构材料及档次分

可分为高档冷库、低档冷库、玻璃钢冷库、彩钢冷库、不锈钢冷库。

（7）按使用储藏特点分

① 超市冷库。超市用来储藏零售食品的小型冷库。

② 恒温冷库。对储藏物品的温度湿度有精确要求的冷库，包括恒温恒湿冷库。

③ 气调冷库。气调保鲜库是目前国内外较为先进的果蔬保鲜冷库。它既能调节库内的温度、湿度，又能控制库内的氧气、二氧化碳等气体的含量，使库内果蔬处于休眠状态，出库后仍保持原有品质。所谓气调保鲜就是通过气体调节方法，达到保鲜的效果。气体调节就是将空气中的氧气浓度由21%降到3%～5%，即保鲜库是在高温冷库的基础上，加上一套气调系统，利用温度和控制氧含量两个方面的共同作用，来达到抑制果蔬采后呼吸状态。包括气调保鲜冷库、气调冷库。

（8）按储藏物品分

可分为药品冷库、食品冷库、水果冷库、蔬菜冷库、茶叶冷库等。

12.3 冷库建筑的特点

（1）冷库需具有隔热性、密封性

冷库主要用于食品的冷冻加工及冷藏，它通过人工制冷，使室内保持一定的低温。冷库的墙壁、地板及平顶都敷设有一定厚度的隔热保温材料，以减少外界传热。为减少吸收太阳辐射能，冷库外墙表面一般涂成白色或浅颜色因而冷库建筑与一般工业民用建筑不同，有它独特的结构。

(2) 冷库需具有防潮隔汽性

冷库建筑要防止水蒸气的扩散和空气的渗透。室外空气侵入时增加冷库耗冷量，还带入水分，水分凝结引起隔热结构受潮冻结损坏，所以要设置防潮隔热层使冷库具有良好密封性和防潮隔汽性。

(3) 冷库需具有坚固性

冷库的地基受低温的影响，土壤中的水分易被冻结。因土壤冻结后体积膨胀，会引起地面破裂及整个建筑结构变形。为此，低温冷库地基除要有有效的隔热层外，隔热层下还必须进行处理，以防止土壤冻结。

(4) 冷库需具有较大承载力

冷库的楼板要堆放大量的货物，又要通行各种装卸运输机械设备，平顶上还设有制冷设备或管道。因此，它的结构应具有较大的承载力。

(5) 冷库需具有抗冻性

低温环境中，特别是在周期性冻结和融解循环过程中，建筑结构易受破坏。因此，冷库的建筑材料和冷库的各部分构造要有足够的抗冻性。

总的来说，冷库建筑是以其严格的隔热性、密封性、防潮隔汽性、坚固性和抗冻性来保证建筑物的质量。

12.4 冷库的结构

固定的冷库是由冷藏库房、冷冻库房、分发间、制冷设备机房等组成。库房采用封闭式的隔热保温结构，内装有冷却排管或冷风装置与制冷设备相连。库内装有温度、湿度测量设备，湿度控制设备、通风换气设备等。此外，还有一般仓库所拥有的货位、货架、装卸、搬运输送等常用的仓库作业设备。

(1) 冷却和冻结间

货物在进入冷藏间或冷冻库房之前，先在冷却或冷冻间进行冷处理，将货物均匀的降温到预定的温度。对于冷藏货物，降温至2℃~4℃；冷冻货物则迅速的降至-20℃使货物冻结，因而冷却和冻结间具有较强的制冷能力。

因为预冷作业期短，货物不需堆垛，一般直接放置在搬运设备上，如，放置在推车上或托盘上等。

（2）冷冻库房

经预冷达到冷冻保存温度的冷冻货物能较长时间地保存在库房。冷冻货物的货垛一般较小，以便降低内部温度。库内采用叉车作业为主，大多采用成组垛。

（3）冷藏库房

冷藏库房是冷藏货物存储的场所。货物在预冷后送入冷藏库房码垛存放。冷藏货物仍具有新陈代谢和微生物活动，还会出现自升温现象，因而冷藏库还需要进行持续的冷处理。冷藏库一般采用行列垛方式码垛存放，由于冷藏存放期较短，货物在库内搬运活性较高，托盘成组堆垛较为理想。

由于冷藏库的使用比较广泛，以下简要介绍一下冷藏仓库。

① 冷藏仓库的组成。冷藏仓库也是由一组建筑物及其设施、设备而构成的，主要包括主体建筑物、动力设施、生产设施和其他附属建筑物。

a. 主库。主库是由晾肉间、设备间、冻结间、再冻间、冷却物冷藏间（高温库）、冻结物冷藏间（低温库）、制冷间、冰库、穿堂、电梯间、站台以及整理间、更衣间等。

b. 动力设施。机器间、设备间、变配电间及锅炉间等。

c. 生产设施。屠宰间、理货间、包装间、加工间、化验间、冷却塔、水泵房、道路、停车场及污水处理等。

d. 其他附属建筑物。行政办公室、医务室、宿舍、食堂、浴室、门卫和围墙等。

② 冷藏仓库的几个重要功能空间。

a. 高温冷藏间。冷藏间内温度一般控制在0℃左右，温度变化须保持在0.5℃～1℃。冷却设备通常采用干式冷风机，安装均匀送风道，下设回风道，风速控制在0.1～0.3米/秒，相对湿度控制在85%～90%。其主要用于蛋类、水果和蔬菜等食品的冷藏。

对于生产性冷藏库，库房容量一般按冷却能力的3～5倍来计算。

b. 低温冷藏间。冷藏间内温度一般控制在－18℃左右，温度波动控制在±1℃。相对湿度控制在95%～100%，以防止食品脂肪的氧化。同时要求保持微风速循环。冷却设备一般采用顶排管和墙排管。排管内的蒸发温度通常为－23℃。其主要用于长期储存经过冻结的食品，如肉类、鱼等。

对于生产性冷藏库，库房容量可按冷却能力的20～50倍来计算。

c. 冷冻间。冷冻间是为长期储存食品而预先进行冻结的房间。目前我国食品冷却加工工艺大都采用一次冻结的方式。

冷冻间内温度通常控制在－23℃。排管内的蒸发温度为－33℃。冷却设备除配备有顶、墙蒸发排管外，还需配有干式或湿式冷风机，以加速冻结。其生产能力一般根据冷冻加工形式和冻结时间来确定。

d. 冰库。冰库内墙壁及柱子需设防护装置，以防冰块对其撞击。库内温度通常控制在－8℃～－4℃。

e. 机器间。机器间是整个冷藏库的制冷工艺中心。机器间一般与配电间、设备间、冷凝器联系在一起，通过外管网冻间、库房构成一个制冷循环系统。

(4) 分发间

冷库内不便于作业，而且会造成库内温度波动较大，因此货物出库时采取迅速地将冷货从冷藏或冷冻库移到分发间，在分发间进行作业装运。

分发间温度虽然也较低，但由于直接向库外作业，其温度变化较大，因而分发间不能存放货物。

12.5 冷库仓储管理

冷库作为专业性仓库，具有较为特殊的布局、结构和用具，货物也较特殊。因此，冷库对管理技术和管理人员的专业水平的要求都比较高。因为冷库大多存放的是食品，如管理不善造成货损事故，会严重影响人民的身体健康。

(1) 冷库的使用

冷库分冷冻库、冷藏库，须按库房的设计使用，二者不能混用。当库房改变用途时，必须按照所改变的用途进行制冷能力、保温材料、设施设备的改造，须完全满足新的用途。

要按照货物的类别和保管温度的不同分类使用库房。不同温度的货物不得存放在同一库房内；食品库房不能存放其他货物，食品也不能存放在非食品的库房内。

冷库要保持清洁、干燥，经常清理、清除残留物和结冰，库内不得出现积水。冷库在投入使用后，除非进行空仓维修保养，否则必须保持制冷状态。

(2) 出入库作业

货物入库时，除了通常仓储所进行的查验、点数外，要对送达货物的温度进行测定、查验货物内部状态，并进行详细的记录，对于已霉变的货物不接受入库。入库前货物要预冷，未经预冷冻结货物不得直接进入冷冻库，以免高温货物大量吸冷造成库内温度升高，影响库内其他冻货。

货物出库时，应认真核对。由于冷库内储存的货物大都相同，所以要核对货物的标志、编号、所有人、批次等项目，防止错发、错取。对于出库时需要做升温处理的货物，须按作业规程进行加热升温，不得自然升温。

(3) 冷货作业

为了减少冷耗，货物出入作业应选择在气温较低的时间进行，如早晨、傍晚、夜间。出入库作业时集中仓库内的作业量，尽可能缩短作业时间。要使装运车辆离库门距离最近，缩短货物露天搬运距离，防止隔车搬运。在货物出入库中出现库温升高时，应停止作业，封库降温。

出入库应使用推车、叉车、输送带等机械搬运，用托盘等成组单元作业，尽可能提高作业效率。

作业中，不得将货物停放在地坪，以避免货物和货盘冲击地坪、内墙、冷管等，吊机悬挂重量不得超过设计负荷。

库内货物堆码须按规程，合理选择货位。将存期短的货物存放在靠近库门附近，存期长的货物存放在库里端，易升温的货物接近冷风口或排管附近。根据货物或包装形状合理采用垂直叠垛或交叉叠垛。货垛要求堆码整齐、稳固、间距合适。货垛不能堵塞或者影响冷风的流动。堆垛之后在垛头上悬挂货垛牌。

拆垛时应从上往下取货，禁止中间抽取。取货时防止因货物冻结粘连强行取货而破坏包装。堆垛间距的要求如下：

① 距冻结物冷藏间顶棚——0.2 米。

② 距冷却物冷藏间顶棚——0.3 米。

③ 距顶排管下侧——0.3 米。

④ 距顶排管横侧—— 0.2 米。

⑤ 距无排管的墙——0.2 米。

⑥ 距墙排管的外侧——0.4 米。

⑦ 距冷风机周围——1.5 米。

⑧ 距风道底面——0.2 米。

（4）冷货保管

冷库内要保持清洁干净，地面、墙、顶棚、门框上无积水、结霜、挂冰，随有随扫除，特别是在作业以后，应及时清洁。制冷设备、管系上的结霜、结冰及时清除，以提高制冷功能。

须定时、经常测试室内温度和湿度，严格按照货物保存所需要的温度控制仓库室内温度。尽可能减少温度的波动，防止货物因变质或者解冻变软而倒垛。

按照货物所需要的通风要求，进行通风换气，以保持库内合适的温度和湿度。冷库一般采用机械通风，需要根据货物的保管要求控制通风次数和通风时间，如冷藏库每天 2 ~ 4 次，每次换气量为冷藏间体积的 1 ~ 2 倍，使库内二氧化碳的含量达到冷货所适合的范围（见表 12 – 1 当货物存期届满、接近保质期、出现性质或变质时，应及时通知存货人处理（见表 12 – 2）。

表 12 – 1　　部分货物二氧化碳含量百分比

品名	梨	青香蕉	柑橘	苹果	柿子	西红柿
二氧化碳百分比（%）	0.2 ~ 2	1.6	2 ~ 3	8 ~ 10	5 ~ 10	5 ~ 10

表 12 – 2　　部分冷货保质期

品名	库温	保质期
冻猪白条肉	– 18℃	12 个月
冻分割肉	– 18℃	12 个月
冻牛羊肉	– 18℃	11 个月
冻禽、冻兔	– 18℃	8 个月
冻鱼	– 18℃以下	9 个月
鲜蛋	– 1℃	3 ~ 9 个月

续 表

品名	库温	保质期
冰蛋（听装）	-18℃	15 个月
冻畜禽副产品	-18℃	10 个月
苹果	0℃	3～8 个月
大白菜	1.5℃	3 个月
蒜苗	0℃	2 个月
冰激凌	-20℃	5～6 个月

（5）冷库安全

① 防止冻伤。进入库房的人员，必须保温防护、穿戴手套、工作鞋。身体裸露部位不得接触冷冻库内的物品，包括货物、排管、货架、作业工具等。

② 防止人员缺氧窒息。由于冷库特别是冷藏库内的植物和微生物的呼吸作用使二氧化碳浓度增加，会使得库房内氧气不足，造成人员窒息。人员在进入库房前，尤其是长期封闭的库房，需进行通风，排除可能的氧气不足。

③ 避免人员被封闭库内。库门应设专人开关，限制无关人员进库。人员入库，应在门外悬挂告示牌。作业工班需明确核查人数的责任承担人，在确定人员都出库后，才能摘除告示牌。

④ 妥善使用设备。库内作业应使用抗冷设备，且进行必要的保温防护。不使用会发生低温损害的设备和用具。

12.6 冷库建设的选址原则

以往在冷库建设时对库址的选择多偏重于一些具体的技术条件，例如，不宜建在居住区集中的地区、在夏季最小频率风向的上风侧、有良好的卫生条件、有可靠的水源和电源、地势较高和地质条件良好的地方等。除了要满足上述的选址条件外，还需要结合以下两项要素进行综合考虑。

① 最小距离原则。应使这个区域的冷库离开所服务冷冻品货主的距离最小。最小距离包括两个方面：冷冻品从货主指定点运到冷库的距离和冷冻品从冷库运出到货主指定的下一个送货点的距离。这是一个综合数值，是一个

加权平均值。

② 最大辐射原则。冷库所服务的货主是在不断变化的，所服务的地区也在不断变化之中，一个理想的冷库区域位置，应该能够随着不断的变化而相应地、持续不断地吸引新的货主。能够做到这一点，就说明这个区域位置具有很强的业务吸引力，或者是具有最大的辐射能力。

在具体进行冷库区域位置可行性研究时，要对一个较大地区总的经济、交通、食品加工业和消费者的状况做一个全面了解、分析和前景预测。对港口、车站、机场、高速公路网络、城市道路网和交通枢纽、物流基地等应该有详细了解。

一个具有较好区域位置的冷库，在以后的营业中能够在市场竞争中取得较好的经济效益，并且能够在一个较长的时期内，获得可持续的发展。

13 危险品仓库

导 读

截至目前，虽然各危险品领域都有很多部法规，但这些法规基本上都是从各自独立领域的角度来制订的，而对生产、运输、仓储的整条供应链来讲，至今没有一部法规或是规范的管理标准。

由于没有危险品物流全过程的统一管理标准，所以各环节的管理是分开的，只能分部门操作。这就形成了目前危险品领域众多资格证的情况，如交通部门、安全部门、环保部门等都能参与审批发证，导致政策重叠，多个部门同时管一件事。

危险品的仓储会因运输方式的不同而有不同的操作方式，陆上货运(铁路和公路基本相同)、水运和航空货运，国内与国际货运对危险品的操作要求都不尽一致，所以，危险品的仓储操作须根据货运方式的不同而有所不同。

13.1 专业名词解释

13.1.1 危险品

危险品也称“危险货物”，是指具有爆炸、易燃、毒害、感染、腐蚀、放射性等危险特性，在运输、储存、生产、经营、使用和处置中，容易造成人身伤亡、财产损毁或环境污染而需要特别防护的物质和物品。

13.1.2 危险品仓库

危险品仓库是指储存危险品的仓库，它属于特殊种类仓库。因所储存货物具有危险性，所以，需要采取特殊的设施和措施。

13.2 仓储危险品

13.2.1 危险品分类

依据国标 GB 6944—2005《危险货物分类和品名编号》的规定，危险货物（危险品）按危险货物具有的危险性或最主要的危险性分为 9 个类别。有些类别再分成项别。类别和项别的号码顺序并不是危险程度的顺序。

1. 第 1 类 爆炸品

包括爆炸性物质；爆炸性物品；为产生爆炸或烟火实际效果而制造的上述 2 项中未提及的物质或物品。

第 1 类划分为 6 项。

第 1 项 有整体爆炸危险的物质和物品。

第 2 项 有迸射危险，但无整体爆炸危险的物质和物品。

第 3 项 有燃烧危险并有局部爆炸危险或局部迸射危险或这两种危险都有，但无整体爆炸危险的物质和物品。本项包括：

a. 可产生大量辐射热的物质和物品。

b. 相继燃烧产生局部爆炸或迸射效应或两种效应兼而有之的物质和物品。

第 4 项 不呈现重大危险的物质和物品。本项包括运输中易点燃或引发时仅出现小危险的物质和物品；其影响主要限于包件本身，并预计射出的碎片不大、射程也不远，外部火烧不会引起包件内全部内装物的瞬间爆炸。

第 5 项 有整体爆炸危险的非常不敏感物质。本项包括有整体爆炸危险性，但非常不敏感以致在正常运输条件下引发或由燃烧转为爆炸的可能性很小的物质。

第 6 项 无整体爆炸危险的极端不敏感物品。本项包括仅含有极端不敏感起爆物质、并且其意外引发爆炸或传播的概率可忽略不计的物品。注：该项物品的危险仅限于单个物品的爆炸。

2. 第 2 类 气体

本类气体指在 50℃ 时，蒸汽压力大于 300 千帕的物质；或 20℃ 时在

101.3 千帕标准压力下完全是气态的物质。

本类包括压缩气体、液化气体、溶解气体和冷冻液化气体、一种或多种气体与一种或多种其他类别物质的蒸气的混合物、充有气体的物品和烟雾剂。

第 2 类根据气体在运输中的主要危险性分为 3 项。

第 1 项　易燃气体。本项包括在 20℃和 101.3 千帕条件下：

a. 与空气的混合物按体积分类占 13%或更少时可点燃的气体。

b. 不论易燃下限如何，与空气混合，燃烧范围的体积分数至少为 12%的气体。

第 2 项　非易燃无毒气体。在 20℃压力不低于 280 千帕条件下运输或以冷冻液体状态运输的气体，并且是：

a. 窒息性气体——会稀释或取代通常在空气中的氧气的气体。

b. 氧化性气体——通过提供氧气比空气更能引起或促进其他材料燃烧的气体。

c. 不属于其他项别的气体。

第 3 项　毒性气体。本项包括：

a. 已知对人类具有的毒性或腐蚀性强到对健康造成危害的气体。

b. 半数致死浓度 LC_{50}值不大于 5000 毫升/立方米，因而推定对人类具有毒性或腐蚀性的气体。

注：具有两个项别以上危险性的气体和气体混合物，其危险性先后顺序为第 3 项优先于其他项，第 1 项优先于第 2 项。

3. 第 3 类　易燃液体

本类包括：

a. 易燃液体：在其闪点温度（其闭杯试验闪点不高于 60.5℃，或其开杯试验闪点不高于 65.6℃）时放出易燃蒸气的液体或液体混合物，或是在溶液或悬浮液中含有固体的液体。本项还包括：在温度等于或高于其闪点的条件下提交运输的液体；或以液态在高温条件下运输或提交运输、并在温度等于或低于最高运输温度下放出易燃蒸气的物质。

b. 液态退敏爆炸品。

4. 第 4 类　易燃固体、易于自燃的物质、遇水放出易燃气体的物质

第 4 类分为 3 项。

第 1 项 易燃固体。本项包括：

a. 容易燃烧或摩擦可能引燃或助燃的固体。

b. 可能发生强烈放热反应的自反应物质。

c. 不充分稀释可能发生爆炸的固态退敏爆炸品。

第 2 项 易于自燃的物质。

本项包括：发火物质；自热物质。

第 3 项 遇水放出易燃气体的物质：与水相互作用易变成自燃物质或能放出危险数量的易燃气体的物质。

5. 第 5 类 氧化性物质和有机过氧化物

第 5 类分为 2 项。

第 1 项 氧化性物质。本身不一定可燃，但通常因放出氧或起氧化反应可能引起或促使其他物质燃烧的物质。

第 2 项 有机过氧化物。分子组成中含有过氧基的有机物质，该物质为热不稳定物质，可能发生放热的自加速分解。该类物质还可能具有以下一种或数种性质：

a. 可能发生爆炸性分解。

b. 迅速燃烧。

c. 对碰撞或摩擦敏感。

d. 与其他物质起危险反应。

e. 损害眼睛。

6. 第 6 类 毒性物质和感染性物质

第 6 类分为 2 项。

第 1 项 毒性物质。经吞食、吸入或皮肤接触后可能造成死亡或严重受伤或健康损害的物质。毒性物质的毒性分为急性口服毒性、皮肤接触毒性和吸入毒性。分别用口服毒性半数致死量 LD_{50}、皮肤接触毒性半数致死量 LD_{50}，吸入毒性半数致死浓度 LC_{50} 衡量。经口摄取半数致死量：固体 $LD_{50} \leqslant 200$ 毫克/千克；液体 $LD_{50} \leqslant 500$ 毫克/千克；经皮肤接触 24 小时，半数致死量 $LD_{50} \leqslant 1\ 000$ 毫克/千克；粉尘、烟雾吸入半数致死浓度 $LC_{50} \leqslant 10$ 毫克/升的固体或液体。

第 2 项 感染性物质。含有病原体的物质，包括生物制品、诊断样品、基因突变的微生物、生物体和其他媒介，如病毒蛋白等。

7. 第7类　放射性物质

含有放射性核素且其放射性活度浓度和总活度都分别超过 GB 11806 规定的限值的物质。

8. 第8类　腐蚀性物质

通过化学作用使生物组织接触时会造成严重损伤或在渗漏时会严重损害甚至毁坏其他货物或运载工具的物质。

腐蚀性物质包含与完好皮肤组织接触不超过4小时，在14天的观察期中发现引起皮肤全厚度损毁，或在温度55℃时，对 S235JR + CR 型或类似型号钢或无覆盖层铝的表面均匀年腐蚀度超过6.25毫米/年的物质。

9. 第9类　杂项危险物质和物品

具有其他类别未包括的危险的物质和物品，如危害环境物质；高温物质；经过基因修改的微生物或组织。

危险货物品名编号采用联合国编号。每一危险货物对应一个编号，但对其性质基本相同，运输、储存条件和灭火、急救、处置方法相同的危险货物，也可使用同一编号。

13.2.2　危险品的包装

危险货物包装按其适用范围又可分通用包装和专用包装两大类。

(1) 危险货物的通用包装

《国际危规》将危险货物的通用包装分为3个等级，三类包装等级的含义为：

Parking Group Ⅰ类包装：能盛装高度、中度和低度危险的货物。

Parking Group Ⅱ类包装：能盛装中度和低度危险的货物。

Parking Group Ⅲ类包装：只能盛装低度危险的货物。

依据在正常运输情况下可能遭遇的撞击、挤压、摩擦等情况，对危险货物包装进行各种模拟试验，是试验其包装强度的有效方法，对危险性越大的货物，其包装模拟试验的标准也应当越高，包装等级的划分，由其包装模拟试验来确定，仿真试验的项目：跌落试验、渗漏试验、液压试验、堆码试验等，每一类型之包装试验，只需按规定作其中的一项或几项试验（见表13-1）。

试验品若在规定的高度跌落于试验平台后，无影响运输安全的损坏，则为合格。经过试验合格的包装，都应在包装的明显部位标注清晰持久的包装试验合格标志。

表 13－1　　　危险品包装模拟试验的要求

<table>
<tr><td rowspan="4">跌落实验</td><td rowspan="3">跌落高度</td><td>一类危险品：1.8m</td></tr>
<tr><td>二类危险品：1.2m</td></tr>
<tr><td>三类危险品：0.8m</td></tr>
<tr><td>跌落次数</td><td>顶、短侧、底、角、长侧</td></tr>
<tr><td rowspan="3">渗漏实验</td><td rowspan="3">实验压力</td><td>一类危险品不低于 30kPa</td></tr>
<tr><td>二类危险品不小于 20kPa</td></tr>
<tr><td>三类危险品不小于 20kPa</td></tr>
<tr><td rowspan="3">液压实验</td><td rowspan="3">恒压</td><td>一类危险品不小于 250kPa，从外加压观看包装是否损坏</td></tr>
<tr><td>二类危险品不小于 100kPa</td></tr>
<tr><td>三类危险品不小于 100kPa</td></tr>
<tr><td rowspan="2">堆码实验</td><td>最低高度</td><td>3m</td></tr>
<tr><td>最低时间</td><td>24 小时至一周</td></tr>
</table>

（2）危险货物的专用包装

第 1 类的部分爆炸品，因对防火、防震、防磁等有特殊要求，需要选用货物明细表中规定的或主管部门批准的包装材料，类型和规格的专用包装。除非明细表中有特别规定，第 1 类爆炸货品中其余货物的包装均应满足上述通用包装 Parking Group Ⅱ 的要求。

第 2 类危险货物均需使用耐压容器的专用包装，依据在 15℃ 时所能承受的压力不同分为低压容器（≤2 兆帕）、中压容器（>2 兆帕且≤7 兆帕）和高压容器（>7 兆帕）三种。此类货物的包装及试验标准，主要由各国有关的主管机关制定和监管。

第 7 类危险货物的包装，不但要能保护内装货物，在常规情况下运输要能将辐射及毒性减弱到规定的极限。这类货物的包装设计及试验必须符合国际原子能机构（IAEA）有关文件的专门规定，依照货物的运输指数（Transport Index，TI）。

这类货物的包装分为三个等级：Ⅰ类包装（TI ~0）、Ⅱ类包装（TI >0 且 TI <1）和Ⅲ类包装（TI≥1）。Ⅰ类包装图案标志为白色，至于Ⅱ、Ⅲ包装的图案标志均为黄色并注明其 TI 值，这种包装分类与危险货物通用包装等级分类方法相反，即危险程度越大，包装等级越大。

13.3 危险品仓库的分类

（1）按隶属和使用性质分

我国通常把危险品仓库按其隶属和使用性质分为甲、乙两类。甲类是指那些隶属于商业仓储业、交通运输业、物资管理部门的危险品仓库，该类仓库大都储存量大、品种繁杂且危险性较大。乙类仓库则是指企业自用的危险品仓库，一般规模都较小。

（2）按仓库规模分

危险品仓库按规模又划分为三级：大型危险品仓库，库场面积 >9000 平方米；中型危险品仓库，550 平方米 < 库场面积 <9000 平方米；小型危险品仓库，库场面积 <550 平方米。

（3）按火灾危险性分

按储存物品的火灾危险性分五级（见表 13 -2）。

表 13 -2 按储存物品的火灾危险性的仓库等级

等级	火灾危险性的特征
甲	1. 闪点 <28℃的液体 2. 爆炸下限 <10% 的气体，以及受到水或空气中水蒸气的作用，能产生爆炸下限 <10% 的气体的固体物质 3. 常温下自行分解或在空气中氧化能导致迅速自燃或爆炸的物质 4. 常温下受到水或空气中水蒸气的作用能产生可燃气体并引起燃烧或爆炸的物质 5. 遇酸、受热、撞击、摩擦以及遇有机物质或硫酸等易燃的无机物，极易引起燃烧或爆炸的强氧化剂 6. 受撞击、摩擦或与氧化剂、有机物接触时能引起燃烧或爆炸的物质

续 表

等级	火灾危险性的特征
乙	1. 闪点 >28℃至 <60℃的液体 2. 爆炸下限≥10%的气体 3. 不属于甲类的氧化剂 4. 不属于甲类的化学易燃危险固体 5. 助燃气体 6. 常温下与空气接触能缓慢氧化，积热不散能引起自燃物品
丙	1. 闪点≥60℃的液体 2. 可燃固体
丁	难燃烧物品
戊	非燃烧物品

13.4 危险品仓库的布局和结构

危险品仓库，一般占地面积较大。在布局上，应区别各类物品的不同性能，以“安全第一”为原则，搞好库区规划。

13.4.1 危险品仓库的布局原则

（1）安全原则

① 生产区安全原则。生产区安全包括生产区用地安全与周边安全两部分。用地安全一方面指库区用地范围的地形地貌和工程地质条件满足建设用地的要求，不存在地质灾害等，另一方面仓储区范围具备建设专用消防通道及消防救灾制高点的条件；周边安全主要体现在仓储区与周边设施要满足一系列相关法律、法规、条例和规范等要求。

② 运输安全原则。为了提高运输安全，一方面减少长距离运输；另一方面危险品运输路线应尽量回避人口密集区和一级水源保护区等敏感区域，减少安全隐患。

③ 周边安全控制原则。加强对库区周边地区的安全控制，一定范围内要

禁止或有条件允许相关项目的建设，长期确保危险品仓储区周边安全。

（2）协调原则

① 与城市长远发展相协调原则。危险品仓库布局要避免对城市发展造成阻碍。

② 与城市重大设施相协调原则。

（3）效率原则

① 接近主要服务区域，方便企业经营。危险品仓库布局应尽量接近主要服务区域，减少穿越。

② 交通便捷。运输便利包括对外交通和对内交通两方面的便利。对外交通应靠近区域交通主干道或对外交通设施（如港口等），衔接便捷；对内交通要求通达性好，尽量减少到消费地的运输距离。

13.4.2 危险品仓库的库区布局

（1）设置防火的安全距离

① 危险品仓库的库区布置须严格按照公安部颁布的《建筑设计防火规范GB 16—1987》中的要求，设置防火安全距离。

② 大、中型甲类和大型乙类危险品仓库与临近居民点和公共设施的间距应大于150米；与企业、铁路干线间距大于100米；与公路间距大于50米。

③ 库区内，库房间防火间距根据货物特性取20米～40米，小型仓库的防火间距在12米～40米。

④ 易燃货物最好储存在地势较低的位置，桶装易燃液体应存放在库房内。

（2）建筑物

①《常用危险化学品储存通则》（GB 15603—1995）要求储存危险化学品的建筑物不得有地下室或其他地下建筑，其耐火等级、层数、占地面积、安全疏散和防火间距应符合《建筑设计防火规范》（GBJ 16—2001）的要求。

②《危险化学品经营企业开业条件和技术要求》（GB 18265—2000）要求危险化学品的库房建筑应符合《建筑设计防火规范》（GBJ 16—2001）的要求；危险化学品的仓库的建筑屋架应根据所存危险化学品的类别和危险等级采用木结构、钢结构或装配式钢筋混凝土结构，砌砖墙、石墙、混凝土墙及钢筋混凝土墙。

③ 库房门应为铁门或木质门外包铁皮，采用外开式；设置高侧窗（剧毒物品仓库应加设铁护栏）。

④ 毒害性、腐蚀性危险化学品库房的耐火等级不得低于二级；易燃易爆性危险化学品库房的耐火等级不得低于三级。爆炸品应储存于一级轻顶耐火建筑内，低中闪点液体、一级易燃固体、自燃物品、压缩气体和液化气体类应储存与一级耐火建筑的库房内。汽车加油站的建筑物还要符合《汽车加油加气站设计与施工规范》（GB 50156—2002）的要求。

⑤ 储存地点及建筑结构的设置。储存地点及建筑物的设置，除了应符合国家有关规定外，还应考虑对周围环境和居民的影响。

⑥ 储存场所的电气设施，储存场所的电气安装要符合《建筑设计防火规范》（GBJ 16—2001）的要求。危险化学品的储存建筑物、场所消防用电气设备应能够充分满足消防用电的需要。

危险化学品储存区域或建筑物内输电线路、配电线路、灯具、火灾事故照明和疏散指示标志都应符合安全要求。

⑦ 储存易燃、易爆危险化学品的建筑必须安装避雷设备（避雷设备要求有效覆盖）。

⑧ 汽车加油加气站的电气装置还要符合《汽车加油加气站设计与施工规范》（GB 50156—2002）的要求。

⑨ 储存场所通风或温度调节。

a. 储存危险化学品的建筑必须安装通风设备，并注意设备防护设施。

b. 储存危险化学品的建筑通风系统设有导除静电的接地装置。

c. 通风管应采用非燃烧材料制作。

d. 通风管不宜穿过防火墙等放火分隔物，如果必须穿过时用非燃烧材料分隔。

⑩ 储存危险化学品建筑采暖的温度不宜过高，热水采暖不应超过 80℃，不得使用蒸汽采暖和机械采暖。采暖管道和设备的保温材料必须采用非燃烧材料。

（3）库区储存要求

禁配要求。根据危险化学品性能分区、分类、分库储存。各类危险化学品不得与化学性质相抵触或灭火方法不同的禁忌物料分开的储存方式（见表 13－3）。

表 13－3　　储存量及储存要求

储存要求＼储存类别	露天储存	隔离储存	隔开储存	分离储存
平均单位面积储存量（t/m^2）	1.0～1.5	0.5	0.7	0.7
单一储存区最大储量（t）	2000～2400	200～300	200～300	400～600
垛距限制（m）	2	0.3～0.5	0.3～0.5	0.3～0.5
通道宽度（m）	4～6	1～2	1～2	5
墙距宽度（m）	2	0.3～0.5	0.3～0.5	0.3～0.5
与禁忌品距离（m）	10	不得同库储存	不得同库储存	7～10

（4）危险品库场建筑形式

危险品库场通常采用地面仓库、地下仓库和半地下仓库建筑形式，也有窑洞以及露天堆场，具体视货物的特性而定。

13.4.3　对危险品从业人员的要求

凡从事危险品生产、经营、储存、运输、使用或者处置废弃危险品等活动的人员，都必须接受有关危险品法律、法规、规章和安全知识、专业技术、职业卫生防护和应急救援等知识的全面培训，只有通过考核并取得上岗合格证后方可上岗作业。

保证储存、装卸和运送化学危险品程序的安全，人才的培训是重要因素。以新加坡专营危险化学品物流的 G&U 物流公司为例，他们很注重培训危险化学品的物流人才，有危险品安全顾问长期监管危机意识管理和施行安全程序，提供定期训练和提供有关处理危险品的安全守则资料，这样有效地提高了公司的运作效率和信誉。

13.5　危险品的保管作业

13.5.1　危险品仓库管理

危险品在装卸、搬运、堆码及管理、养护等方面，必须采取科学的方法，危险品仓库管理一般要求做到以下几点：

（1）货物出入库管理

① 货物出库。提货车辆和提货人员一般不得进入存货区，由仓库搬运人员将应发商品送到货区外的发货场。柴油车及无安全装置的车辆不得进入库区，提货车辆装运抵触性商品的，不得进入库区拼车装运。商品出库时包装完整，重量正确，并标有符合商品品名和危险性质的明显标记。

② 货物入库。必须防止不合格和不符合安全储存的商品混运进库，这是把好危险商品储存安全的第一关。商品入库要检查其包装、衬垫、封口等，符合安全储存要求，才准运入库。

（2）分区分类储存

易爆、易燃、助燃、毒害、腐蚀、放射等类商品性质各异，互相影响或抵触的，必须分区隔离储存，即使同类商品，虽其性质互不抵触，但也应视其危险性的大小和剧缓程度进行分类存储。

（3）堆码苫垫

危险品应以库房储存为主，堆码不宜过高过大，货垛之间要留出足够宽的走道，墙距亦应较宽。一般堆垛高度：液体商品以不超过 2 米、固体商品以不超过 3 米为宜。

（4）安全装运

危险品的装卸、搬运，必须轻装轻卸，使用不发生火花的工具（用铜制的或包铜的器具），禁止滚、摔、碰、撞、重压、振动、摩擦和倾斜。如，有的库房采用下沉式站台，如图 13－1 所示。

图 13－1 下沉式站台

13.5.2 危险品仓库安全保管制度

①“五双”制度：五双即“双人保管、双把锁（匙）、双本账、双人发货、双人领用”。

② 出入库登记制度：无论何人进出库区都须详细登记。

③ 安全检查制度：检查有分工，职责明确，记录详细，及时整改。

④ 清点账物制度：保管员每周清点，保卫和物资部门每月清点，发现问题及时上报。

⑤ 禁止吸烟制度：进库人员必须交出火种。机动车入库，排气管必须带上火星熄灭器。禁止拖拉机进入库区。

⑥ 安全操作制度：搬运装卸及堆装易爆物品必须轻装，轻卸，轻拿轻放，严禁摔掼撞击，开箱应使用不会产生火花的工具，并应在专门的发放时间内进行。

⑦ 仓库保管人员的“一日三查”：易燃易爆化学危险品仓库的保管人员“一日三查”，即上班后、当班中、下班前检查。查垛码是否牢固，查包装是否渗漏，查电源是否安全，查库内温度，在雨雪天时候是否有雨雪进入库房等。

13.6 危险化学品储存经营企业的条件

按照《危险化学品安全管理条例》中的有关规定，国家对危险化学品经营销售实行“许可制度”。未经许可，任何单位和个人都不得经营销售危险化学品。

（1）储存单位须具备以下基本条件

① 储存场所、设施、建筑物符合国家标准《建筑设计防火规范》（GBJ 16—1987）和《爆炸危险场所安全规定》及《仓库防火安全管理规则》等规定，并经公安消防机构验收合格。

② 储存条件符合《危险化学品经营企业开业条件和技术要求》（GB 18265—2000）和《常用危险化学品储存通则》（GB 15603—1998）的规定。

③ 有符合储存需要的管理人员和技术人员。

④ 企业法定代表人、主管人员和从业人员必须取得省级安全生产监督管理局颁发的《危险化学品经营（储存）单位从业人员培训合格证》。

⑤ 剧毒化学品管理制度。

⑥ 有危险化学品事故应急求援预案。

⑦ 符合法律、法规和国家标准要求的其他条件。

(2) 储存单位须提交下列材料

①《危险化学品储存批准书申请表》。

② 可行性研究报告（包括地点设置、建筑结构、储存管理、安全保障等）。

③ 储存危险化学品的燃点、自燃点、闪点、爆炸极限、毒性等理化性能指标。

④ 储存企业法定代表人身份证复印件。

⑤ 具有资质的安全评价单位出具的安全评价报告。

⑥ 储存场所、设施、建筑物消防安全验收文件的复印件。

⑦ 储存场所、设施产权或租赁证明文件复印件。

⑧ 县级以上（含县级）公安、消防部门的消防安全储存许可证复印件。

⑨ 企业法定代表人、从业人员取得的××省安全生产监督管理局颁发的《危险化学品经营（储存）单位从业人员培训合格证》原件（初审后退还）和复印件。

⑩ 安全管理制度和岗位安全操作规程。

⑪ 剧毒化学品安全管理制度。

⑫ 危险化学品事故应急救援预案。

⑬ 储存品名详表。

⑭ 法律、法规规定的其他材料。

13.7 危险化学品监督机构及职责

对危险化学品的生产、经营、储存、运输、使用和对废弃危险化学品处置实施监督管理的有关部门，依照下列规定履行职责：

① 国务院经济贸易综合管理部门和省、自治区、直辖市人民政府经济贸易管理部门，依照本条例的规定，负责危险化学品安全监督管理综合工作，负责危险化学品生产、储存企业设立及其改建、扩建的审查，负责危险化学品包装物、容器（包括用于运输工具的槽罐，下同）专业生产企业的审查和定点，负责危险化学品经营许可证的发放，负责国内危险化学品的登记，负责危险化学品事故应急救援的组织和协调，并负责前述事项的监督检查；设立市级人民政府和县级人民政府负责危险化学品安全监督管理综合工作的部门，由各该级人民政府确定，依照本条例的规定履行职责。

② 公安部门：负责危险化学品的公共安全管理，负责发放剧毒化学品购买凭证和准购证，负责审查核发剧毒化学品公路运输通行证，对危险化学品道路运输安全实施监督，并负责前述事项的监督检查。

③ 质检部门：负责发放危险化学品及其包装物、容器的生产许可证，负责对危险化学品包装物、容器的产品质量实施监督，并负责前述事项的监督检查。

④ 环境保护部门：负责废弃危险化学品处置的监督管理，负责调查重大危险化学品污染事故和生态破坏事件，负责有毒化学品事故现场的应急监测和进口危险化学品的登记，并负责前述事项的监督检查。

⑤ 铁路、民航部门：负责危险化学品铁路、航空运输和危险化学品铁路、民航运输单位及其运输工具的安全管理及监督检查。

⑥交通部门：负责危险化学品公路、水路运输单位及其运输工具的安全管理，对危险化学品水路运输安全实施监督，负责危险化学品公路、水路运输单位、驾驶人员、船员、装卸人员和押运人员的资质认定，并负责前述事项的监督检查。

⑦ 卫生行政部门：负责危险化学品的毒性鉴定和危险化学品事故伤亡人员的医疗救护工作。

⑧ 工商行政管理部门：依据有关部门的批准、许可文件，核发危险化学品生产、经营、储存、运输单位营业执照，并监督管理危险化学品市场经营活动。

⑨ 邮政部门：负责邮寄危险化学品的监督检查。

14 海关监管仓

导 读

监管仓，通常分为进口保税仓、出口监管仓。也就是说，进口保税仓和出口监管仓都必须处于海关的监管之下，进出监管仓的货物必须经过报关这一环节。保税仓库也属于监管仓。监管仓大都设立于拥有口岸的港口码头、机场、车站等附近，服务于进出口货物的配送。

自中国入世以来，我国保税区逐步形成南有以广州、深圳为主的珠江三角洲区域，中有以上海、宁波为主的长江三角洲区域，北有以天津、大连、青岛为主的渤海湾区域的区域性格局，三个区域的保税区成为中国与世界进行交流的重要口岸，并形成独特的物流运作模式。保税仓库是就保税制度中应用最广泛的一种形式。

出口监管仓、进口保税仓也构成国际物流的主要节点之一。

14.1 专业名词解释

14.1.1 海关监管

海关监管是指海关运用国家赋予的权力，通过一系列管理制度与管理程序，依法对进出境工具、货物、物品的进出境活动所实施的行政管理。海关监管是一项国家职能，其目的在于保证一切进出境活动符合国家政策和法律的规范，维护国家主权和利益。海关监管不是海关监督管理的简称，而海关监督管理则是海关全部行政执法活动的统称。

根据监管对象的不同，海关监管分为运输工具监管、货物监管和物品监管三大体系，每个体系都有一整套规范的管理程序与方法。

我国海关监管特殊区域共有11种，具体为：保税区；出口加工区；保税物流园区；保税港区；综合保税区；出口监管仓库；进口保税仓库；保税物流中心A型；保税物流中心B型；珠海跨境工业园区；霍尔果斯边境合作区。

14.1.2 监管仓

监管仓，通常分为出口监管仓，进口保税仓。也就是说，进口保税仓和出口监管仓都必须处于海关的监管之下，进出监管仓的货物必须经过报关这一环节。保税仓库也属于监管仓。

（1）出口监管仓

出口监管仓是指经海关批准设立，对已办结关出口手续的货物进行存储、保税物流配送、提供流通性增值服务的海关专用监管仓库。

利用出口仓出口货物，主要是为了提高流通效率，减低各种成本，增强出口货物在国际市场的竞争能力。

（2）进口保税仓

保税即“未交关税”，进口保税仓是一个存放“未交关税”的仓库，如境外仓库一样。货物存放在保税仓可以节省一大笔租金费用，尤其是时间较长时，这项优势更加明显。因保税仓的租金较便宜，而且可在申报时直接在保税仓拖走报关（见图14－1）。

图14－1 保税仓库

简单地说，海关监管仓库里的货物不一定是保税货物，而保税仓库里面是保税货物，保税货物一般是要复运出境的，而海关监管仓库存放的是属于海关监管范围内的其他的货物。他们的管理要求是基本一致的。

14.1.3 保税仓库

保税仓库是保税制度中应用最广泛的一种形式，是指经海关核准的专门存放保税货物的专用仓库。

根据国际上通行的保税制度要求，进境存入保税仓库的货物可暂时免纳进口税款，免领进口许可证件（能制造化学武器的和易制毒化学品的除外），在海关规定的存储期内复运出境或办理正式进口手续。

海关允许存放保税仓库的货物有三类：一是供加工贸易（进、来料加工）加工成品复出口的进口料件；二是外经贸主管部门批准开展外国商品寄售业务、外国产品维修业务、外汇免税商品业务及保税生产资料市场的进口货物；三是转口贸易货物以及外商寄存货物以及国际航行船舶所需的燃料、物衬和零配件等。

14.1.4 保税物流中心

保税物流中心是指由一家或多家物流企业，在一个保税场所内开展保税货物仓储、简单加工、配送、转运、检测维修和报关等业务的物流集结区。

14.1.5 保税区

保税区又称“保税仓库区”，它是经国务院批准设立的、海关实施特殊监管的经济区域，是我国目前开放度和自由度最大的经济区域。

保税区是中国继经济特区、经济技术开发区、国家高新技术产业开发区之后，经国务院批准设立的新的经济性区域。由于保税区按照国际惯例运作，实行比其他开放地区更为灵活的优惠政策，它已成为中国与国际市场接轨的“桥头堡”。

1990 年 6 月，经中央批准，在上海创办了中国第一个保税区——上海外高桥保税区。1992 年以来，国务院又陆续批准设立了 14 个保税区和一个享有保税区优惠政策的经济开发区，即天津港、大连、张家港、深圳沙头角、深圳福田、福州、海口、厦门象屿、广州、青岛、宁波、汕头、深圳盐田港、珠海等保税区以及海南洋浦经济开发区。全国15个保税区隔离设施已全部经海关总署验收合格，正式投入运营。

保税区、保税物流中心、保税仓库、出口监管仓库之间的区别联系（见图14－2）。

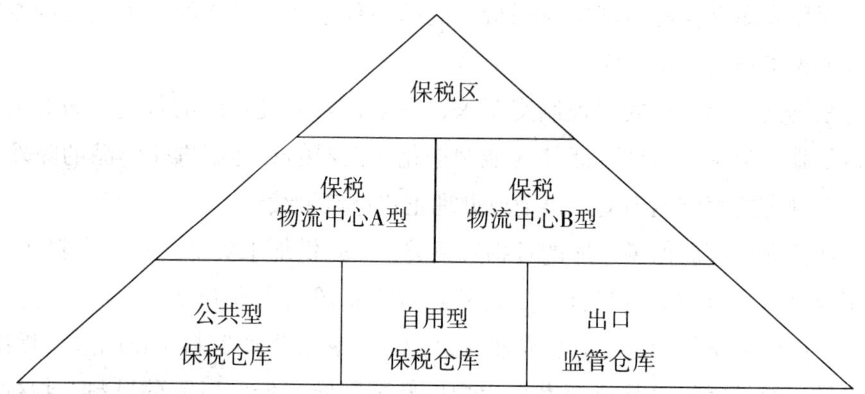

图14－2 保税区、保税物流中心、保税仓、出口监管仓库区别联系示意图

14.2 出口监管仓

依《中华人民共和国海关对出口监管仓库及所存货物的管理办法》（海关总署发布于2005年11月28日）的规定。

14.2.1 出口监管仓库的设立条件

出口监管仓库的设立，由出口监管仓库所在地主管海关受理，报直属海关审批。申请设立出口监管仓库的经营企业，应当具备下列条件：

① 已经在工商行政管理部门注册登记，具有企业法人资格。

② 具有进出口经营权和仓储经营权。

③ 注册资本在300万元人民币以上。

④ 具备向海关缴纳税款的能力。

⑤ 具有专门存储货物的场所，其中出口配送型仓库的面积不得低于5000平方米，国内结转型仓库的面积不得低于1000平方米。

⑥ 经海关审核符合相关条件的，会出具批准证书。

⑦ 申请设立出口监管仓库的企业应当自海关出具批准文件之日起 1 年内向海关申请验收出口监管仓库。

⑧ 企业无正当理由逾期未申请验收或者验收不合格的，该出口监管仓库的批准文件自动失效。

14. 2. 2　出口监管仓库货物的管理

① 存放在海关监管仓库的货物有两个期限，如储存超过 14 天，海关要征收滞纳金；超过三个月仍不提取的，便视为放弃货物，按照《中华人民共和国海关法》的规定变卖，款项交归国库。

② 仓库经营企业应当通知发货人或者其代理人办理货物的出境或者进口手续。

③ 存入出口监管仓库的货物不得进行实质性加工。

14. 2. 3　出口监管仓库的特点及税收政策

① 监管仓库是对已办结海关出口手续的货物进行存储、保税物流配送、提供流通性增值服务的海关专用监管仓库。出口监管仓库的审批权限在海关总署。

② 监管仓库的主要功能是配送出口货物。

③ 监管仓库的主要政策：试点监管仓享受“入仓退税政策”，其他则是“离境之后退税”。

④ 出口监管仓库的监管特点：一般不设专门机构，货物离境再签发入仓报关单。存入出口监管仓库的货物，视为正式出口货物。出口货物存入出口监管仓库后，货物所有权属外商。

⑤ 出口监管仓退税政策。

a. 对企业从海关出口监管仓提取的料件，不予开具进料加工贸易免税证明。

b. 通过海关监管仓出口的货物，可凭海关签发的出口货物报关单（出口退税专用）及其他规定凭证，按现行规定办理出口货物退（免）税。申请入仓退税，国家税务总局也要参与审批。

相关文件：《国家税务总局关于出口货物退（免）税若干问题的通知》

（国税发［2003］139 号），《国家税务总局关于从保税仓库和出口监管仓库提取的料件有关税收处理办法的批复》（国税函［2005］1153 号）。

14.3 进口保税仓

14.3.1 保税仓的基本内容

（1）存放货物范围和期限

海关规定，保税仓库适用于存放供来料加工、进料加工复出口的料、件；经经贸部门批准寄售维修零配件，外商寄存、暂存货物，转口货物；供应国际航行船舶的燃料、零配件；免税品等。属于一般贸易性质的进口货物不允许存入保税仓库，也不允许在保税仓库中对所存货物进行加工，但可在海关监管下进行改变货物包装或加刷唛码。

保税仓库所存货物储存期限为 1 年。如因特殊情况可向海关申请延期，但延期最长不得超过 1 年，期满仍未转为进口也不复运出境的，由海关将货物变卖处理。

（2）建库制度

申请建立保税仓库应由保税仓库经营人持工商部门颁发的营业执照，填写《保税仓库申请书》，提交经贸主管部门批准经营有关业务的批件，向海关提出申请，海关派人员实地调查后，对符合条件的颁发《保税仓库登记证书》。所谓符合条件是指保税仓库应具有专门储存、堆放进口货物的安全措施，有健全的仓库管理制度和详细的仓库账册；配合经海关培训认可的专职管理人员，保税仓库的经营者应具备向海关缴纳税款的能力。

（3）出入仓制度

保税货物在保税仓库所在的海关入境时，货主或其代理人应填写进口货物报关单一式三份并加盖“保税仓库货物”印章，注明此货物系存入某保税仓库，经向海关申报，查验放行后，一份由海关留存，另两份随货带交保税仓库。保税仓库经营人应于货物入库后即在上述报关单上签收，一份留存，一份交回海关存查。

保税货物复出口时货主或其代理人应当填写出口货物报关单一式三份并

交验进口时由海关签印的报关单，向当地海关办理复运出口手续，经海关检查与实物相符合后签印，一份留存，一份发还，一份随货带交出境地海关凭此放行货物出境。

保税货物经海关核准转为进入国内市场销售时，由货主或其代理人按照一般贸易进口货物向海关办理有关手续并缴纳关税和代征税，海关签印放行后在原进口货物报关单上注销。

14.3.2　保税仓库储存的经营方式

我国目前实行的保税仓库制度，是一项专门储存“进口货物”的保税制度。即指经海关核准，进口货物（限定尚未确定最终去向或待复出口的货物）可以暂缓缴纳进口各税、免领进口许可证或其他进口批件，存入专门仓库，并在规定期限内复运出口或办理正式进口手续或提取用于保税加工。但在货物储存期间必须保持货物的原状，除允许在海关监管下进行一些以储存和运输为目的的简单处理（如晾晒、刷标记、更换包装等）外，不得进行任何加工。这项制度实际上开辟了一个免税的供销市场。

进口商品可以根据转口贸易、加工贸易、维修业务、寄售贸易等需要，随时有现货供应，而无需境内用货单位事先占用大量资金对进口货物进行储备，也不必等待交货期。保税仓库储存货物如提取运往境外，则向海关办理复运出口手续；如提取在境内销售和使用则办理正式进口手续并缴纳进口各税；如提取用于加工成品出口则按加工贸易办理海关手续。

14.3.3　保税仓库储存货物的范围

① 供加工贸易（来料加工、进料加工）加工成品复出口的进口料件。

② 国际转运货物，包括外商寄存、暂存货物、转口贸易货物。

③ 供应国际航行船舶的燃料、物料和零配件。

④ 经商务主管部门批准和海关核准，开展外国商品寄售业务、外国产品维修业务、外汇免税商品业务所需商品及保税生产资料市场待销的进口货物等。

⑤ 未办结向海关纳税手续的一般贸易货物。

⑥ 其他经海关批准为办结海关手续的货物。

保税仓库不得存放国家禁止进境货物，不得存放未经批准的影响公共安全、公共卫生或健康、公共道德或秩序的国家限制进境货物及其他不得存入保税仓库的货物。转口贸易的烟、酒和转口贸易的易制毒化学品不能存入保税仓库。各类保税仓库应在批准的范围内经营保税储存业务。

保税仓库经营单位进口供仓库自己使用的设备、装置和用品，如货架、搬运、起重包装设备、运输车辆、办公用品及其他管理用具，均不属于保税货物。进口时应按一般贸易办理进口手续并缴纳进口税款。

14.3.4 保税仓库的类型

（1）按贸易方式分

① 转口贸易保税仓库。转口贸易项下的进出口货物可以免征进出口关税和其他税收；如果需要改变包装、加刷唛码，必须在海关监管下进行。

② 加工贸易备料保税仓库。来料加工、进料加工向下存入保税仓库的免税进口的备用物料，经过海关核准之后提取加工复出口的，海关将根据实际出口数量征收或者免征原进口物料的关税。

③ 寄售维修保税仓库。为引进的先进技术设备提供售后服务进口的维修零备件，可以免办纳税进口手续存入保税仓库。进口保税仓库的审批权在海关总署。

（2）按经营方式分

① 公用型保税仓库。公用型保税仓库是指由主营仓储业务的中国境内独立企业法人经营，专门向社会提供保税仓储服务的保税仓库。这种保税仓库存放的货物，出库货物的流向不是单一的，也就是说货物出库的流向可以是复出口运往境外，也可以销往境内。

② 自用型保税仓库。自用型保税仓库是由特定的中国境内独立的法人经营，仅存储本企业自用的保税货物的仓库。

③ 专用型保税仓库。这种保税仓库包括液体危险品（如石油、成品油、或者其他散装液体化学危险品）保税仓库、备料保税仓库、寄售维修保税仓库及其他专用型保税仓库。例如，维修技术服务中心（站）寄售零配件保税仓库；国际运输工具备用燃料、物料和零配件保税仓库；免税外汇商品保税仓库；中远船员自用物品保税仓库；海上石油开发外籍人员生活用品保税仓

库等。

14.3.5 保税仓库的设立条件

保税仓库应当设立在设有海关机构、便于海关监管的区域。申请建立保税仓库应具备下列条件：

① 经工商行政管理部门注册登记，具有法人资格。

② 注册资本最低限额300万元人民币。

③ 具备向海关缴纳税款的能力。

④ 具有专门存储保税货物的经营场所。

⑤ 经营特殊许可商品存储的，应当持有规定的特殊许可证件。

⑥ 经营备料保税仓库的加工贸易企业，年出口额最低为1000万美元。

⑦ 法律、行政法规、海关规章规定的其他条件。

建立保税仓库还应符合海关监管条件。例如，仓库用于专门储存、堆放保税货物的场所应具有隔离、安全措施；有符合海关监管要求的保税仓库计算机管理系统并与海关联网；要符合有关国家对土地管理、规划、交通、消防、安全、质检环保等法律法规的规定；应建立符合海关规定的健全的仓储管理制度和详细的仓库账册；应配备经海关培训认可的专职管理人员；应符合海关规定的仓库面积或容积等。公用型保税仓库面积最低为2000平方米；液体危险品保税仓库容积最低为5000立方米；寄售维修保税仓库面积最低为2000平方米。

对具备上述经营条件和海关监管条件的仓库经理人，可向主管海关申请设立保税仓库。

14.3.6 保税仓库的经营注册流程

(1) 注册申请

仓库经营人在其经营仓库具备了海关规定的仓储和管理条件后，应向主管海关提出注册申请，并提交下列文件资料：

①《保税仓库申请书》。应填明仓库名称、地址、负责人、管理人员、储存面积及存放货物的类别等内容。

② 有关主管部门批准开展有关业务的批准文件，如寄售、维修等。

③ 经营单位的工商营业执照。如系租赁仓库经营的，还应提供仓库经营人的营业执照。

④ 其他有关资料如租赁仓库的租赁合同或协议、仓库管理制度等。

(2) 配合海关勘查

海关接受设立保税仓库的注册申请后，对提交的文件资料进行审查，并派员到仓库现场进行实地勘查，确认申请内容的真实性。海关实地核查仓储设施、核定仓储面积和便利海关监管的措施；审核仓库专门账册的设置是否适用、科学、简便、符合海关要求等。仓库经营人应积极配合海关实地勘查。

(3) 领取登记证书

海关经单证审核和实地勘查后，对符合经营条件和符合海关有关规定并具备海关监管条件、经营人亦能保证遵守海关对保税仓库的各项规定，承担应履行的义务的，由直属海关批准建立保税仓库，并颁发《保税仓库注册登记证书》。经营人可在海关批准的范围内经营保税储存业务。

建立保税仓库由主管海关接受申请并于20个工作日内进行初审，然后报直属海关审批。直属海关于20个工作日内审核批准设立保税仓库，批准文件有效期为1年。直属海关自批准设立保税仓库之日起30天内报海关总署备案。

14.3.7 保税仓库海关管理规范

① 保税仓库不得转租、转借给他人经营，不得下设分库。

② 海关对保税仓库实行计算机管理，并可以随时派员进入保税仓库检查货物收、付、存情况及有关账册。海关认为有必要时，可以会同保税仓库经营企业双方共同对保税仓库加锁或者直接派员驻库监管，保税仓库经营企业应当为海关提供办公场所和必要的办公条件。

③ 海关对保税仓库实行分类管理及年审制度，保税仓库经营企业应按照海关对企业实行年审的规定按时参加年审。对保税仓库不参加年审或者年审不合格的，海关注销其注册登记，并收回《保税仓库注册登记证书》。

④ 保税仓库企业负责人和保税仓库管理人员应当熟悉海关有关的法律法规，遵守海关监管规定，参加海关培训。

⑤ 保税仓库经营企业应当如实填写有关单证、仓库账册，真实记录并全

面反映其业务活动和财务状况，编制仓库月度收、付、存情况和年度财务会计报告，并定期以计算机数据和书面形式报送主管海关。

⑥ 保税仓库经营企业需变更企业名称、注册资本、组织形式、法定代表人等事项的应向主管海关提交报告，并报直属海关重新审核；对保税仓库需变更名称、地址、仓库面积（容积）、所存货物范围和种类等事项，应报直属海关批准。直属海关批准后报海关总署备案。

⑦ 保税仓库无正当理由6个月未经营保税业务的，保税仓库经营企业应当向海关申请终止保税仓储业务。经营企业未申请的，海关注销其注册登记，并收回《保税仓库注册登记证书》。

⑧ 保税仓库因其他事由终止保税仓储业务的，由保税仓库经营企业向海关提出申请，经海关核准后，交回《保税仓库注册登记证书》，并办理注销手续。

14.3.8 进口保税仓库的特点及税收政策

① 进口保税仓库是指经海关批准设立的专门存放保税进口货物及其他未办结海关手续货物的仓库。这种仓库仅限于存放供来料加工、进料加工复出口的料件，暂时存放之后复运出口的货物和经过海关批准缓办纳税手续进境的货物。

② 保税仓库的主要功能：进口保税货物。

③ 保税仓库的主要政策：进口保税。

④ 保税仓库的海关监管特点：一般不设专门机构。

14.3.9 保税仓储货物的通关限制

海关保税仓储货物的通关制度对货物有以下方面的限制：

(1) 保税储存货物品种的限制

按照规定，转口贸易的烟、酒和转口贸易的易制毒化学品等和由于公共道德、公共秩序、公共安全或公共卫生等方面国家明令禁止进口的物品不准存入保税仓库，除此以外，其他进口货物无论是应税货物，还是属于限制进口的货物，均可存入保税仓库，保税仓库货物进境申报时，除易制毒化学品、监控化学品、消耗臭氧层物质等需申领许可证以外免领许可证件。

对于汽车只能存放于设在国家指定的 6 个口岸的保税仓库，这 6 个口岸是大连、天津、上海、皇岗、黄埔、满洲里等。但是，对一家具体的保税仓库而言，只能在海关注册的储存范围内储存进口货物。公用型保税仓库可以储存通关制度中未规定不准存放的一切货物，自用型保税仓库原则上仅能存放与其经营业务相关的货物。

（2）保税储存货物时间的限制

按照《中华人民共和国海关对保税仓库及所存货物的管理办法》的规定：保税仓库所存货物的储存期限为 1 年。如因特殊情况需延长储存期限的，应向主管海关申请延期，经海关核准的延长期限最长不能超过 1 年。所存货物期满超过 3 个月仍未转为正式进口或复运出口，按《海关法》的规定，由海关提取变卖处理；变卖所得价款在扣除运输、装卸、储存等费用和进口各税后，仍有余款的，自变卖之日起 1 年内，经货主申请并办理相关进口手续后予以发还，逾期无人申请的，上缴国库。

（3）对保税货物在储存保管中的限制

① 保税仓库应独立设置，专库专用，保税货物不得与非保税货物混放。保税仓库对所存货物应有专人管理，海关认为有必要时将会与仓库管理人员共同加锁。仓库经营人配合海关派员对仓库储存情况进行检查，对海关派员驻库监管，应提供便利。

② 保税仓库所存货物属于海关监管货物，未经海关核准并按规定办理有关手续，仓库经营人及其他任何人均不得擅自出售、提取、交付、调换、抵押、转让或移作他用。

③ 货物在仓库储存期间发生短少或灭失，除不可抗力原因外，短少或灭失部分，由保税仓库经营人承担缴纳税款责任，并由海关按有关规定予以处理。

（4）对保税储存货物处置的限制

保税货物在储存期间不得进行加工。但是对由于运输、保管或商业上的需要，在遵守存放规则的前提下，由保税仓库经营人，向海关提出申请，经海关同意，并在海关监管下，保税仓库经营人或货主可对货物进行以下处置：

① 为保存货物所必须的搬运和处理，如除尘、防腐、防虫及防潮处理等。

② 改善外观或商业性质的处理，如对货物进行分级、拆零等。

③ 改善包装，如将大包装改为小包装，改换中性包装，加刷唛码等。

14.3.10　保税仓库进出货物的报关程序

(1) 保税仓库货物进口入库

保税仓库储存货物在保税仓库所在地进境时，由货主或其代理人向入境地海关申报，填写“进口货物报关单”，在报关单上加盖“保税仓库货物”戳记，并注明“存入××保税仓库”，经入境地海关查验放行后，货物所有人或其代理人应将货物存入保税仓库，并将两份“进口货物报关单”随货带交保税仓库经营人，保税仓库经营人应在核对报关单上申报进口货物与实际入库货物无误后，在报关单上签收，其中一份报关单连同保税仓库货物入库单据交回海关存查。

货物如在保税仓库所在地以外的口岸进境，则应由货主或其代理人先行办理转关运输手续。货物到达目的地后，货物所有人或其代理人应按上述手续向海关办理进口申报和入库手续。

(2) 保税仓库储存货物按出库流向报关

① 转口售出或复运出境，办理出口报关手续。保税仓库储存货物在规定的时间内，复运出境时，货物所有人或其代理人应向保税仓库所在地海关申报，填写“出口货物报关单”并提交进口时经海关签章确认的“进口货物报关单”，经海关核实后予以验放有关货物，或按转关运输管理办法将有关货物监管至出境地海关验放出境。复出境手续办理后，海关在一份出口货物报关单上加盖印章退还给货物所有人或其代理人，作为保税仓库货物核销依据。

② 转入境内市场销售，办理正式进口报关手续。保税仓库储存货物转为进入国内市场销售时，货物的所有人或其代理人应事先报主管海关核准，并办理正式进口手续。对属于进口管制的货物（如属于实行进口配额、进口许可证管理、机电产品进口管理、特定商品进口管理以及其他进口管理的商品），应向海关交验相应的许可证件，并应按照海关规定视进口货物的不同情况缴纳进口税费，其中对符合特定减免税条件的海关按照规定给予减或免税；对保修期内免费维修有关进口产品所使用的保修零配件，海关凭维修报告书也可享受免税待遇。上述手续办理后，海关在进口货物报关单上加盖放行章。其中一份用以向保税仓库提取货物，另一份由保税仓库留存，作为保税仓库核销依据。

③ 转为加工贸易提取使用，办理进口保税加工提货手续。对从保税仓库提取货物用于进料加工、来料加工项目加工生产成品复出口时，经营加工贸易的单位，应首先按照进料加工或来料加工的程序办理。即应首先向外经贸主管部门申请加工贸易合同审批──→向主管海关申请办理合同登记备案──→向海关指定银行申请办理银行保证金台账──→主管海关核发《加工贸易登记手册》。

经营加工贸易的单位凭《加工贸易登记手册》，并填写加工贸易专用《进口货物报关单》和《保税仓库领料核准单》，经海关审核后加盖放行章，其中一份凭以到保税仓库提货，另一份保税仓库留存，作为保税仓库核销依据。

④ 对运往境内保税区、出口加工区或者调往到其他保税仓库继续实施保税监管的，应向海关办理相应的海关手续。

（3）保税仓库储存货物的定期逐批核销

保税仓库货物应按月向主管海关办理核销。经营单位应在每月的前 5 天将上月所发生的保税仓库货物的入库、出库、结存等情况列表，并随附经海关签章的进出口货物报关单以及《保税仓库领料核准单》、维修报告书等单证，报送主管海关。

海关对上述单证资料进行审核，必要时，派员到仓库实地核查有关记录和货物结存情况，核实无误后予以核销，并在一份保税仓库报表上加盖印章，退还保税仓库经营单位留存。

14.3.11 保税仓库的法律责任

① 保税仓库货物在存储期间发生损毁或者灭失的，除不可抗力外，保税仓库经营人应当向海关缴纳损毁、灭失货物的税款，并承担相应的法律责任。

② 保税仓库存储货物在保税仓库内存储期满，未及时向海关申请延期或者延长期届满后，既不复运出境也不转为进口的，海关按照有关规定提取变卖处理。

③ 海关在保税仓库设立、变更、注册后，发现原申请材料不完整或者不准确的，应当责令经营企业限期补正，发现企业有隐瞒真实情况、提供虚假材料等违法情形的依法予以处罚。

④ 保税仓库经营企业有下列行为之一的，海关责令其改正，可以给予警告，或者处 1 万元以下的罚款；有违法所得的，处违法所得 3 倍以下的罚款，但最高不得超过 3 万元：

a. 未经海关批准，在保税仓库擅自存放非保税货物的。

b. 私自设立保税仓库分库的。

c. 保税仓库管理混乱，账目不清的。

d. 经营事项发生变更，未按照规定申请办理变更手续的。

⑤ 对其他违法行为，海关按照《海关法》、《海关行政处罚实施条例》的有关规定进行行政处罚。构成犯罪的，依法追究刑事责任。

14.4 保税物流中心

14.4.1 保税物流中心 A 型

依《中华人民共和国海关对保税物流中心（A 型）的暂行管理办法》（海关总署于 2005 年 6 月 23 日发布）的有关规定：

保税物流中心 A 型。经海关批准，由中国境内企业法人经营、专门从事保税仓储物流业务的海关监管场所。

（1）地点选择

物流中心应当设在国际物流需求量较大，交通便利且便于海关监管的地方。

（2）物流中心经营企业条件

① 经工商行政管理部门注册登记，具有独立的企业法人资格。

② 注册资本不低于 3000 万元人民币。

③ 具备向海关缴纳税款和履行其他法律义务的能力。

④ 具有专门存储货物的营业场所，拥有营业场所的土地使用权。租赁他人土地、场所经营的，租期不得少于 3 年。

⑤ 经营特殊许可商品存储的，应当持有规定的特殊经营许可批件。

⑥ 经营自用型物流中心的企业，年进出口金额（含深加工结转）东部地区不低于 2 亿美元，中西部地区不低于 5000 万美元。

⑦ 具有符合海关监管要求的管理制度和符合会计法规定的会计制度。

（3）物流中心条件

① 符合海关对物流中心的监管规划建设要求。

② 公用型物流中心的仓储面积，东部地区不低于 20000 平方米，中西部地区不低于 5000 平方米。

③ 自用型物流中心的仓储面积（含堆场），东部地区不低于 4000 平方米，中西部地区不低于 2000 平方米。

④ 建立符合海关监管要求的计算机管理系统，提供供海关查阅数据的终端设备，并按照海关规定的认证方式和数据标准，通过“电子口岸”平台与海关联网，以便海关在统一平台上与国税、外汇管理等部门实现数据交换及信息共享。

⑤ 设置符合海关监管要求的安全隔离设施、视频监控系统等监管、办公设施。

⑥ 符合国家土地管理、规划、消防、安全、质检、环保等方面的法律、行政法规、规章及有关规定。

（4）审批机关

设立物流中心的申请由直属海关受理，报海关总署审批。

（5）物流中心经营企业可开展的业务

① 保税存储进出口货物及其他未办结海关手续货物。

② 对所存货物开展流通性简单加工和增值服务。

③ 全球采购和国际分拨、配送。

④ 转口贸易和国际中转业务。

⑤ 经海关批准的其他国际物流业务。

14.4.2 保税物流中心 B 型

依《中华人民共和国海关对保税物流中心（B 型）的暂行管理办法》（海关总署于 2005 年 6 月 23 日发布）的有关规定。

保税物流中心 B 型。经海关批准，由中国境内一家企业法人经营，多家企业进入并从事保税仓储物流业务的海关集中监管场所。

（1）设立物流中心的条件

① 物流中心仓储面积，东部地区不低于 10 万平方米，中西部地区不低于 5 万平方米。

② 符合海关对物流中心的监管规划建设要求。

③ 选址在靠近海港、空港、陆路交通枢纽及内陆国际物流需求量较大，交通便利，设有海关机构且便于海关集中监管的地方。

④ 经省级人民政府确认，符合地方经济发展总体布局，满足加工贸易发展对保税物流的需求。

⑤ 建立符合海关监管要求的计算机管理系统，提供海关查阅数据的终端设备，并按照海关规定的认证方式和数据标准，通过“电子口岸”平台与海关联网，以便海关在统一平台上与国税、外汇管理等部门实现数据交换及信息共享。

⑥ 设置符合海关监管要求的安全隔离设施、视频监控系统等监管、办公设施。

（2）物流中心经营企业资格

① 经工商行政管理部门注册登记，具有独立企业法人资格。

② 注册资本不低于5000万元人民币。

③ 具备对中心内企业进行日常管理的能力。

④ 具备协助海关对进出物流中心的货物和中心内企业的经营行为实施监管的能力。

（3）中心内企业条件

① 具有独立的法人资格或者特殊情况下的中外企业的分支机构。

② 具有独立法人资格的企业注册资本最低限额为500万元人民币；属企业分支机构的，该企业注册资本不低于1000万元人民币。

③ 具有向海关缴纳税款和履行其他法律义务的能力。

④ 建立符合海关监管要求的计算机管理系统并与海关联网。

⑤ 在物流中心内有专门存储海关监管货物的场所。

（4）中心内企业可开展的业务

① 保税存储进出口货物及其他未办结海关手续货物。

② 对所存货物开展流通性简单加工和增值服务。

③ 全球采购和国际分拨、配送。

④ 转口贸易和国际中转。

⑤ 经海关批准的其他国际物流义务。

15 自动化仓库

导 读

现代物流中心已经成为物流供应链中重要的枢纽之一，它是接受并处理下游用户的订货信息，是对上游供应方的大批量货物进行集中储存、加工等作业，并向下游进行批量转运的设施和机构。而作为物流中心的重要组成部分，自动化仓库直接影响到企业领导者制订的战略和计划、指挥和调整企业的行动。

我国物流系统的作业水平不高，当人力作业不感到费力而机械作业又太复杂时，应优先考虑使用人力作业；一般机械可方便完成作业，应优先考虑机械作业。我国的现实状况是建设资金不足，而劳动力相对充足，不宜大量建造规模大、控制水平高的自动化仓库。

自动化仓库仅适用于那些机械化程度较高的行业，但自动化仓库作为现代仓库发展的一个重要方向，仍需要给予更多关注。

15.1 专业名词解释

15.1.1 立体仓库

立体仓库是指采用高层货架以货箱或托盘储存货物，用巷道式堆垛起重机及其他机械进行作业的仓库。立体仓库也称“高架仓库”，一般指采用几层、十几层高的货架储存货物，并且用专门的仓储作业设备进行货物出库或者入库作业的仓库。由于这类仓库能充分利用空间储存货物，故常形象地将其称为“立体仓库”。当立体仓库的存取设备自动化程度较高时，也将这样的仓库称为“自动化仓库”。

自动化仓库指由电子计算机进行管理和的控制，不需人工搬运作业，从而实现收发作业的仓库。自动化仓库的基本组成部分包括：建筑物、货架、理货区、管理区、堆垛机械、配套机械、相关的管理系统和信息系统。这些硬件和软件需要很高的资金投入和安装建设费用。

通俗地讲，自动化仓库就是实现了全自动化作业的立体仓库。因此，又有人称其“自动化立体仓库”。自动化仓库在工、商业界之应用，随着企业计算机化与自动化的发展趋势，更加受到重视；尤其是应用于制造业、物流业的物料和商品的库存收发管理上，自动化仓库在整个自动化的环节中更扮演了重要的角色。

15.1.2 自动化仓库系统

自动化仓库系统是在不直接进行人工处理的情况下能自动存储和取出货物的系统。这个定义覆盖了不同复杂程度及规格的极为广泛的多样系统。

现代自动化仓库系统由高层立体货架、堆垛机、输送系统、信息识别系统、计算机控制系统、通信系统、监控系统、管理系统等组成。其中，信息识别系统能完成对货物品名、类别、货号、数量、等级、生产厂，甚至货位地址的识别。

15.2 自动化仓库的类型

15.2.1 按建筑形式分

自动化仓库按建筑形式可分为分离式和整体式两类。

(1) 分离式自动化仓库

分离自动化仓库，也称库架分离式高架仓库，即仓库建筑和货架分开建造，高度一般在12米以下，采用侧向或三向堆垛叉车、桥式堆垛起重机或巷道式堆垛起重机堆垛。这类仓库的结构体与建筑物可以分开施工，施工期短，投资费用较低。因此，分离式结构是自动化仓库发展的趋势。

(2) 整体式自动化仓库

整体式自动化仓库，也称库架合一式高架仓库，即仓库建筑与货架结合成一个整体结构。货架除了储存货物外，还作为库房层顶的支持架，它的高度一般在15米以上，采用巷道式堆垛起重机堆垛。货架通常为钢结构或钢筋混凝土结构。但施工期较长。

15.2.2 按作业方式分

(1) 单元式货架仓库

单元式货架仓库是指货物以集装成单元（如托盘）进行出入库作业的自动化仓库（见图15－1）。

其特点是货架沿仓库的宽度方向分成若干排，每两排货架为一组，中间有一条巷道，供堆垛机或其他仓储机械作业。每排货架沿仓库纵长又分为若干列，沿垂直方向分若干层，从而形成大量货格，用于储存货物单元（一托盘或一货箱）。通常情况下，一个货格存放一个货物单元。在货物单元较小时，一个货格内也可以存放2个或多个货物单元。

采用集装单元方式来保管物料的自动化仓库，是自动化仓库中使用最广泛的一种形式。

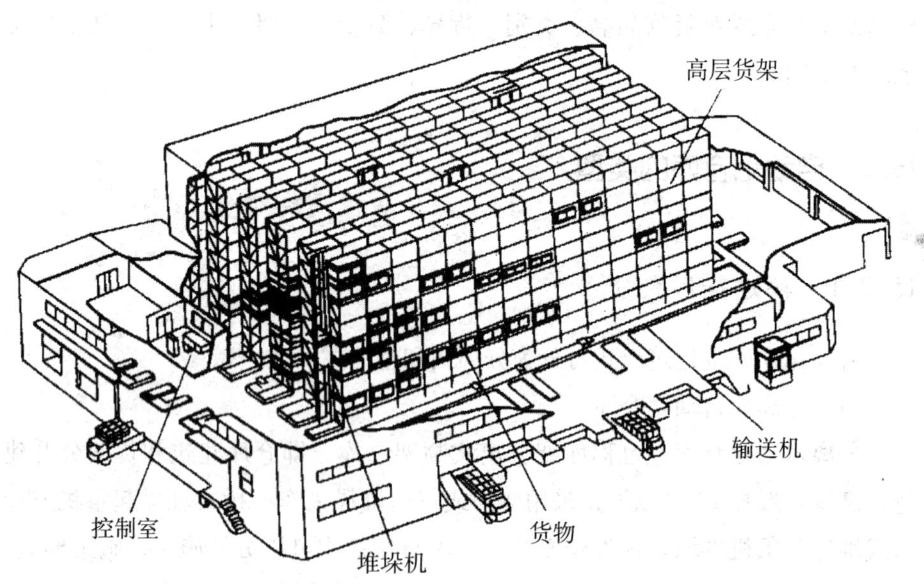

图15－1 单元式货贺自动化仓库

(2) 重力式货架仓库

在重力式货架排列中，由于排与排之间没有作业通道（如单元式货架仓库中的巷道），重力式货架仓库大大提高了仓库面积的利用率（见图 15-2）。

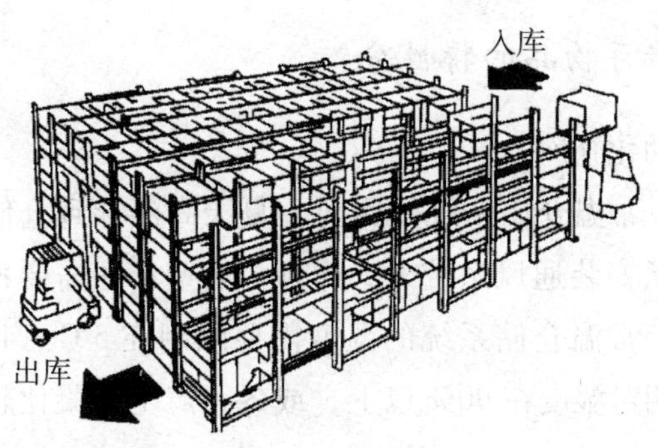

图 15-2 重力式货架自动化仓库

(3) 循环货架仓库

根据货架的形式又可分为水平循环货架仓库和垂直循环货架仓库两种。

① 水平循环货架仓库。这种仓库是由数十个独立的货格组成，可以在水平面内沿环形线路来回运输。当需要从每组货架提取货物时，操作人员只需在操作台上给出指令，相应的一组货架便开始运转，装有所需货物的货格运转至拣选口时，操作人员即可提取（见图 15-3）。

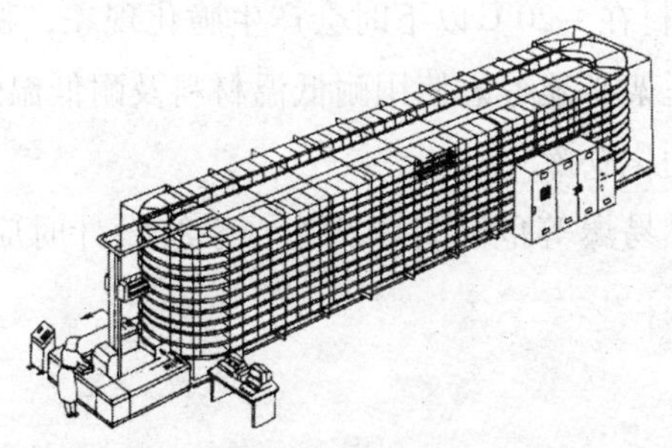

图 15-3 水平循环货架自动化仓库

此类仓库对土建没有特殊要求，能充分利用建筑空间，简便实用，特别适应于作业频率要求不高的小件货物的储存与拣选的需要。

② 垂直循环货架仓库。此类仓库本身就是一台垂直提升机，提升机的两个分支上都悬挂有货格。提升机根据操作命令可以正转或反转，使需要的提

取的货物降落到最下面的取货位置上。

这类仓库通常适合于存放尺寸较长的卷状物品，如地毯、地板革、电线等；也适合小件物品的存放。

15.2.3 按照储存物品的特性分

（1）常温自动化仓库

通常情况下，常温仓储系统是为防止夏天高温导致仓储货物的变质而设计的仓库，其除了安装通风系统外，库顶、墙壁都还需要覆盖隔热、防火材料。一般情况下，常温仓储系统的温度需要限制在5℃～40℃，湿度控制在90%以下。室内相对湿度在90%以上，或冬天产生露凝比较严重的地区，就更需要特别防患。

（2）低温自动化仓库

低温自动化仓库还包括恒温空调系统、冷藏系统、冷冻系统等。

① 恒温空调系统。按物品的存放温度、湿度的需要而设计。除了内部空气不与外界直接接触外，其他系统的设计需要考虑大致与常温仓储系统相当。

② 冷藏系统。其系统的温度必须控制在－5℃～0℃。与恒温空调系统类似，要求相对较高的湿度控制。主要用于蔬菜和水果的存放。

③ 冷冻系统。通常情况下，需要系统将温度控制在－35℃～－2℃（急速冷冻），但由于钢材在－20℃以下时会产生脆化现象，机械性质也会急剧变化，因此，仓库的框架必须考虑使用耐低温材料及耐低温焊接材料。

（3）防爆型自动化仓库

主要以存放易燃易爆等危险货物为主，系统设计时应严格按照防爆的要求进行。

15.2.4 其他分类

① 按所起的作用分为生产性仓库和流通性仓库。

② 按自动化仓库与生产连接的紧密程度分为独立型，半紧密型和紧密型仓库。

③ 按库存容量分小型自动化仓库（2000货箱以下）、中型自动化仓库（2000～5000货箱）和大型自动化仓库（5000货箱以上）。

15.3 自动化仓库的特点

15.3.1 自动化仓库的优点

① 自动化仓库可充分利用空间。自动化仓库能大幅度地增加仓库高度，充分利用仓库面积与空间，减少占地面积。采用自动化的立体仓库，充分利用空间自动化立体仓库是现代化仓储的一个重要组成部分，采用多层存放货物的高架仓库系统，高度可以达到30米以上，根据需要可以设置不同的高架类型：高层（大于12米）、中层（5米~12米）、低层（5米以下）。这与平库相比可以节约将近70%的占地面积。

② 自动化仓库使企业物流更为合理化。便于实现仓库机械化、自动化。从而提高出、入库效率，能方便地纳入整个企业的物流系统，使企业物流更为合理化。

自动化立体仓库系统由货架、堆垛机、出入库输送机、自动控制系统与管理信息系统等构成，能按照指令自动完成货物的存取作业，并对仓库的货物进行自动化管理，使物料搬运仓储更加合理。

③ 提高仓库管理水平。借助于计算机管理能有效地利用仓库储存能力，便于清点盘货，合理减少库存，节约流动资金。

④ 有利实现“先入先出”的出入库原则。由于采用货架储存，并结合计算机管理，可以容易的实现先入先出的出入库原则，防止货物自然老化、变质、生锈。

⑤ 采用自动化技术后，自动化仓库能适应黑暗、有毒、低温等特殊场合的要求。

⑥ 采用托盘或货箱储存货物，货物的破损率显著降低。

⑦ 货位集中，便于控制与管理，特别是使用电子计算机，不但能够实现作业过程的自动控制，而且能够进行信息处理。

15.3.2 自动化仓库的缺点

① 结构复杂，配套设备多，需要的基建和设备投资高。自动化仓库的基

本组成部分包括：建筑物、货架、理货区、管理区、堆垛机械、配套机械、相关的管理系统和信息系统。这些硬件和软件需要很高的资金投入和安装建设费用。

② 货架安装精度要求高，施工比较困难，而且施工周期长。对于自动化仓库的建设项目要进行评估和设计，包括必要性评估、技术评估、系统开发、敏感度的分析。这就要求对过去和未来 3 ~ 5 年中仓库的吞吐量、仓储容量、订单货物的类别等要素进行分析，还要对设备进行性能评估和选择，这些都需要很长的时间周期和很大的人力、物力、时间投入。

③ 储存货物的品种受到一定限制，对长、大、笨重货物以及要求特殊保管条件的货物，必须单独设立储存系统。当一个自动化的仓库按照计划建设完成之后，仓库的类型、物资的吞吐量和仓库的容量就固定了下来，这时如果外部的因素发生了突然的变化，仓库对其变化不具有较强的适应和变化能力，也就是缺乏弹性。

④ 对仓库管理和技术人员要求较高，必须经过专门培训才能胜任。

⑤ 工艺要求高，包括建库前的工艺设计和投产使用中按工艺设计进行作业。

⑥ 弹性较小，难以应付储存高峰的需求。

⑦ 必须注意设备的保管保养并与设备提供商保持长久联系。

⑧ 由于自动化仓库要充分发挥其经济效益，就必须与采购管理系统、配送管理系统、销售管理系统等咨询系统相结合，但是这些管理咨询系统的建设需要大量投资。

15.4 自动化仓库的系统构成

15.4.1 自动化仓库的硬件系统

自动化仓库主要由货物存取机、储存设备、输送设备和控制装置四个硬件部分组成。

(1) 货物存取机

在自动化仓库中，视需要存放零件的数量建立若干高层货架。每两个货架之间称为巷道，巷道内设有堆垛机。它可在轨道上水平方向移动，也可以在本身的立柱上沿垂直方向移动，借以完成货物的存取操作。为了适应立体存取，要求操作安全、准确并可进行遥控；为了适应各种货物的装载特点和不同的储存量，要求存取机具有各种相应的尺寸和构造。存取机有各种不同的速度，这取决于该系统单位时间内的货物吞吐量。

（2）储存设备

一般又称货架系统。从结构上看有两种不同的货架：一种是货架与建筑物没有联系，独立地建在建筑物内部。这种货架可以拆除，灵活方便，适用于高度不高的自动化仓库；另一种是货架与建筑物紧密相连，它除了储存货物以外，尚用作支撑建筑物的墙体或屋顶，成为建筑物的一部分，通常称为整体结构。这种货架建筑周期短、费用低，适用于高型的自动化仓库。

（3）输送设备

通常是指货物存取机作业范围以外的输送设备，用以将货物存取机与其他长距离的运输装置联系起来。输送设备类型很多，主要根据作业量多少、货物类型和作业之间的配合情况而选定。常用的输送设备有铲车、引导车、地面有轨流动车、穿梭车和辊筒链条输送机等。

（4）控制装置

控制装置把自动化仓库的一切设备有机地联系在一起，使其按照预定的程序和要求动作，形成一个自动控制系统。较先进的控制装置一般都用几台小型计算机构成，采取分级控制。这种计算机分级控制系统能快速地对信息进行实时处理。当一台计算机有故障时操作仍不中断。整个系统便于测试、检查和维修。

15.4.2 自动化仓库的软件系统

自动化仓库系统的组成，除了钢架结构、搬运机、存货容器（如栈板、料盒、巧固笼等）、输送机等外围设备外，还必须配上自动控制系统及计算机信息管理系统，才能构成一个完整的自动化仓库软件系统。

电子计算机还能对仓库的订货与发送、仓库物资储备、仓库作业定额管理提供信息，能对仓库作业人员、作业手段、作业组织进行指挥和监督。

15.5 自动化仓库的设计

作为现代物流中心的重要组成部分，自动化仓库直接影响到企业领导者制订的战略和计划、指挥和调整企业的行动。

15.5.1 设计步骤

(1) 收集、研究用户的原始资料

① 明确自动化仓库与上游、下游衔接的工艺过程。

② 物流要求。上游进入仓库的最大入库员、向下游转运的最大出库量以及所要求的库容量。

③ 物料的规格参数。物料的品种数、物料包装形式、外包装尺寸、重量、保存方式及其他物料的其他特性。

④ 自动化仓库的现场条件及环境要求。

⑤ 用户对仓库管理系统的功能要求。

⑥ 其他相关的资料及特殊要求。

(2) 确定自动化立体仓库的主要形式及相关参数

所有原始资料收集完毕后，可根据这些第一手资料计算出设计时所需的相关参数，包括对整个库区的出入库总量要求，即仓库的流量要求；货物单元的外形尺寸及其重量；仓库储存区（货架区）的仓位数量；结合上述三点确定储存区（货架厂）货架的排数、列数及巷道数目等其他相关技术参数。

(3) 合理布置自动化仓库的总体布局及物流图

通常情况下，自动化仓库包括入库暂存区、检验区、码垛区、储存区、出库暂存区、托盘暂存区、不合格品暂存区及杂物区等。规划时，立体仓库内不一定要把上述的每一个区都规划进去，可根据用户的工艺特点及要求来合理划分各区域和增减区域。同时，还要合理考虑物料的流程，使物料的流动畅通无阻，这将直接影响到自动化仓库的能力和效率。

(4) 选择机械设备类型及相关参数

① 货架。货架的设计是自动化仓库设计的一项重要内容，它直接影响到立体仓库面积和空间的利用率。

a. 货架形式。货架的形式有很多种，而用在自动化仓库的货架一般有：横梁式货架、牛腿式货架、流动式货架等。设计时，可根据货物单元的外形尺寸、重量及其他相关因素来合理选取。

b. 货格的尺寸。货格的尺寸取决于货物单元与货架立柱、横梁（牛腿）之间的间隙大小，在一定程度上也受到货架结构型式及其他因素的影响。

② 堆垛机。堆垛机是整个自动化仓库的核心设备，通过手动操作、半自动操作或全自动操作实现把货物从一处搬运到另一处。它由机架（上横梁、下横梁、立柱）、水平行走机构、提升机构、载货台、货叉及电气控制系统构成。

a. 堆垛机形式的确定。堆垛机形式多种多样，包括单轨巷道式堆垛机、双轨巷道式堆垛机、转巷道式堆垛机、单立柱型堆垛机、双立柱型堆垛机等。

b. 堆垛机速度的确定。根据仓库的流量要求，计算出堆垛机的水平速度、提升速度及货叉速度。

c. 其他参数及配置。据仓库现场情况及用户的要求选定堆垛机的定位方式、通信方式等。堆垛机的配置可高可低，视具体情况而定。

③ 输送系统。根据物流图，合理选择输送机的类型，包括辊道输送机、链条输送机、皮带输送机、升降移载机、提升机等。同时，还要根据仓库的瞬时流量合理确定输送系统的速度。

④ 其他辅助设备。根据仓库的工艺流程及用户的一些特殊要求，可适当增加一些辅助设备，包括手持终端、叉车、平衡吊等。

(5) 初步设计控制系统及仓库管理系统的各功能模块

根据仓库的工艺流程及用户的要求，合理设计控制系统及仓库管理系统。控制系统及仓库管理系统一般采用模块化设计，便于升级和维护。

(6) 仿真模拟整套系统

在有条件的情况下，对整套系统进行仿真模拟，可以对立体仓库的贮运工作进行较为直观的描述，发现其中的一些问题和不足，并做出相应的更正，以优化整个 AS/RS 系统。

15.5.2 设备及控制管理系统的设计

(1) 设计前的准备工作

① 立体仓库是企业物流系统的子系统，必须要了解企业整个物流系统对

子系统的要求和物流系统总体设计的布置图，以便对仓储的子系统进行总体设计。要调查过去进、出库房或料场物品的种类、数量及规律，以便预测未来，进行仓库容量的计算和分析。

② 立体仓库是机械、结构、电气、土建等多专业的工程，这些专业在立体仓库的总体设计中互相交叉，互相制约。因此，在设计时对各专业必须兼顾，例如，机械的运动精度要根据结构制作精度和土建的沉降精度而选定。

③ 要了解企业对仓储系统的投资、人员配置等计划，以确定仓储系统的规模和机械化、自动化的程度。

④ 调查库内储存的货物的品名，特征（例如，易碎、怕光、怕潮等），外形及尺寸，单件重量，平均库存量，最大库存量，每日进、出库数量，入库和出库频率等。

⑤ 了解建库现场条件，包括气象、地形、地质条件、地面承载能力、风及雪载荷、地震情况以及其他环境影响。

⑥ 调查了解与仓储系统有关的其他方面条件。例如，入库货物的来源，连接库场交通情况，进、出库门的数目，包装形式，搬运方法，出库货物的去向和运输工具等。

（2）自动化仓库的总体规划

① 库场的选择与规划。仓库和料场的选择和布置对仓储系统的基建投资、物流费用、生产管理、劳动条件、环境保护等都有着重要意义，这是首先要考虑的。

② 仓库形式和作业方式。在调查分析入库货物品种的基础上，确定仓库形式。

③ 货物单元的形式和货格尺寸设计。根据调查和统计结果，列出所有可能的货物单元形式和规格，并进行合理的选择。

④ 确定库存量和仓库总体尺寸。自动化仓库的设计规模主要取决于其库存量，即同一时间内储存在仓库内的货物单元数。所以，了解和推算出库存量是建立合理的仓库系统，特别是立体仓库的重要参数。

设库存量为 N 个货物单元，巷道数为 A，货架高度方向可设 B 层，则每一排货架在水平方向应具有列数 D 为：

$$D=\frac{N}{2AB}$$

根据每排货架的列数 D 及货格横向尺寸可确定货架总长度 L。

已知货架总长度 L，又知仓库的宽度和高度，再根据实际需要，考虑办公室、操纵控制室、搬运机械的转弯以及其他辅助设施等，就可以确定仓库的总体尺寸了。

在确定仓库总体尺寸和货架结构尺寸的同时、还要参照国内外仓库和仓储机械设计标准，遵照执行。

⑤ 出、入库搬运周期及出、入库能力验算。立体仓库的出、入库搬运周期，一般讲，主要取决于巷道堆垛起重机的作业循环时间。

⑥ 自动化仓库的总体布置。确定了高层货架的总体尺寸之后，便可进一步根据仓库作业的要求进行总体布置。这种布置主要解决两个问题：

a. 高货架区和作业区的衔接方式。确定仓库进、出货物同外界的连接以及立体仓库本身都是一个小的物流系统。

- 叉车——出、入库台方式。
- 自动导引小车——出、入库台方式。
- 自动导引小车——输送机方式。
- 叉车（或升降机）——连续输送机方式。

b. 货物单元出、入高层货架的形式。

- 贯通式。货物从巷道的一端入库，从另一端出库。
- 同端出入式。这是货物入库和出库在巷道的同一端的布置形式。
- 旁流式。货物从仓库的一端（或侧面）入库，从侧面（或一端）出库。

用叉车或其他工业车辆，旁流式：这种方式是在货架中间分开，设立通道，同侧门相通。这样减少了货格即减少了库存量。但是，至少有 4 个门可同时组织两条路线搬运，提高了搬运效率，方便了不同方向的出、入库。

15.6 自动化仓库的基本作业流程

自动化仓库的作业流程一般由入库、库内搬运、存放和出库组成，整个工作在计算机管理系统的控制之下进行。计算机管理系统通常分为三级管理控制系统，即上位机与局域网相连，下位机与控制器（PLC）相连，再通过无线和有线方式传送数据（见图 15 –4）。其基本作业流程说明如下：

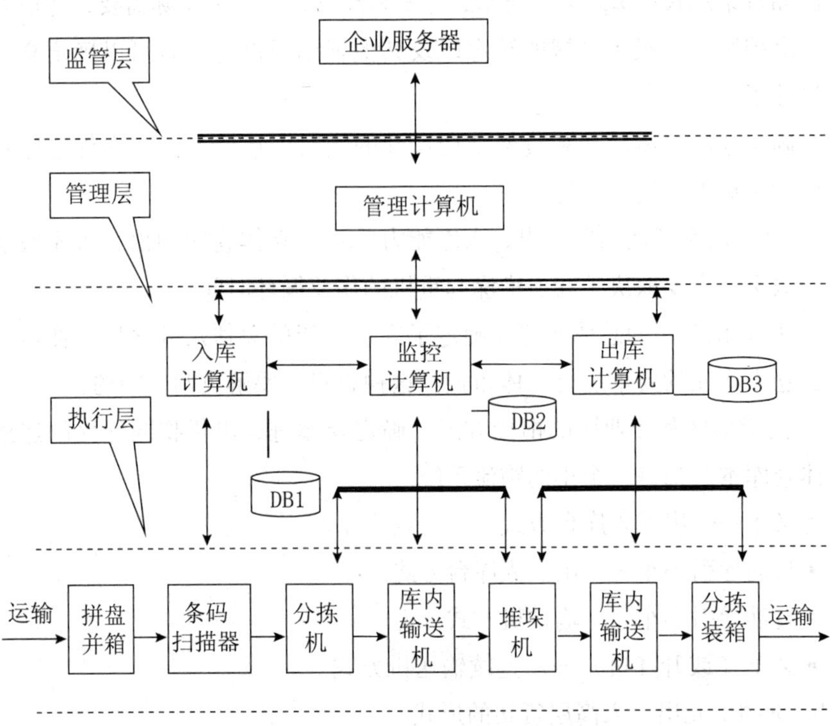

图 15 –4　自动化仓库系统结构示意图

注：DB 是英文 Data Block（数据块）的缩写。DB1 就代表数据块 1，DB2 是数据块 2，DB3 是数据块 3。

（1）入库流程

装卸搬运人员首先装载商品的托盘（或货箱）运入仓库，作业人员按有关进货验收单据，将托盘及货箱编号或仓库条码或条码扫描直接输入入库计算机。已编号的托盘由叉车或其他输送装备送至巷道停货平台上。

入库货物信息经过入库计算机的仓储管理系统确认和分配存放货位，然后库内自动运送系统将货物搬运到指定的巷道的入货台前，堆垛机地面控制器发出指令，堆垛机将平台上的托盘货物送入指定的货位（货格）。

（2）出库流程

中央控制计算机响应出库请求，向出库计算机发送出库操作任务单，并打印出库单据，出库计算机确定出库货位并向堆垛机发出出库指令，堆垛机从货架取货，经输送系统送到出库台，出库计算机控制条码系统扫描物品，之后，出库计算机判断实际出库的物品和要求出库的物品是否相符，如符合，则执行出库分拣和分装；如不相符，则会给出报警信号。

15.7 我国自动化仓库的发展

我国自动化仓库及其专用设备的研究开始并不晚，早在1963年，就由北京起重运输机械研究所设计了第一台1.25吨桥式堆垛机，由大连起重机厂制造。国内第一座自动化仓库是郑州纺织机械厂冷作二车间的模具库，建成于1974年2月，与此同时，国内一些科研机构也开始了自动化仓库的研究工作。自1980年我国第一座自行研制的自动化立体仓库开始投产以来，在汽车、化工、电子、烟草等行业的应用逐年增长。其中，最具典型意义的是我国家电龙头企业海尔集团国际物流中心的立体仓库，该仓库高22米，拥有18056个标准托盘位，包括原材料和生产成品两大自动化物流系统，全部实现了现代物流的自动化和智能化。

到目前为止，我国已经建成自动化仓库有600座以上，这些仓库主要应用于机器制造业、电器制造业、化工企业、烟草、通信、商业和储运业、军需部门等优势行业。

近年来，我国一些地区和行业也曾出现过一段时间的“自动化仓库热”，造成资源的浪费。不是所有的行业或地区都适合建自动化仓库，自动化仓库的建设应视国情及实际需求而定。

16 配送中心

导 读

仓库、物流中心、配送中心都具有保管和保养货物的功能以及其他相同的功能，只是程度强弱的不同，此外物流中心和配送中心也是由仓库发展、派生而来。因此，有时我们说仓库，也包括物流中心和配送中心，也可以讲是三者的统称。

配送中心是基于物流合理化和市场拓展这两个需要而发展起来的，是以组织配送式销售和供应，执行实物配送为主要功能的流通型物流节点。它很好地解决了用户多样化需求和厂商大批量专业化生产的矛盾，因此，逐渐成为现代化物流的标志。

16.1 专业名词解释

16.1.1 配送

在经济合理区域范围内，根据用户的要求，对物品进行拣选、加工、包装、分割、组配等作业，并按时送达指定地点的物流活动，称为配送。

从物流角度来讲，配送几乎包括了所有的物流功能要素，是物流的一个缩影或在某小范围中物流全部活动的体现。一般的配送集装卸、搬运、分拣、包装、加工、保管、运输及信息处理于一身，通过这一系列活动完成将货物送达的目的。

配送的主体活动与一般物流却有不同，一般物流是运输及保管，而配送则是运输及分拣配货，分拣配货是配送的独特要求，也是配送中有特点的活动，以送货为目的的运输则是最后实现配送的主要手段，从这一主要手段出发，常常将配送简单地看成运输中的一种（见表16－1）。从某种意义上而言，配送体现了现代仓储物流的含义。

表16－1 配送与运输的区别

内容	运输	配送
运输性质	干线运输	支线运输、区域内运输、末端运输
货物性质	少品种大批量	多品种小批量
运输工具	大型货车或铁路运输、水路运输	小型货车
管理重点	效率优先	服务优先
附属功能	装卸、捆包	装卸、保管、包装、分拣、流通加工、订单处理等

16.1.2 配送中心

所谓配送中心，就是把多品种、大批量的物品从供货人那里通过领货、转运、分拣、保管、流通加工、信息处理，按照客户的订单把货品配齐，迅速、准确而且方便配送的基础设施。

配送中心的特点为：其位置处于物流的下游；一般储存货物的品种较多、存储周期短；为使零售店或最终客户不设库或少设库以及不设车队，具有强大的多客户、多品种、多频次少量的拣选和配送功能。因为多客户、多品种才能实现保管、运输作业的规模化、共同化，节约费用。配送中心一般采用“门到门”的公路（汽车）运输，其作业范围较小（20～300公里），为本地区的最终客户服务。有时，配送中心还有流通加工的业务，如钢材的定尺加工，食品由大的运输包装改为小的零售包装，饲料由单一饲料改为复合饲料等服务的延伸和增值，与传统的仓库有很大不同（见表16－2）。

配送中心是基于物流合理化和发展市场两个需要而发展的，是以组织配送式销售和供应，执行实物配送为主要功能的流通型物流节点。从物流角度而言，配送中心就是现代仓储物流的节点。

表 16－2　　传统仓库与配送中心（流通型仓库）的差异点

内容	仓库	配送中心
功能	以物资保管为主要功能	入库、验收、保管、备货、分拣、流通加工、检验、出库等均为配送中心的功能
空间	保管空间	保管空间占一半，其他功能占一半空间
设计	以保管为主体，平面摆放，通路少，未进行严格的场所管理	按照配送中心功能的流转顺序设计，利用货架实行立体存放，有严格的场所管理
信息特征	货物的状况和信息不一致	货物的状况与信息一致
事务处理、信息传送的系统化	基本上使用人工完成事务处理和信息传送	利用信息系统工具和物流信息系统完成事务处理和信息传送
作业的自动化和省力化	基本上是人工作业	在信息系统的支持下实现作业的自动化和省力化
对多样化物流的需求	基本上不能适应	可以适应

16.1.3　物流中心

物流中心通常是指位于物流过程上游环节的物流机构。物流中心处于物流过程的上游（见图 16－1），是制造厂仓库与配送中心的中间环节，一般离制造厂仓库与配送中心较远，为使运输经济性，采用大容量汽车或铁路运输和少批次大量的出入库方式。

仓库、物流中心、配送中心都是自营或代客户保管和运输货物的场所，也可以说是过去各部、各级储运公司，要区分是较困难的，有时它们的业务有明显的交叉性；所谓的多客户、多品种、多频次少量的拣选或大容量汽车或铁路运输和少批次大量的出入库方式等，也是相对而言。仓库已逐步地被物流中心和配送中心所替代，除季节性生产明显的储备粮库、棉花库、果品库以及军需储备库等，仍以保管保养为主。

仓库、物流中心、配送中心都具有保管和保养货物的功能以及其他相同的功能，只是程度、强弱的不同，此外物流中心和配送中心也是由仓库发展、派生而成的。因此，有时我们说仓库，也包括物流中心和配送中心，仓库是三者的统称。

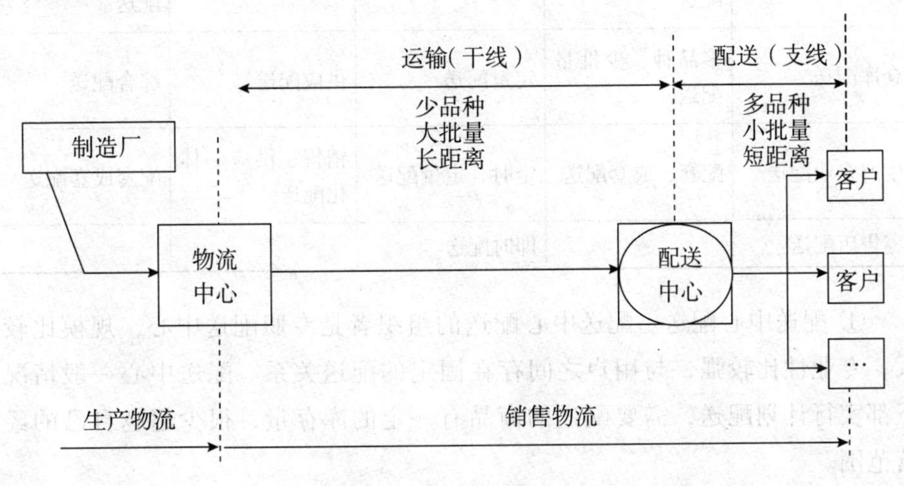

图 16－1 物流中心

16.2 配送

(1) 配送的产生背景

现代物流综合管理是由配送阶段发展而来，究其原因有以下 3 个方面。

① 在一个典型的公司中，全部库存的 30% 处于采购阶段，30% 处于生产阶段，40% 处于配送阶段。产成品是库存中所占份额最大的一份。

② 由于产成品最接近于用户，产成品配送工作的好坏直接影响客户的满意与否。

③ 产成品配送工作的改革不会过多地影响生产或经营性企业其他重要的成本中心，相对其他功能来讲，这是一种风险小、回报高的措施。

(2) 配送的类型

在各种配送中（见表16－3），以下四种配送方式为常见配送类型：

表16－3 配送的分类

按配送组织者分	按商品种类及数量分	按配送时间及数量分	按经营形式分	按业务关系分
配送中心配送	少品种、大批量配送	定时配送	销售配送	专业性独立配送
仓库配送	多品种、少批量配送	定量配送	供应配送	综合配送
生产企业配送	配套、成套配送	定时、定量配送	销售、供应一体化配送	配套成套配送
零售店配送		即时配送		

① 配送中心配送。配送中心配送的组织者是专职配送中心，规模比较大，专业性比较强，与用户之间存在固定的配送关系。配送中心一般情况下都实行计划配送，需要配送的商品有一定的库存量，很少超越自己的经营范围。

配送中心中的设施及工艺流程一般是根据配送的需要而专门设计的，所以配送能力强，配送距离较远，配送的品种多，配送的数量大。

② 仓库配送。仓库配送是以一般仓库为据点来进行配送。它可以是把仓库完全改造成配送中心，也可以是在保持仓库原功能的前提下，以仓库原功能为主，再增加一部分配送职能。

③ 生产企业配送。这种配送形式的组织者是生产企业，尤其是进行多品种生产的生产企业。这些企业可以直接从本企业开始进行配送，而不需要再将产品发运到配送中心进行配送。

④ 零售店配送。生产企业配送的组织者是商业或物资的门市网点，这些网点主要承担商品的零售，一般来讲规模不大，但经营品种比较齐全。除日常经营的零售业务外，这种配送方式还可根据用户的要求，将商店经营的品种配齐，或代用户外订购一部分本商店平时不经营的商品，与零售店经营的品种一起配齐运送给客户。

(3) 配送的业务模式

① 商流与物流一体化的配送模式。商流、物流一体化的配送业务模式，是一种销售配送模式或企业（集团）内自营型配送模式，其模式结构见图16－2。

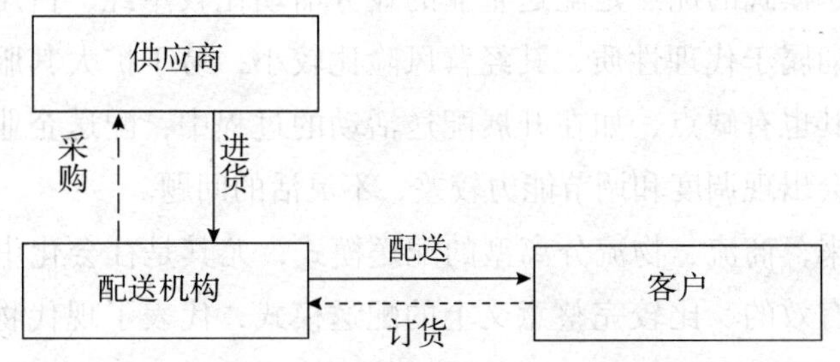

图 16－2 商流与物流一体化配送

适用范围：销售企业或生产企业作为配送的主体，围绕着产品销售和提高市场占有率这个根本目的，把配送作为促销的一种手段而与商流融合在一起。最典型的形式是以批发商为主体所开展的配送活动，以及连锁经营企业所进行的内部配送活动。

优点：配送企业可以直接组织到货源及拥有产品所有权和支配权，可获得一定的资源优势。

缺点：不利于实现物流配送活动的规模经营，不可避免地要受到销售的制约。同时，生产企业采取销售配送模式直接配送自己的产品，往往难以获得物流方面的优势，并不是其配送模式的最佳选择。

② 商流与物流相分离的配送模式。当生产企业和商业企业把物流活动委托给第三方处理的时候，便会出现商流、物流相分离的配送模式，见图 16－3。

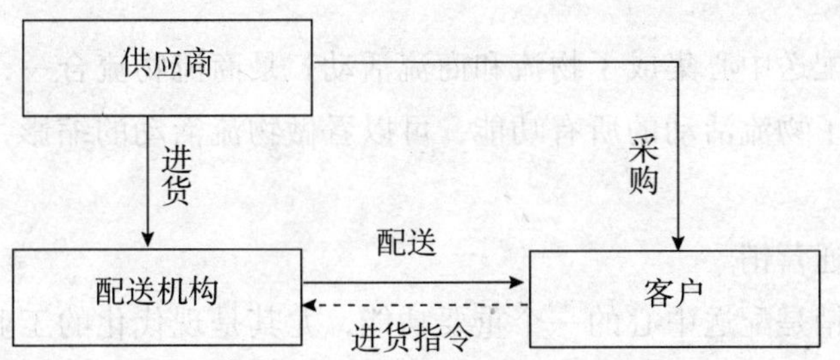

图 16－3 商流与物流分离配送

应用范围：从事配送活动的专业组织如配送中心，专门为客户（生产企业）提供诸如货物的保管、分拣、加工、运送等系列化服务，属于“交货代理物流服务业”，其初级形态是单项服务外包型配送。

这种配送模式的优点是配送企业的业务活动比较单纯，占压的资金比较少；配送活动属于代理性质，其经营风险比较小，易于扩大其服务范围和经营规模。但其也有缺点，如在开展配送活动的过程中，配送企业不直接掌握货源，可能会出现调度和调节能力较差、不灵活的问题。

总体说来，商流、物流分离型的配送模式，尤其是社会化中介型配送形态，是一种有效的、比较完整意义上的配送模式，代表了现代物流配送业务的一个主要发展方向。

③ 共同配送模式。共同配送是为提高物流效率，对许多企业一起进行配送。

其运作的具体形式有两种：一是由一个配送企业对多家用户进行配送；二是仅在送货环节上将多家用户待运送的货物混载于同一辆车上，然后按照用户的要求分别将货物运送到各个接货点，或者运到多家用户联合设立的配送货物接收点上。

除此之外，在现实生活中还存在若干个配送企业开展协作、联合进行配送的形式。

16.3 配送中心的功能和作用

16.3.1 配送中心的功能

一方面配送中心集成了物流和商流活动，是商流物流合一；另一方面配送中心集成了物流活动的所有功能，可以看做物流活动的缩影，其具体有以下功能。

（1）流通营销

流通营销是配送中心的一个重要功能，尤其是现代化的工业时代，各项信息媒体的发达，再加上商品品质的稳定及信用，因此有许多的直销业者利用配送中心，通过有线电视或互联网等配合进行商品营销。此种商品营销方式可以大大降低购买成本，因此广受消费者喜爱。例如，在国外有许多物流公司的名称就是以营销公司命名，而批发商型的配送中心、制造商型的配送中心与进口商型的配送中心也都是拥有营销（商流）的功能。

（2）备货

备货功能是配送的准备工作或基础工作，备货工作包括筹集货源、订货或购货、集货、进货及有关的质量检查、结算、交接等。

配送的优势之一，就是可以集中用户的需求进行一定规模的备货。备货是决定配送成败的初期工作，如果备货成本太高，会大大降低配送的效益。

（3）储存保管

商品的交易买卖达成之后，除了采行直配直送的批发之外，均将商品经实际入库、保管、流通加工包装而后出库，因此配送中心具有储存保管的功能。在配送中心一般都有库存保管的储放区，因为任何的商品为了防止缺货，或多或少都有一定的安全库存，视商品的特性及生产前置时间的不同，则安全库存的数量也不同。一般国内制造的商品库存较少，而国外制造的商品因船期的原因库存较多，约为2~3个月；另外生鲜产品的保存期限较短，因此保管的库存量较少；冷冻食品因其保存期限较长，因此保管的库存量比较多。

（4）配送加工

配送中心的配送加工作业包含分类、磅秤、大包装拆箱改包装、产品组合包装、商标、标签粘贴作业等。在配送中，配送加工这一功能要素不具有普遍性，但是往往是有重要作用的功能要素。主要原因是通过配送加工，可以大大提高用户的满意程度。

配送加工是流通加工的一种，但配送加工有它不同于一般流通加工的特点，即配送加工一般只取决于用户要求，其加工的目的较为单一。

（5）分拣和配货

配送中心就是为了满足多品种小批量的客户需求而发展起来的，因此配送中心必须根据客户的要求进行分拣配货作业，并以最快的速度送达客户手中或者是在指定时间内配送到客户。配送中心的分拣配送效率是物流质量的集中体现，是配送中心最重要的功能。

在单个用户配送数量不能达到车辆的有效载运负荷时，就存在如何集中不同用户的配送货物，进行搭配装载以充分利用运能、运力的问题，这就需要配装（配载）；和一般送货不同之处在于，通过配装送货可以大大提高送货水平及降低送货成本，所以，配装也是配送系统中有现代特点的功能要素，也是现代配送不同于已往送货的重要区别之处。

（6）配送运输

配送运输属于运输中的末端运输、支线运输，和一般运输形态主要区别在于配送运输是较短距离、较小规模、额度较高的运输形式，一般使用汽车做运输工具。

与干线运输的另一个区别是，配送运输的路线选择问题是一般干线运输所没有的，干线运输的干线是唯一的运输线，而配送运输由于配送用户多，一般城市交通路线又较复杂。如何组合成最佳路线，如何使配装和路线有效搭配等，是配送运输的特点，也是难度较大的工作。

（7）送达服务

配好的货运运输到用户还不算配送工作的完结，这是因为送达货物和用户接货往往还会出现不协调，使配送前功尽弃。因此，要圆满地实现运到之货的移交，并有效地、方便地处理相关手续并完成结算，还应讲究卸货地点、卸货方式等。送达服务也是配送独具的特殊性。

（8）信息处理

配送中心除了具有行销、配送、流通加工、储存保管等功能外，更能为配送中心本身及上下游企业提供各式各样的信息情报，以供配送中心营运管理政策制定、商品路线开发、商品销售推广政策制定的参考。

16.3.2 配送中心的作用

（1）从供应商和厂商的角度分析

① 物流成本得到控制。

② 实现库存集约化。

③ 通过提高顾客服务水平，促进产品销售。

④ 有利于把握销售信息。

⑤ 有利于实现商物分离。

（2）从需求方的角度分析

① 降低进货成本。

② 改善店铺的库存水平。

③ 减少店铺的采购、验收、入库等费用。

④ 减少交易费用，降低物流整体成本。

⑤ 促进信息沟通。

16.4　配送中心的分类

16.4.1　按经济功能分

（1）供应型配送中心

它是指一种专门向某些用户供应货物，充当供应商角色的配送中心，其服务对象主要是生产企业和大型商业组织（超级市场或联营商店），它们所配送的货物以原材料、元器件和其他半成品为主。

（2）销售型配送中心

以销售商品为主要目的，以开展配送为手段而组建的配送中心属销售型配送中心。因隶属单位不同，销售型配送中心又可细分成以下 3 种：

① 生产企业为了直接销售自己的产品及扩大自己的市场份额而建立的销售型配送中心。在国外，特别是在美国，这种类型的配送中心数量很多。

② 专门从事商品销售活动的流通企业，为了扩大销售而自建或合作建立起来的销售型配送中心。近几年，在我国一些试点城市所建立或正在建立的生产资料配送中心多属于这种类型的物流组织。

③ 流通企业和生产企业联合建立的销售型配送中心。这种配送中心类似于国外的公用型配送中心。

（3）储存型配送中心

这是一种有很强储存功能的配送中心。这种配送中心多起源于传统的仓库，是在发挥储存作用的基础上组织、开展配送活动的。

（4）加工型配送中心

加工型配送中心的主要功能是对商品进行清洗、下料、分解、集装等加工活动，以流通加工为核心开展配送活动。

16.4.2 按经营权限分

(1) 自用型配送中心

这种类型的配送中心指的是包括原材料仓库和成品仓库在内的各种物流设施和设备归一家企业或企业集团所有，作为一种物流组织，配送中心是企业或企业集团的一个有机组成部分，一般只服务于集团内部各个企业。

(2) 公用型配送中心

该类配送中心是面向所有用户提供后勤服务的配送组织。只要支付服务费，任何用户都可以使用这种配送中心。从归属的角度说，这种配送中心一般是由若干家生产企业共同投资、共同持股和共同管理的经营实体。

(3) 合作型配送中心

合作型配送中心是由几家企业合作兴建、共同管理的物流设施。这种合作既可以是行业或系统内企业的合作，也可以是区域内的联合。合作型配送中心多为区域性配送中心。

16.4.3 按服务范围分

(1) 城市配送中心

这是只能向城市范围内的众多用户提供配送服务的物流组织。这类配送中心的服务对象多为城市里的零售商、连锁店和生产企业，在从事送货活动时，一般都使用载货汽车。在流通实践中，城市配送中心是采取与区域配送中心联网的方式运作的。

(2) 区域配送中心

区域配送中心以较强的辐射能力和库存准备，向省（州）际、全国乃至国际范围的用户配送的配送中心。这种配送中心配送规模较大。一般而言，用户较大，配送批量也较大，而且往往是配送给下一级的城市配送中心，也配送给营业所、商店、批发商和企业用户，虽然也从事零星的配送，但不是主体形式。区域配送中心有 3 个基本特征：

① 经营规模比较大，设施和设备齐全，并且数量较多、活动能力强。

② 配送的货物批量比较大而批次较少。

③ 在配送实践中，区域配送中心虽然也从事零星的配送活动，但这不是

它的主要业务。很多区域配送中心常常向城市配送中心和大的工商企业配送商品，这种配送中心是配送网络或配送体系的支柱结构。

16.4.4 按经营的货物种类分

根据配送货物的属性，可以分为食品配送中心、日用品配送中心、医药品配送中心、化妆品配送中心、家电品配送中心、电子（3C）产品配送中心、书籍产品配送中心、服饰产品配送中心、汽车零件配送中心以及生鲜处理中心等。

由于所配送的产品不同，配送中心的规划方向就完全不同。例如，生鲜品配送中心主要处理的物品为蔬菜、水果与鱼肉等生鲜产品，属于低温型的配送中心。它是由冷冻库、冷藏库、鱼虾包装处理场、肉品包装处理场、蔬菜包装处理场及进出货暂存区等组成的，冷冻库为－25℃，而冷藏库为0℃～5℃，又称为湿货配送中心。

而书籍产品的配送中心，由于书籍有新出版、再出版及补书等的特性，尤其是新出版的书籍或杂志，其中的80%不上架，直接理货配送到各书店去，剩下的20%库存在配送中心等待客户的再订货。另外，书籍或杂志的退货率非常高，约有3～4成。因此，在书籍产品的配送中心规划时，就不能与食品与日用品的配送中心一样。

16.4.5 按运营主体分

（1）制造商型配送中心

这种配送中心里的商品100%是由自己生产制造的，这样可以降低流通费用，提高售后服务质量，及时地将预先配齐的成组元器件运送到规定的加工和装配工位。

（2）批发商型配送中心

这种配送中心的商品来自各个制造商，它所进行的一项重要的活动便是对商品进行汇总和再销售，而它的全部进货和出货都是为社会配送的，社会化程度高。

（3）零售商型配送中心

零售商发展到一定规模后，就可以考虑建立自己的配送中心，为专业商品零售店、超级市场、百货商店、建材商场、粮油食品商店、宾馆饭店等服务，其社会化程度介于前两者之间。

（4）专业物流配送中心

这种配送中心最强的是运输配送能力，而且地理位置优越，如港口、铁路和公路枢纽，可迅速将到达的货物配送给用户。它提供仓储货位给制造商或供应商，而配送中心的货物仍属于制造商或供应商所有，配送中心只是提供仓储管理和运输配送服务。这种配送中心的现代化程度往往较高。

对于不同种类与行业形态的配送中心，其作业内容、设备类型、运营范围可能完全不同，但是就系统规划分析的方法与步骤有其共同之处。配送中心的发展已逐渐由以仓库为主体的配送中心向信息化、自动化的整合型配送中心发展。

16.5 配送中心的组成

（1）配送中心的组成（见表16－4）

表16－4 配送中心各组成部分及职能

功能区域	管理区	是中心内部行政事务管理、信息处理、业务洽谈、订单处理以及指令发布的场所，一般位于配送中心的出入口
	进货区	收货、验货、卸货、搬运及货物暂停的场所
	理货区	对进货进行简单处理的场所。在这里，货物被区分为直接分拣配送、待加工、入库储存和不合格需清退的货物，分别送往不同的功能区。在实行条码管理的中心里，还要为货物贴条码
	储存区	对暂时不必配送或作为安全储备的货物进行保管和养护的场所。通常配有多层货架和用于集装单元化的托盘
	配送加工区	进行必要的生产性和流通性加工（如分割、剪裁、改包装等）的场所
	分拣配货区	进行发货前的分拣、拣选和按订单配货
	发货区	对物品进行检验、发货、待运的场所

续 表

功能区域	退货处理区	存放进货时残损或不合格或需要重新确认等待处理货物的场所
	废弃物处理区	对废弃包装物（塑料袋、纸袋、纸箱等）、破碎货物、变质货物、加工残屑等废料进行清理或回收利用的场所
	设备存放及维护区	存放叉车、托盘等设备及其维护（充电、充气、紧固等）工具的场所
物流设备	仓储设备	储存货架；重力式货架；回转式货架；托盘；立体仓库等
	搬运设备	叉车；搬运车；连续输送机；垂直升降机等
	拣货设备	拣货车辆；拣货输送带；自动分拣机等
管理和信息系统	事务性管理	它是配送中心正常运转所必备的基本条件。如配送中心的各项规章制度、操作标准及作业流程等
	信息管理系统	包括订货系统、出入库管理系统、分拣系统、订单处理系统、信息反馈系统等
辅助设施		包括库外道路、停车场、站台和铁路专用线等

（2）一般配送中心平面布置示意图（见图 16－4）

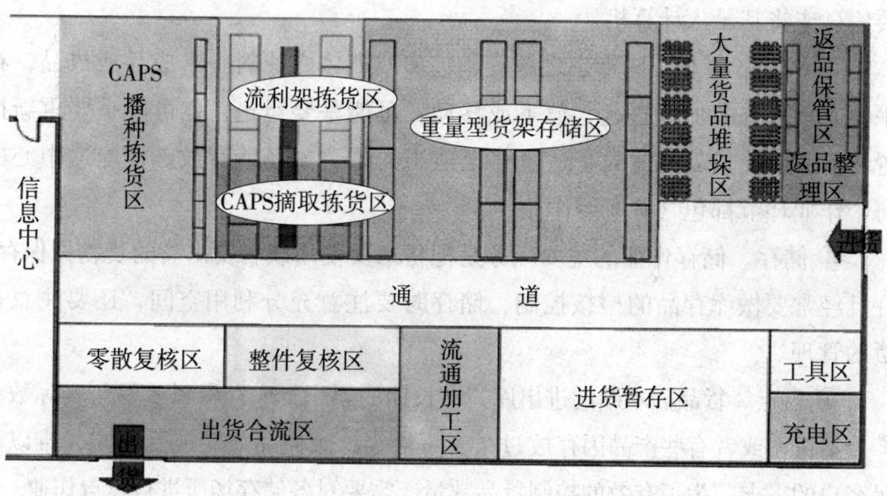

图 16－4 配送中心平面布置示意图

16.6 配送中心的配送作业

16.6.1 配送中心的配送作业

配送中心的配送作业是指将被订购的物品，使用汽车从配送中心送至顾客手中的各项活动。

由货物接运开始，经“进货”作业确认进货品后，便依次将货品“储存”入库。为确保在库货品受到良好的保护管理，需进行定期或不定期的“盘点”检查。当接到客户订单后，先将订单依其性质作“订单处理”，之后即可按处理后的订单信息将客户订购货品从仓库中取出的“拣货”作业。拣货完成一旦发觉拣货区所剩余的存量过低，则必须由储区来“补货”，当然，若整个储区的存量亦低于标准，便应向上游采购进货。而从仓库拣出的货品经整理后即可准备“出货”，等到一切出货作业完成后，司机便可将出货品装上配送车，将之“配送”到各个客户点交货。其整个基本作业过程包括：

① 进货。进货作业包括把货品做实体上的接收，从货车上将货物卸下，并核对该货品的数量及状态（数量检查、品质检查、开箱等），然后记录必要信息或将其录入计算机。

② 搬运。是将不同形态之散装、包装或整体之原料、半成品或成品，在平面或垂直方向加以提起、放下或移动，可能是要运送，也可能是要重新摆置物料，而使货品能适时、适量移至适当的位置或场所存放。在配送中心的每个作业环节都包含着搬运作业。

③ 储存。储存作业的主要任务是把将来要使用或者要出货的货物做保存，并且经常要做库存品的检核控制，储存时要注意充分利用空间，还要注意存货的管理。

④ 盘点。货品因不断的进出库，在长期的累积下库存资料容易与实际数量产生不符，或者有些产品因存放过久、不恰当，致使品质功能受影响，难以满足客户的需求。为了有效的控制货品数量，需要对各储存场所进行盘点作业。

⑤ 订单处理。由接到客户订货开始至准备着手拣货之间的作业阶段，称为订单处理，包括有关客户、订单的资料确认、存货查询、单据处理以及出

货配发等。

⑥ 拣货。每张客户的订单中都至少包含一项以上的商品，如何将这些不同种类数量的商品由配送中心中取出集中在一起，此即进行所谓的拣货作业。拣货作业的目的也就在于正确且迅速地集合顾客所订购的商品。

⑦ 补货。补货作业包括从保管区域将货品移到拣货区域，并作相应的信息处理。

⑧ 出货。将拣取分类完成之货品作好出货检查，装入合适的容器，做好标示，根据车辆次别或厂商差别等指示将物品运至出货准备区，最后装车配送。

16.6.2 配送作业的一般流程

当收到用户订单后，首先将订单按其性质进行“订单处理”，之后根据处理后的订单信息，从仓库中取出用户所需货品的“拣货”作业。拣货完成之后，一旦发现拣货区所剩余的存货量过低，则必须由储存区进行“补货”作业。如果储存区的存货量低于规定标准时，便向供应商采购订货。从仓库拣选出的货品经过整理之后即可准备“发货”，等到一切发货准备就绪，司机便可将货品装在配送车上，向用户进行“送货”作业。另外，在所有作业进行中，可发现只要涉及到物的流动作业，其间的过程就一定有“搬运”作业。

配送作业的流程还包括进货作业、订单处理、拣货作业、补货作业、配货作业、送货作业、退调作业以及信息处理等作业环节（见图6－5）。

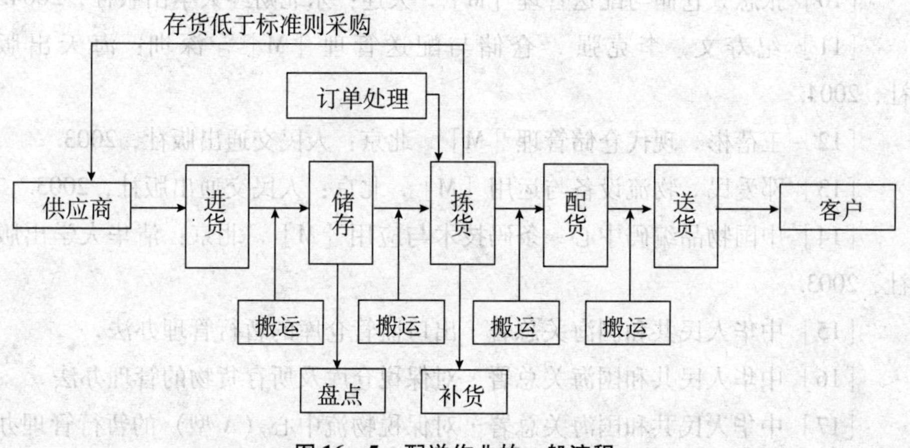

图16－5 配送作业的一般流程

参考文献

[1] 左生龙，刘军．现代仓储作业管理［M］．北京：中国物资出版社，2006.

[2] 郑文玲，赵阳．仓储管理［M］．北京：机械工业出版社，2008.

[3] 路建国，刘颖．物流仓储管理［M］．北京：中国商业出版社，2007.

[4] 熊金福．仓管员［M］．广州：广东经济出版社，2007.

[5] 王煜洲，吴吉明．仓储管理实务［M］．北京：人民交通出版社，2007.

[6] 刘丽．现代仓储运作与管理［M］．北京：北京大学出版社，2005.

[7] 真虹，朱去仙．物流装卸与搬运［M］．北京：中国物资出版社，2004.

[8] 鲁晓春．仓储自动化［M］．北京：清华大学出版社，2002.

[9] 真虹，张婕妹．物流企业仓储管理与实务［M］．北京：中国物资出版社，2003.

[10] 张念．仓储与配送管理［M］．大连：东北财经大学出版社，2004.

[11] 纪寿文，李克强．仓储与配送管理［M］．深圳：海天出版社，2004.

[12] 王蓓彬．现代仓储管理［M］．北京：人民交通出版社，2003.

[13] 邓爱民．物流设备与运用［M］．北京：人民交通出版社，2003.

[14] 中国物品编码中心．条码技术与应用［M］．北京：清华大学出版社，2003.

[15] 中华人民共和国海关总署·出口监管仓库的暂行管理办法.

[16] 中华人民共和国海关总署·对保税仓库及所存货物的管理办法.

[17] 中华人民共和国海关总署·对保税物流中心（A型）的暂行管理办法.

［18］中华人民共和国海关总署・对保税物流中心（B 型）的暂行管理办法．

［19］中国人保财险集团有限公司・企业财产综合险条例．

［20］中国人保财险集团有限公司・企业财产基本险条例．

［21］国家工商行政管理总局・中华人民共和国经济合同法．

［22］原商业部、经贸部和国家物资局・仓储保管合同实施细则．

［23］国务院令第 344 号・危险化学品安全管理条例．

［24］GB 15603—1995・常用危险化学品储存通则．

［25］GB 18265—2000・危险化学品经营企业开业条件和技术要求．

［26］GB T21071—2007・仓储服务质量要求．

［27］GB T21072—2007・通用仓库等级．

［28］GB T21070—2007・仓储从业人员职业资质．

［29］GB J16—2001・建筑设计防火规范．

［30］GB 6944—2005・危险货物分类和品名编号．

附录：通用仓库等级

2007 年 9 月 15 日，我国国家质量监督局和国家标准化管理委员会发布了《通用仓库等级 GB/T 21072—2007》、《仓储服务质量要求 GB/T 21071—2007》两项国家标准。这两项国家标准涉及仓储业的仓库硬软件设施、服务，是仓储业的基本标准，从我国仓储业实际情况出发，借鉴了国内外相关中介组织、其他行业的经验与指标，首次提出对通用仓库不同等级的划分条件（见下表）、仓储服务的质量要求与考核指标，提出了基于现代物流及供应链管理要求的仓储资质要求。这两项标准的发布实施，对于提高我国仓库建设水平、提高仓储业的服务质量、促进我国现代仓储业的发展，具有重要的现实意义。

通用仓库等级

<table>
<tr><th colspan="2">划分指标</th><th colspan="5">仓库等级</th></tr>
<tr><th>项目</th><th>类别</th><th>一星</th><th>二星</th><th>三星</th><th>四星</th><th>五星</th></tr>
<tr><td rowspan="5">设施条件</td><td rowspan="3">仓库</td><td colspan="2" rowspan="3">建筑总面积在 $5000m^2$ 以上的普通平房或楼房仓库</td><td rowspan="3">建筑总面积在 $10000m^2$ 以上的普通平房或楼房仓库</td><td colspan="2">建筑总面积在 $10000m^2$ 以上</td></tr>
<tr><td>立体库所占比例达 30%</td><td>立体库所占比例达 50%</td></tr>
<tr><td colspan="2">有一定数量的站台登车桥</td></tr>
<tr><td>装卸机具</td><td>有必要的装卸机具</td><td>机械装卸作业量超过 30%</td><td>机械装卸作业量超过 50%</td><td>机械装卸作业量超过 70%</td><td>机械装卸作业量超过 90%</td></tr>
<tr><td>库内通道</td><td>—</td><td>库区通道、作业满足一般货运车辆通行及作业要求</td><td>库区通道、作业满足一般货运车辆通行及作业要求</td><td colspan="2">库区通道及作业区能满足 12.192m（40 英尺）集装箱卡车作业要求，拥有与业务规模相适应的停车场</td></tr>
</table>

续 表

划分指标		仓库等级				
项目	类别	一星	二星	三星	四星	五星
设施条件	信息系统	—	具有单机版仓储管理信息系统或用客户系统进行管理	具有单机版仓储管理信息系统，库区仓储业务实现信息化管理	企业全部仓储业务实现信息化管理	
			进行相关数据查询和传递	提供电子数据交换服务	与重点客户能够实现网络对接，客户能够及时获得数据查询结果	具有数据交换平台、实时可视监控体系
					具有条码数据扫描与处理能力	具有数据自动采集、处理能力、或一定自动分拣能力
					满足客户电子单证管理需求	
员工素质	管理层	经过必要的专业培训		大专以上文化程度达50%或中级职称、行业认可的职业资质达60%以上	大专以上文化程度达60%或中级职称、行业认可的职业资质达70%以上	大专以上文化程度达70%或中级职称、行业认可的职业资质达80%以上
	操作人员	仓储一线操作人员执证上岗率在50%以上		仓储一线操作人员执证上岗率在60%以上	仓储一线操作人员执证上岗率在70%以上	仓储一线操作人员执证上岗率在80%以上
		需执证操作的设备，执证上岗率达100%				

续 表

<table>
<tr><th colspan="2">划分指标</th><th colspan="5">仓库等级</th></tr>
<tr><th>项目</th><th>类别</th><th>一星</th><th>二星</th><th>三星</th><th>四星</th><th>五星</th></tr>
<tr><td colspan="2" rowspan="3">服务功能</td><td colspan="2" rowspan="3">仓储基本作业</td><td>仓储基本作业及简单加工、包装服务</td><td colspan="2">仓储基本作业与流通加工、包装、配送及信息服务等增值服务</td></tr>
<tr><td rowspan="2">提供全天24小时服务</td><td colspan="2">不受一般气候影响，提供全天24小时服务</td></tr>
<tr><td colspan="2">满足客户差异化服务需求</td></tr>
<tr><td rowspan="8">管理水平</td><td rowspan="3">安全管理</td><td colspan="5">有健全的安全管理制度</td></tr>
<tr><td colspan="5">仓库建筑、相关器材经过病虫害防治处理，如：白蚁的防治</td></tr>
<tr><td colspan="3">—</td><td colspan="2">有自动报警系统，立体库有喷淋灭火系统</td></tr>
<tr><td>管理制度</td><td colspan="5">有健全的运作、考核、客户服务、持续改进和培训制度</td></tr>
<tr><td rowspan="2">制度落实</td><td colspan="5">各项制度得到贯彻落实，运作、质量、客户投诉管理及培训记录、档案完整</td></tr>
<tr><td colspan="3">—</td><td colspan="2">通过ISO 9000质量管理体系认证</td></tr>
<tr><td>作业现场</td><td colspan="5">库容库貌整洁；各种标志规范、清晰、易辨，符合GB 2894、GB 16179、GB 13495的规定；作业规范；物品堆码整齐</td></tr>
</table>

后 记

物流是托起中国这列经济快车的铁轨，是中国这艘驶向远洋货轮上的集装箱，是中国这架穿梭于五洲货机上的机翼。奔驰的列车，远航的班轮，成网的高速公路，繁忙的车站、机场和港口码头，这一幅幅动感的画面交织成中国物流业蓬勃发展的画卷。

“物流小博士系列”名字起得好，是小博士而非大博士。小博士能比较客观地概括这套物流丛书的定位和内涵。中国物流之大，中国物流之美，值得我们众多“小博士”去研究，去发现，去总结，去提升。

“物流小博士系列”既看重理论，又注重实用。这套丛书以小博士的眼光洞察中国物流，为广大物流从业者开出一条快捷的物流学习路径，引导读者少走弯路，不走冤枉路。

“物流小博士系列”不是万能的，也不可能将所有物流知识一网打尽，但我们还是尽最大能力、最大可能整合各方资源，为广大读者提供相对全面、相对系统和相对实用的物流知识。

为了尽快地将“物流小博士系列”推向市场，本套书引用了部分物流企业的培训教材，个别资料无法查到出处，如有与原作者相同之处，请与我们联系，以便支付稿酬。

欢迎广大业内读者、专家对本套丛书提出批评与指导建议，以便丰富本套丛书的内容。对中肯的建议与补充内容，编者将在再版版本中列出修订人员名单并支付相应稿酬。联系方式：shangccg@126.com 或 shangccg@21cn.com。

谨以此套丛书献给即将步入物流行业和工作在物流一线的朋友们!

编 者

2009 年 8 月

后　　记